KB112393

★★★★★
전면개정판
주가차트
완전정복

전면개정판
주가차트 완전정복

전면개정판 1쇄 인쇄 | 2018년 5월 17일
전면개정판 1쇄 발행 | 2018년 5월 24일

지은이 | 곽호열
펴낸이 | 박영욱
펴낸곳 | (주)북오션

편 집 | 허현자
마케팅 | 최석진
디자인 | 서정희 · 민영선

주 소 | 서울시 마포구 월드컵로 14길 62
이메일 | bookrose@naver.com
네이버포스트 | m.post.naver.com
전 화 | 편집문의: 02-325-9172 영업문의: 02-322-6709
팩 스 | 02-3143-3964

출판신고번호 | 제313-2007-000197호

ISBN 978-89-6799-365-8 (03320)

이 도서의 국립중앙도서관 출판예정도서목록(CIP)은 서지정보유통지원시스템 홈페이지(http://seoji.nl.go.kr)와 국가자료공동목록시스템 (http://www.nl.go.kr/kolisnet)에서 이용하실 수 있습니다.
(CIP제어번호: 2018013113)

*이 책은 북오션이 저작권자와의 계약에 따라 발행한 것이므로 내용의 일부 또는 전부를 이용하려면 반드시 북오션의 서면 동의를 받아야 합니다.
*책값은 뒤표지에 있습니다.
*잘못 만들어진 책은 구입하신 서점에서 교환해 드립니다.

초보자를 실전고수로 만드는

주가차트 완전정복

곽호열 지음

북오션

이 책을 읽는 이유가 무엇인지 물어본다면 많은 사람들이 부자가 되기 위해서라고 대답할 것이다. 한방에 부자가 되는 방법을 원한다면 이 책은 당신에게 도움을 줄 수 없으니 책을 덮고 복권방으로 달려가거나 길에서 금덩이를 줍거나, 아니면 자기도 몰랐던 유산이 하늘에서 뚝 떨어지길 기다리는 것이 빠르다고 말하고 싶다. 그러나 주식투자와 함께 한 걸음씩 차근차근 나가 지금보다 나은 삶을 살고 싶다면 이 책은 충분히 도움이 될 것이다.

주식투자는 집을 짓는 과정과 비슷하다

집을 짓기 위해서는 먼저 좋은 토지, 재료, 일꾼이 필요하다. 또한 비라도 내리면 작업을 할 수 없기 때문에 날씨도 중요하다. 일단 집의 겉모습이 어느 정도 갖추어진 후에는 창을 달고 페인트칠을 하는 등 인테리어가 필요하다. 그리고 마침내 이 모든 것이 완벽하게 조화를 이룰 때 하나의 집이 완성되는 것이다. 주식투자 이야기를 하다가 집을 짓는 이야기가 나오는 것에 대해 의아할 수도 있겠지만, 이는 독자들의 이해를 돕기 위한 것이다. 다음 설명을 통해 주식투자 시 가장 중요한 5가지 사항을 하나하나 살펴보자.

첫째, 토지란 주식에 대한 배경지식을 의미한다. 모래 위에 집을 지으면 집이 오래가지 못한다는 말을 들은 적이 있을 것이다. 튼튼한 반석 위에 집을 지어야 아무리 커다란 집을 지어도 무너지지 않고 오랫동안 잘 먹고 잘 살 수 있다. 다시 말해 주식이 무엇인지에 대해 먼저 파악하고, 주식에 관한 자신만의 노하우를 만들어야 한다.

둘째, 집을 짓는 재료는 어떤 집을 짓느냐 하는 척도가 된다. 주식투자에서 재료란 어떤 종목을 살 것이냐 하는 것을 말한다. 주식에는 여러 종목이 있다. 큰 의미에서 코스피, 코스닥의 종목부터 세부적으로는 자동차를 파는 회사의 주식, 먹거리를 파는 회사의 주식 등이 있다. 통나무로 집을 지으면 통나무집이 되고 벽돌로 집을 지으면 벽돌집이 되는 것이다. 그래서 어떤 종목을 사느냐 하는 것이 중요하다.

셋째, 일꾼이 필요하다. 여기서 일꾼은 주식투자를 하는 투자자 자신을 말한다. 올바른 마음가짐으로 성실하게 일하는 사람이 지은 집에 살고 싶은가, 아니면 항상 주위의 눈치를 살피며 게으름을 피우는 일꾼이 지은 집에 살고 싶은가? 자신이 어떤 사람인가는 스스로 가장 잘 알고 있기 때문에 게으른 사람이라면 부지런한 일꾼이 되도록 노력해야 한다.

넷째, 날씨! 이것은 주식투자를 하는 장의 상황을 의미한다. 작업을 시작할 때 갑자기 비가 내리면 일꾼들은 일을 접어야 한다. 마찬가지로 장의 상황이 어떻게 흘러가고 있는지 살피는 것 또한 매우 중요하다.

다섯째, 인테리어는 종목에 대한 관심을 의미한다. 뼈대가 갖추어졌다고 해서 집이 아니다. 예쁘게 꾸며야 집이 완성되듯 자신이 투자한 종목에 대해서 지속적으로 관심을 기울여야 한다.

가장 먼저 게으름을 버려라

많은 사람들이 주식투자로 부자가 된 사람들을 부러워하며 어떻게 하면 자신들도 주식투자로 부자가 될 수 있을까 하고 생각한다. 주식투자로 부자가 되고 싶은가? 그렇다면 가장 먼저 게으름을 버려라. 부자가 되기 위해서는 많은 공부와 노력이 필요하다. 특히 주식투자라면 더더욱 그렇다. 심리적, 육체적, 정신적으로 무장되어 있지 않으면 이제껏 모아왔던 부(富)가 한꺼번에 휴지 조각이 되어버리는 것은 시간 문제이다.

아르바이트생이 한 시간 동안 열심히 일해서 받는 평균 시급이 얼마인지 알고 있을 것이다. 그들은 그 돈을 벌기 위해 한 시간을 투자한다. 그런데 주식투자자들은 그것보다 적게는 몇십 배에서 몇백 배의 돈을 벌고자 하면서도 아르바이트생들보다도 시간을 투자하지 않는다. 이것은 정말 잘못된 행동이다. 노력한 만큼의 결과를 얻겠다는 생각으로 주식투자에 임해야 하며, 장을 분석하고 종목의 공시와 뉴스를 열심히 살펴보는 것이 중요하다. 하루아침에 투자의 고수가 되겠다는 생각은 버려라.

자신이 성공한 모습을 상상해보자. 그 모습이 되기 위해 지금 어떻게 행동해야 할 것인지 생각하라. 투자에 성공하여 사람들 앞에 섰을 때 할 말을 생각하라. 자신의 노력을 이야기할 수 있도록 하나하나 실천한 것들을 적으면서 앞으로 자신의 모습을 그려봐라. 그리고 가장 잘 보이는 곳에 붙여놓고 하루에 한 번씩 그것을 소리 내어 읽어라. 단, 잊지 말아야 할 것이 있다. 어떤 종목을 매수해서 그 종목이 폭등하는 것을 상상하라는 것이 아니다. 한 종목에 목숨을 걸면 그 종목이 사라짐과 동시에 이제껏 노력했던 모든 것이 물거품이 될 수 있다는 것을 잊지 말자.

꾸준한 노력과 장기 목표의식이 필요하다

하루하루 꾸준히 노력해도 당장 눈앞에 보이는 것이 없을지도 모른다. 어쩌다가 고른 종목이 오르기도 하겠지만 다시 원점이나 손해를 보게 될 것이다. 포기하고 싶어질 때도 많을 것이며, 정말 주식으로 부자가 될 수 있을까 하는 의구심도 들 것이다. 어미 독수리는 둥지에 있는 새끼 독수리를 벼랑 끝으로 떨어뜨린다고 한다. 새끼 독수리가 살아남기 위해 죽어라 날갯짓을 하면 땅에 떨어지기 직전에 등으로 받쳐 올려준다. 그렇게 수십 번을 반복한 후에야 새끼 독수리는 유유히 창공을 날 수 있게 된다.

어려운 일에 직면하게 되었을 때는 하늘을 날기 위한 새끼 독수리의 날갯짓을 기억하라. 단기간에 승부를 내는 것은 단기간에 끝이 날 수도 있다는 것을 잊지 마라. 길게 보며 장기투자를 해야 한다. 여기서 장기투자란 종목에 투자하란 말이 아니다. 자기 자신에게 장기투자를 하란 뜻이며, 그러기 위해서는 그만큼 많은 경험과 노력이 필요하다. 다양한 책을 읽고 많이 보고 많이 듣다 보면 자신도 모르는 사이에 상승 종목들이 보일 것이다.

이 책과 함께
후회없는 투자를!

주식투자에 발을 들여놓은 지 많은 시간이 흘렀다. 그동안 세상에는 참으로 많은 변화가 일어났고 개인적으로도 많은 일을 겪었다. 아무것도 모르는 상황에서 덜컥 주식을 매수해서 상장폐지라는 것도 당해보고 미수를 사용하다 1주일 만에 원금이 50% 이상 손실이 나는 상황도 있었다. 그러면서 많은 것을 알게 되었고 많은 것을 결심하게 되었다.

이 책을 읽으면 큰 부자가 될 수 있다고 자신 있게 말할 수는 없다. 하지만 이 책의 내용을 참고한다면 주식투자를 하면서 후회하는 일은 없을 것이라고 당당히 말할 수 있다.

날마다 '달공이의 주식 투자 이야기' 블로그를 방문해 주시는 모든 분들과 부모님, 여동생, 개정판이 나올 수 있도록 물심양면 도와주신 북오션 편집부, 그리고 증권정보 사이트 씽크풀에서 필자의 부족한 글을 읽어 주시는 모든 분들께 감사드리며 언제나 나를 이끌어 주시는 하나님께 감사드린다.

곽호열

이 책을 활용하는 방법

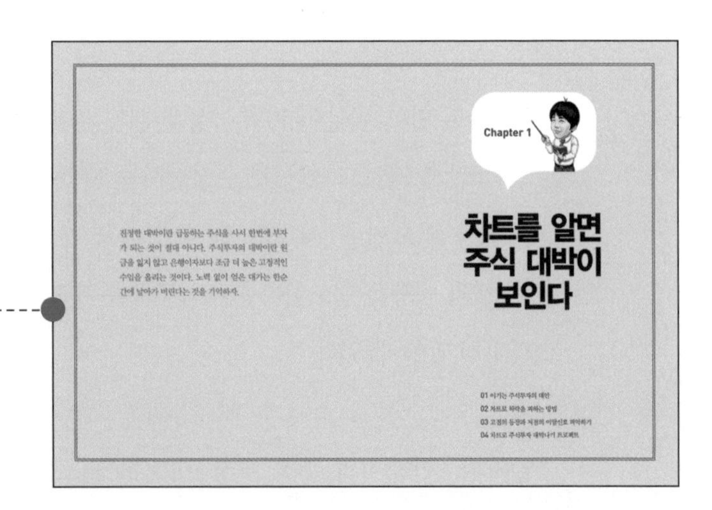

● 핵심 잡기

본문을 읽기 전에 각 장의 핵심을 읽고 파악하는 예비학습 단계이다. 각 장에서 말하고자 하는 저자의 생각을 한 줄로 읽을 수 있어 본문을 읽는 데 도움이 된다.

차트를 움직이는 봉의 종류

01

● 봉의 색깔

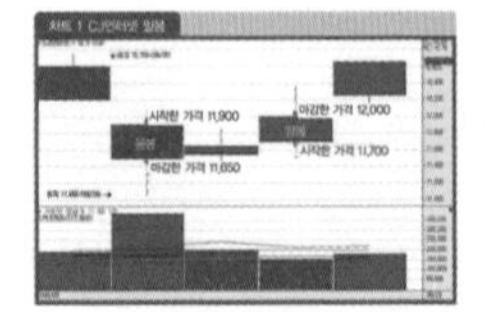

40

Chapter 2 차트로 보는 매수·매도의 기술 41

● 본문 읽기

이보다 쉬운 차트 책이 있을까? 어렵게만 느껴지는 차트분석을 체계적으로 알려주며, 폭넓은 주가 정보의 세계로 당신을 안내한다.

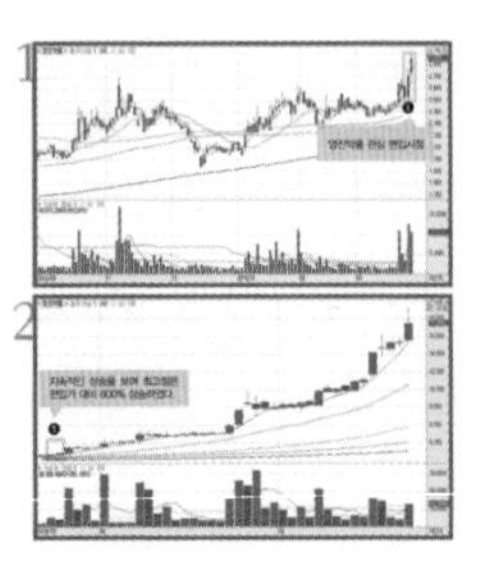

168

169

● 차트 보기

다양한 사례를 통해 차트를 보는 눈을 키워주고, 어떤 차트를 보더라고 자신감을 가질 수 있도록 이론과 실례를 적절히 반영했다.

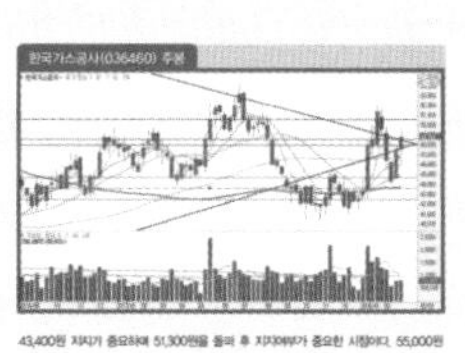

중수 3단계

'중수 입문'을 통해 주식에 대한 자신의 실력을 쌓은 후, '중수 1년 차'를 통해 실력을 다듬고, '중수 넘어서기'로 자신만의 주식투자 노하우를 만든다.

집중해야 할 유망주와 관심주

저자의 관심주와 유망주를 통해 그것이 왜 좋은 종목인지 함께 살펴본다. 당신이 좋은 종목과 나쁜 종목을 구별할 수 있는 그날까지!

차트 따라잡기

차트를 통해 주식을 매매하는 포인트와 리스크 관리는 물론, 차트 분석 시 놓치면 안 되는 핵심을 집어준다.

달공이의 조언

매매에 임할 때 필요한 것은 물론, 차트를 대하는 마음가짐을 바로잡는 데 필요한 알짜배기 조언을 담았다.

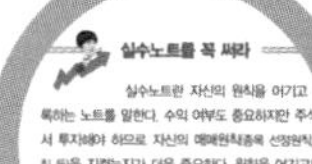

달공이의 차트 정복기

저자가 쓴 차트 일기이다. 지금은 전문가가 된 저자도 한때는 초보였고 쓰라린 경험도 많이 겪었다. 주식투자를 하면서 겪었던 일들을 흥미진진하게 썼다.

달공이의 필수 체크 문제

챕터마다 꼭 알아야 할 사항들을 독자가 기억하고 있는지 체크해보는 문제다. 정답은 각 챕터 끝에 모아 두었다.

CONTENTS

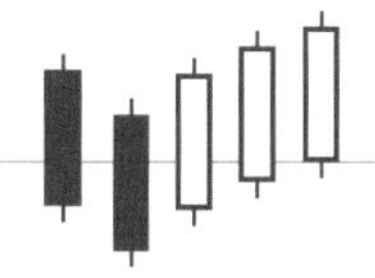

진정한 대박이란 급등하는 주식을 사서 한번에 부자가 되는 것이 절대 아니다. 주식투자의 대박이란 원금을 잃지 않고 은행이자보다 조금 더 높은 고정적인 수입을 올리는 것이다. 노력 없이 얻은 대가는 한순간에 날아가 버린다는 것을 기억하자.

차트를 알면 주식 대박이 보인다

이기는 주식투자의 대안

01

경기가 회복되고 주식시장이 활황을 누리게 되었을 때를 대비하여 확실한 종잣돈을 지니고 있어야 한다.
상승장일 때는 종목을 눈을 감고 매수해도 오르는 일이 일어날 수 있겠지만 시장이 어려울 때는 기다리는 것이 중요하다.

몇 년 전 지수가 2,000포인트를 돌파할 때 많은 투자자들이 한국증시가 드디어 상승의 불꽃을 쏘아올리는구나 생각하고 일제히 장에 뛰어들었다. 그런데 몇 달이 지나지 않아 서브프라임 모기지에서 비롯된 미국발 금융 불안이 글로벌 경제의 침체로 이어져 800포인트 지점까지 추락한 상태를 맞이하게 되었다. 많은 이들이 하락의 이유를 미국의 금융위기로 인한 시장의 불안정 때문이라고 말했다. 하락 몇 달 전부터 그런 소식은 계속해서 들려왔으나, 시장이 하락하더라도 단기간에 다시 상승할 것이라는 희망을 가지고 기다리다가 원금의 절반 이상을 잃어버린 상황까지 맞이한 투자자들이 많이 있었다. 그때 만약 다른 사람의 말이나 정보를 통해 상황을 예측하지 않고 투자자 스스로가 주가하락에 대해 예상할 수 있었다면 어떻게 되었을까? 저점을 예상하기란 거의 불가능하다. 그런데 필자가 지인들에게 1,400포인트 이탈 시 매도를 권할 수 있었던 이유는 시장의 큰 그림을 읽을 수 있는 눈을 길렀기 때문이다. 이후 800포인트 후반까지 하락한 후 지수는 단기 반등하여 1,100포인트를 회복하였다. 주가가 바닥을 쳤다는 말을 들어보았겠지만, 정작 바닥일 때 바닥이라는 것을 알 수 있는 방법은 없다. 단, 바닥을 치고 상승하는 초기에 바닥에 대해 인식할 수는 있다. 누구보다 빨리 바닥을 확인하는 힘이 필요한 것이다.

필자는 주식의 저점을 확인하는 방법을 주식 차트에서 찾았다. 차트는 주식에 대한 가격 거래량 등을 이미지화해서 일목요연하게 보여주며 기술적 분석에서 가장 유용하게 사용되고 있다. 우리나라에서 일반적으로 사용하는 차트라고 하면 흔히 캔들 차트, 즉 일본식 봉차트를 말한다. 우선 차트는 봉과 거래량 이동평균선으로 이루어져 있다. 자세한 것은 뒤에서 언급하도록 하고 간단히 차트와 주식시장의 관계에 대해서 살펴보자.

자, 글자와 숫자로 이루어진 수많은 정보가 있다고 하자. 이 정보를 일일이 다 조사하고 분석하다 보면 시간이 많이 걸린다. 그래서 시간을 단축하고 알아보기 쉽도록 정형화된 약속을 바탕으로 단순화시켜 그림으로 나타낸 것, 즉 주식시장을 한 번에 압축하여 표현해놓은 것이 차트이다. 많은 사람들이 주식을 매매할 때 일반적으로 참고하는 것이 차트이다. 바로 여기에 답이 있다. 올바른 차트 분석이 가능하다면 주식투자에서 다른 사람들보다 나은 수익을 올릴 수 있을 것이다.

지인들에게 1,400포인트가 깨지면 뒤도 돌아보지 말고 모두 현금화하라고 말한 지 한 달도 되지 않아 9월 위기설 등 여러 가지 좋지 않은 뉴스들이 나왔으며, 리먼 브라더스가 파산하는 등 장은 하락을 지속한 지 두 달여 만에 40% 이상 급락하는 일이 발생했다. 이러한 문제가 발생한 것은 위험에 대한 분석과 위험관리 소홀로 인한 유동성 문제 때문이었다.

서브프라임 모기지의 손실이 발생하고 이것이 파생상품 손실로 확대되기 시작하여 미국 금융시장의 전반적인 위기로, 나아가 세계적인 금융위기로 확대 재생산되었고 이것은 실물경제의 침체로 이어졌다. 세계의 경제가 흔들리니 대외 의존도가 높은 한국은 극도로 불안한 상황으로 변해갔다. 그로 인해 환율은 급상승을 나타내며 다시 한 번 1997년 외환위기 때로 돌아가는 것이 아니냐는 불안감이 온 나라를 감싸기도 했다.

주가가 2,000포인트를 돌파하며 핑크빛 전망을 내놓을 때 펀드에 가입했다가 원금의 40~50%가 손실이 난 이들이 많이 있었다. 그렇다면 스스로 이러한 난관을 예상하고 대처할 수 있는 방법은 없을까? 필자는 이 책에서 주식투자 부분에서 위험을 최소화할 수 있는 방법에 대해 말하고자 한다.

현재 한국의 종합지가지수는 박스권을 돌파하여 한단계 레벨업을 한 상황이다. 이후 하락하더라도 박스권 상단의 지지를 받을 가능성이 있는 것이다.

스마트폰 하나로 주식 매매를 손쉽게 할 수 있게 되었지만 아직까지 개인들은 외국인이나 기관에 비해 모든 면에서 열세에 있다는 것은 부정할 수 없는 사실이다.

중국의 대외 정책, 미국과의 FTA 재협상, 북한의 핵문제 등 앞으로 주식 시장을 요동치게 할 상황들이 많이 있다.

이러한 상황들에 귀를 기울이고 어떤 종목들이 어떤 상황과 연관 관계가 있는지 알아보고 따로 종목을 분류해 놓아 발 빠르게 대응할 수 있어야 한다. 주식 시장에서 개인들은 큰 수익을 바라기보다는 지키는 것에 조금 더 신경을 써야 한다는 것을 명심하자.

필자는 지인들에게 항상 보험과 적금을 들고 남은 돈으로 주식투자를 하라고 말한다. 그 이유는 주식은 언제든지 휴지 조각이 될 수 있기 때문이다. 나도 모르는 사이에 한번에 모든 것을 잃을 수도 있는 것이 주식투자라는 것을 다시 한번 생각하기 바란다.

주식의 상하한가 폭이 30%로 늘어나면서 주식투자를 통해 큰 수익을 올릴 수 있는 기회가 더 많아졌다. 오를 주식과 내릴 주식을 분석해 낼 수 있는 실력을 길러 오를 주식을 매수할 수 있는 확률을 높일 수 있다면 주식으로 수익을 낼 수 있게 될 것이 분명하다.

차트로 하락을 피하는 방법

02

주가가 하락하지 못하도록 받쳐주는 힘에 대한 파악이 있을 때
하락하는 종목을 피해갈 수 있다.
차트에는 종목에 대한 거의 모든 정보가 담겨 있다고 해도 과언이 아니다.
이유 없이 오르는 종목이 없듯이 이유 없이 내리는 종목 또한 없기 때문이다.

투자자들 대부분이 주식의 하락을 미리 알 수 있는 방법이 있는지 궁금해한다. 결론부터 말하자면 '방법' 은 있다. 움직이는 물체는 움직이는 방향으로 계속해서 움직이고, 그 움직임을 바꾸기 위해서는 에너지가 필요하다는 '뉴턴의 법칙' 을 알고 있을 것이다. 주식에도 이 법칙이 존재한다. 책상 위를 굴러가던 동전이 책상 끝에 다다르면 바닥으로 떨어진다. 동전이 굴러갈 수 있도록 받치고 있던 책상이 없어졌기 때문이다.

떨어지지 못하도록 받쳐주는 힘! 주가가 하락하지 못하도록 받쳐주는 힘을 파악하고 있다면 하락하는 종목을 피해갈 수 있다. 그렇다면 그 힘을 어떻게 파악할 수 있을까? 바로 차트를 보는 눈! 차트에 대한 정확한 분석력을 갖추면 알 수 있다. 차트에는 종목에 대한 거의 모든 정보가 담겨 있다. 이유 없이 오르는 종목이 없듯이 이유 없이 내리는 종목 또한 없다. 차트는 우리에게 매집 세력의 여부와 기업 자체의 호재와 악재에 대한 정보를 항상 가르쳐주고 있다. 다만 그것을 볼 수 있는 눈이 없기 때문에 무심결에 지나가게 되어 투자하기 좋은 종목, 매수·매도시점을 놓치는 것이다. 차트를 보면서 자세히 살펴보자.

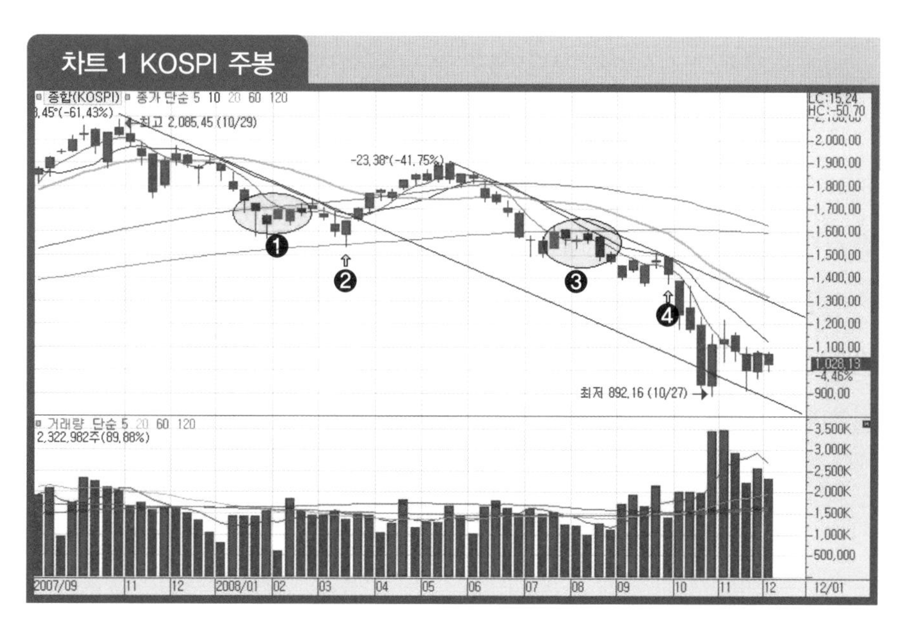

차트 1 KOSPI 주봉

KOSPI 주봉에서 추세선을 그어보면 ①지점과 ③지점이 비슷한 모습으로 움직이고 있다는 것을 알 수 있다. ①지점은 장기이평선인 60일선의 저항을 받으며 하락했고, ③지점은 120일선의 저항을 받아 하락했다. 그후 봉의 색깔은 다르지만 아래 꼬리를 단 양봉인 ②지점과 아래꼬리를 단 음봉인 ④지점이 비슷한 모습이라는 것을 알 수 있다. ②지점에서는 120일선의 지지를 받은 후 다시 상승하여 1,900포인트까지 반등하는 모습을 보인 반면,

④지점은 5일선을 이탈하자마자 30% 이상 급락하는 모습을 보였다. 만약 이 급락을 예상했다면 1,400포인트 근처나 적어도 1,300포인트 후반에서 모든 주식은 아니더라도 지수 관련주들은 매도할 수 있지 않았을까? 차트를 다시 한 번 살펴보면 ②지점 밑에는 120일선이 버티고 있고, ④지점 밑으로는 아무런 이평선의 모습이 보이지 않는다는 것을 알 수 있다.

여기서 말하고 싶은 것은 차트에서 봉 밑에 이평선이 있다는 것은 충격이 오더라도 그것을 흡수할 수 있는 완충제가 있어 반등할 수 있는 터닝 포인트가 될 수 있지만, 이평선이라는 지지선이 없다면 조그만 충격에도 크게 반응하는 모습을 보인다는 점이다.

그런데 현재 주가보다 단기이평선인 5일선조차 위에 위치하고 있다면 지지선 설정에 어려움이 있다. 그때는 전일 저점이나 아래꼬리 달린 봉의 저점을 단기 지지선으로 판단하고 대응하면 된다.

고점의 등장과 저점의 이탈신호 파악하기

03

고점이 만들어졌다는 것은
고점이 형성된 다음 날의 봉의 모양과 가격을 통해 확인할 수 있다.
반등 시 이탈한 저점의 저항을 받아 저점을 회복하지 못하고
한번에 저점을 급하락하며 이탈하는 종목이 있다. 이때 매도로 대응해야 한다.

고점의 등장이란 추가적인 상승을 지속하여 전일 고점을 갱신하는 것이 아니라, 하락으로 반전하면서 추가 상승을 하지 못할 때를 말한다. 이때 고점을 알 수 있게 되었다는 것은 이후 주가의 움직임을 포착하는 데 중요한 역할을 한다. 고점이 만들어졌다는 것은 당일 봉 하나로는 알 수 없고, 고점이 형성된 다음 날의 봉의 모양과 가격을 통해 확인할 수 있다.

여기서 중요한 것은 고점이 하나만 발생했을 때 완성되는 것이 아니라는 점이다. 실전에서 고점을 확인하는 방법은 다음 날 시가가 전일 저가 아래에서 시작하여 종가상 2일 전 시가를 이탈하면 단기 고점으로 인식한다. 이후 종가상 상승 방향의 이평선을 이탈하는 모습이 나온 후 다음 날 그 이평선을 돌파하지 못하며 마감하는 모습이 두 번 발생하면 고점의 완

성으로 보고 추가 매수보다는 수익실현과 반등 시 매도관점으로 대응하는 것이다.

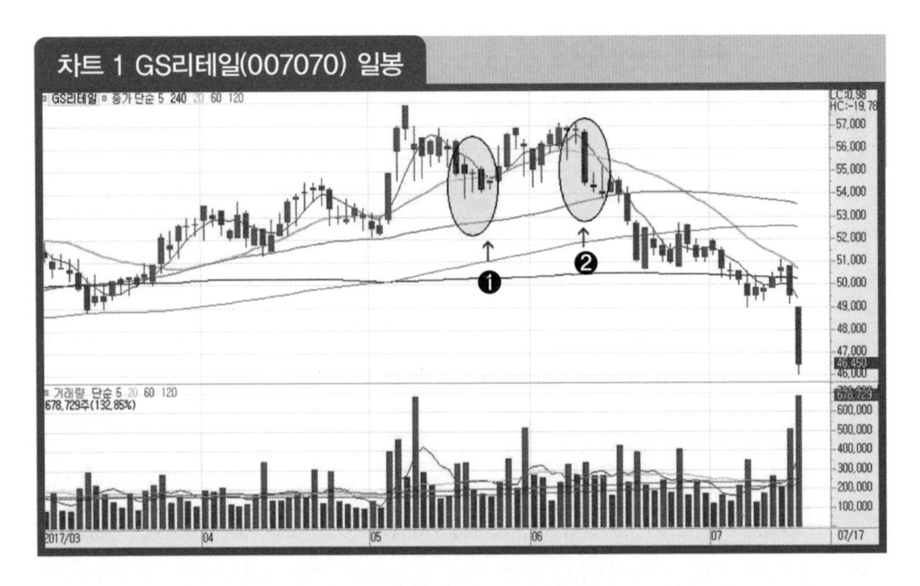

차트 1 GS리테일(007070) 일봉

고점 형성 후 ①지점에서 반등하여 두 번째 고점을 형성하지만, ②지점에서 5일선을 이탈하며 하락으로 방향 전환하고 있다. 여기서 알 수 있듯이 급등주를 제외하고 두 개의 고점이 확인되면 매도를 시도한다.

단기 바닥을 형성했다고 생각하고 매수에 들어갔다면 저점의 이탈 여부에 관심을 두어야 한다. 지속적인 하락을 보이는 종목도 있지만 반등시 이탈한 저점의 저항을 받아 저점을 회복하지 못하고 한번에 저점을 급하락하며 이탈하는 종목이 있다. 그때는 뒤도 돌아보지 말고 일단 매도로 대응해야 한다. 또한 신저가 갱신 종목이라는 말을 들어보았을 것이다. 신저가 갱신 종목이란 계속해서 가격이 하락하여 원래의 저점을 이탈하는 종목을 말하는데, 신저가 갱신 종목은 일단 매도로 대응하는 것이 중요하다.

차트 2 GS리테일(007070) 일봉

원래 주가에 비해 많이 하락하여 싸다는 느낌을 받아 저점이 확인되지 않은 종목을 매수하기보다는 조금 높은 가격에 매수하게 되더라도 저점 확인 이후 반등하여 상승하는 종목을 매수하도록 하자.

차트 따라잡기

직전 저점의 돌파 여부는 반등이냐, 하락이냐의 중요한 판단 기준이 된다. 하락 이후 반등 시 직전 저점을 돌파하지 못한다면 직전 저점의 저항으로 인해 직전 저점 가격 근처에서 횡보하거나, 직점 저점 가격 밑에 위치한 이평선까지 다시 하락할 수 있다는 것을 항상 염두에 두고 직전 저점 돌파 여부를 확인하고 대응하는 습관을 기르자.

달공이의 필수 체크 문제 ❶

다음 ○○ 에 알맞은 말은?

시가가 전일 저가 아래에서 시작하여 종가상 2일 전 시가를 이탈하면 단기 ○○ 으로 인식한다.

정답은 P. 37에

차트로 주식투자 대박나기 프로젝트

04

첫째, 꾸준히 보는 것이 최선이다.
둘째, 욕심을 부리지 말고 수익을 미리 상상하지 마라.
셋째, 철저한 자기 주관에 따른 매매를 하라.
넷째, 책임지는 것이 중요하다.

주식시장에서 대박을 내는 사람은 극소수에 불과하다. 그 이유는 무엇일까? 바로 욕심을 이기지 못한 매매 때문일 가능성이 크다.

주식을 투자할 때 가장 중요하게 생각하는 것은 원금을 지키는 것과 분산투자이다. 주식투자자들은 현금을 총알로 비유해서 말하기도 하는데, 일단 현금을 황금 총알로 생각해보자. 아주 비싼 동물이 있는데 총알에 스치기만 해도 그 동물을 잡을 수 있다. 다만 총알이 황금이어야 한다. 그런데 그 동물은 풀숲에 숨어서 좀처럼 모습을 드러내지 않는다. 잡기만 하면 총알 값의 몇 배를 건질 수 있다는 마음에 풀숲이 움직일 때마다 총을 마구 쏘아본다. 결국 총알을 다 쓰고도 동물을 잡지 못한다. 잠시 후 풀숲에서 그 동물이 느린 걸음으로 눈앞까지 다가왔다. '총알 한 발만 있으면 그 동물을 잡아

이제껏 사용한 황금 총알 값을 빼고도 많은 이익을 남길 수 있을 텐데……'
하는 후회가 밀려들 것이다. 얼른 돈을 빌려 총알을 다시 사서 동물이 나타났던 곳으로 가보지만 동물은 이미 사라져버린 지 오래이다.

주식투자를 하는 대부분의 사람들은 누군가가 좋다고 하면 종목에 대한 분석없이 덜컥 매수한다. 그리고 매수 후 가격이 뚝뚝 떨어지고 눈앞에 좋은 종목들이 나타나도 다른 종목을 이미 샀기 때문에 그 종목을 사지 못한다. 안절부절하지 못하다가 결단을 하고 손절매 후 그 종목을 사지만 이미 상승할 만큼 상승해 손실폭을 줄이기에는 역부족인 상황에 이른다. 많은 이들이 어떻게 하면 상승하는 종목을 고를 수 있을까에 대한 의문을 가지고 있다. 그래서 "수익은 아니더라도 어떻게 하면 손해를 보지 않을 수 있을까?"란 의문을 갖기도 한다.

● 손해나지 않는 투자 노하우

첫째, 꾸준히 보는 것이 최선이다. 새로운 사람을 만났을 때 그에 대해 가장 빨리 알 수 있는 방법은 얼굴을 보는 것이다. 건강상태나 현재의 기분상태, 특징적인 행동을 통해 그 사람의 성향을 예상할 수 있는 것처럼, 주식투자에서는 그 종목의 얼굴인 차트가 무척 중요하다. 첫인상이 상대방의 이미지를 결정하듯 차트도 마찬가지다. 호감형의 얼굴이 있으면 비호감의 얼굴도 있기 마련이듯이, 상승 가능성이 있는 차트가 있는가 하면 하락 가능성이 있는 차트도 있다.

사람의 얼굴에 눈, 코, 귀, 입이 있듯이 차트에는 봉과 이평선이 있다. 또한 사람의 눈, 코, 입의 모양이 다르듯 봉과 이평선의 모양도 각양각색이다. 표정에 따라 그 사람의 심리상태를 알 수 있듯이 차트의 모양에 따라 종목에 대해 알 수 있다. 그럼 차트를 보면 상승종목을 단번에 고를 수 있을까? 사람을 알게 되는 데도 시간이 걸리듯 차트에 대해 알기 위해서는 시간이 필요하다. 오랫동안 함께 시간을 보낸 가족이나 친구의 표정만으로도 그 사람이 지금 어떤 상태인지 알 수 있는 것처럼 차트와 친하게 지내다 보면 미소 짓고 있는 호감형 상승종목을 찾을 수 있을 것이다.

가격표가 없어서 원래 가격이 얼마인지 모르지만, 사실 100만 원의 값어치가 있는 물건이 있다고 가정해보자. 가격을 모르기 때문에 다시 가격표를 붙여 50만 원에 판매한다고 하면 원래 물건의 가치가 100만 원이라는 것을 아는 사람은 뒤도 돌아보지 않고 살 것이다. 이와 마찬가지로 좋은 종목을 고르려면 좋은 종목을 보는 눈을 길러야 한다.

여기서 잠깐 상승종목 차트에 대한 감을 익히는 시간을 단축하기 위한 방법에 대해 알아보자. 보통 "처음에 주식투자를 잘 하려면 어떻게 하나요?" 하고 물어오는 분들에게 권하는 방법인데, 바로 상한가 종목 차트 보기이다. 5일 동안 한 번도 상한가를 기록하지 않은 종목 중에 당일 상한가 종목을 6개월 동안 관심주에 등록해놓고 하루하루 지켜보기 바란다. 그날그날 장이 끝나면 상한가 종목을 등록해놓고 어제 등록한 상한가 종목의 차트를 살펴본다.

이렇게 하루하루 추가하면서 6개월이 지나면 한 달에 20번, 6개월이면 120번 한 종목의 차트를 볼 수 있다. 상한가 종목이 하나가 아니므로 모두 합하면 최소한 1,000번 이상 차트를 볼 수 있게 된다. 6개월간 꾸준히 한다면 상승 차트에 대한 어느 정도의 감을 잡을 수 있을 것이다. 상한가 종목을 보라는 이유는 상한가에 대한 환상을 가지라는 뜻이 아니라, 상한가에 가기 직전 봉의 모습을 눈에 익히기 위함이라는 것을 기억하기 바란다. 상한가 직전의 봉의 움직임을 파악함으로써 다음날 상한가로 갈 확률이 높은 종목에 대한 선취매 기회를 잡을 수 있는 감을 익히라는 말이다. 여기에서 중요한 것은 관리종목은 제외하고 보는 것이다. 관리종목은 급등락이 심하고 언제 상장폐지가 될지 모르기 때문이다.

필자는 첫 상한가 종목을 검색할 때 관리종목과 우선주 증거금 100% 종목을 제외하는 검색식을 이용하는데, 다음은 5일 중 첫 상한가를 기록한 종목을 검색할 수 있는 검색식이다.

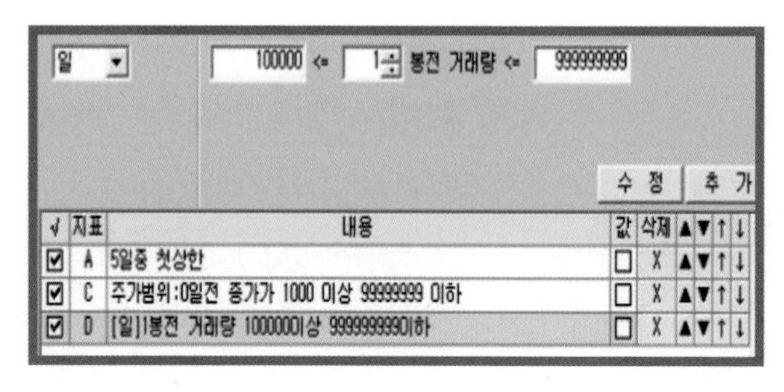

▶검색식으로 검색을 하면 조건에 맞는 종목들이 검색된다.

종목명	현재가	대비	등락률	거래량	삭제
제일화재	6,310	↑ 820	+14.94%	72,340	X
중앙바이오텍	1,255	↑ 160	+14.61%	2,952,711	X
삼천리자전거	10,150	↑ 1,320	+14.95%	5,118,807	X
참좋은레져	7,230	↑ 940	+14.94%	4,716,350	X

꾸준한 노력 없이는 대박이 있을 수 없다. 주식은 복권이 아니다. 대박을 꿈꾸기보다는 현재의 자신을 냉철히 판단하는 자세가 필요하다. 필자는 하루에 적게는 200~300개에서 많을 때는 600~1,000개 정도의 차트를 본다. 한 종목의 차트를 보는 데 10초 이상이 걸리지 않는다.

차트를 보자마자 감이 오는 차트는 1차로 당일 관심종목에 넣어둔다. 그 후 모든 종목 차트를 둘러본 후 관심종목에 넣어둔 차트의 분봉과 주봉을 분석해서 그중에서 감이 오는 2차 종목을 고른다. 골라낸 종목 가운데 재무제표를 분석해서 다시 한 번 걸러낸 후 마지막으로 최근 뉴스 중에서 잠재된 악재 호재가 없는지 분석하여 최종적으로 다음날 관심종목을 고른다.

물론 이렇게 되기까지는 많은 노력이 필요하다. 우선 하루도 차트 보는 것을 게을리하면 안 된다. 지속적인 노력을 기울인다면 어느 순간 상승할 것 같은 예감이 드는 차트가 보이기 시작할 것이다. 그때까지는 지속적인 노력을 기울여야 한다는 것을 잊지 말자.

둘째, 욕심도 부리지 말고 수익 또한 미리 상상하지 마라. 다른 사람들이 "100% 수익을 올렸네, 200% 수익을 올렸네" 하고 자랑하는 것을 들은 적이 있을 것이다. 그 말들을 들으면 누구든 솔깃해서 자신도 그렇게 되길 바란다. 그러나 '이 종목만 오르면 이제까지 손해본 것을 만회할 수 있을 텐데……' 하는 생각은 과감하게 버려야 한다.

계란을 한 바구니에 가지고 가던 사람이 있었다. 그는 '계란을 팔아 닭을 사고, 닭이 낳는 계란을 팔아 양을 사고, 잘 키워 양털을 팔아 소를 사고, 소를 잘 키워 송아지를 팔아 집을 사야지……' 라고 생각하며 걸어가다 그만 돌부리에 걸려 넘어져 계란이 다 깨져버렸다. 이 사람의 가장 큰 잘못은 무엇일까? 아직 실현되지 않은 것에 대한 앞선 생각이다. 자신의 보유종목이 수익중이거나 단 1% 수익이 난 종목이라도 수익이 실현되지 않으면, 즉 매도하지 않으면 의미가 없다는 것을 꼭 기억하기 바란다. 첫술에 배부를 수 없고 집을 짓는 것도 벽돌 하나에서 시작된다. 높은 산을 오르기 위해서는 정상을 바라보고 오르는 것이 아니라 자신의 발 밑을 보고 한 걸음씩 올라가야 한다.

셋째, 철저한 자기 주관에 따른 매매를 하라. 자신만의 원칙을 가지라는 말을 수없이 들어왔을 것이다. 투자자는 원칙에 따라 움직이는 로봇이 되어야 한다. 기계적인 매매가 중요한 이유는 확실한 원칙이 없으면 자신도 모르게 상황에 따라 엉뚱한 결정을 하게 되고 그 결과 손실이라는 후회와 아쉬움을 낳는 경우가 많기 때문이다.

필자 역시 다음과 같은 원칙을 가지고 있다.

달공이의 투자원칙 10

❶ **1,000원 아래의 주식은 매수하지 않는다.** 주가는 그 회사를 나타내는 얼굴이다. 저가주 중 1,000원 아래의 주식은 일단 매매하지 말자.

❷ **지수가 밀릴 때는 매매하지 않는다.** 대세를 따르는 것이 오래 살아남는 길이다.

❸ **양봉매수를 원칙으로 한다.** 떨어지는 비는 일단 피하고 본다.

❹ **분할매수만이 살 길이다.** 손실을 줄이는 최선의 방법이다.

❺ **흑자 기업만을 매수 대상으로 삼는다.** 감자, 상장폐지를 피하는 방법이다.

❻ **단기간에 급등하여 저가 대비 100% 이상 오른 종목은 일단 매수에서 제외한다.** 언제든지 매수세력이 손을 털고 나갈 수 있다.

❼ 수익이 나면 분할매도원칙에 따라 매도한다. 챙기지 않으면 수익은 내 것이 아니다.

❽ 손실이 종가상 10% 이상이면 손절한다. 분할매수 했는데도 불구하고 10% 손실이면 매수 타이밍이 잘못된 것이다.

❾ 남의 말은 참고만 한다. 다른 사람의 생각에 의지하면 자신의 실수를 인정하지 않게 된다.

❿ 주식은 도박이 아니다. 일확천금을 노리는 사람이면 주식 대신 다른 것을 해라.

내일부터 10배의 폭등이 예상되는 종목이라 할지라도 오늘 자신의 매매원칙에서 볼 때 매도해야 한다면 매도를 선택할 수 있는 사람이 되어야 한다. 잠깐의 수익보다는 멀리 내다보는 매매가 필요하다는 것을 잊지 말도록 하자.

넷째, 자신의 투자에 책임지는 자세가 중요하다. 수익을 내면 운이 좋았다고 생각하고 손실이 나면 어쩌다 보니 실수로 그렇게 된 것이라고 치부하며, 그것을 큰 문제로 여기지 않고 넘기려는 경향이 있다. 모든 결정은 자신이 한 것이기 때문에 모든 책임 또한 자신에게 있다는 것을 항상 생각해야 한다. 남의 탓만 하는 사람은 앞으로 나아가지 못할 뿐만 아니라, 투자 실력도 늘지 않아 발전할 수가 없다.

실수노트를 꼭 써라

실수노트란 자신의 원칙을 어기고 매매에 임했을 때를 기록하는 노트를 말한다. 수익 여부도 중요하지만 주식 역시 장기적인 관점에서 투자해야 하므로 자신의 매매원칙(종목 선정원칙, 매수와 매도원칙, 손절원칙 등)을 지켰는지가 더욱 중요하다. 원칙을 어기고도 한두 번의 수익은 낼 수 있겠지만, 그렇게 되면 이후에 똑같은 상황에서 원칙을 어긴 매매를 하게 되고 그로 인해 큰 손실을 맛볼 수 있으므로 꼭 명심하도록 하자.

투자에 실패하지 않는 5원칙

❶ 하루의 매매 횟수를 제한하라

주식에 처음 발을 들여놓았을 당시 필자는 초기의 잦은 매매로 인해 원금의 30% 이상이 수수료와 세금으로 나갔다. 수익을 올린 것 같아 매도해도 매매 횟수가 많다면 수수료로 인해 오히려 손실을 볼 수도 있다.

❷ 여유자금을 갖고 투자하라

"초기 주식투자의 자금은 얼마가 적당한가요?"라고 묻는다면 월급의 10%만 주식에 투자하라고 말하겠다. 10%는 적으면 적고 많으면 많은 금액이다. 주식을 통해 돈을 벌 수도 있지만 반대로 돈을 잃을 수도 있다. 월급의 10%는 없어도 생활하는 데 지장이 없는 금액의 마지노선이다.

❸ 다른 사람의 돈으로 절대 투자하지 마라

주식투자로 성공하고 싶다면 미수와 신용, 그리고 다른 사람의 돈을 빌려서 투자하는 것을 피해야 한다. 한번 발을 들여놓으면 다시는 빠져나올 수 없는 늪이라고 생각하고 아예 배제하기 바란다. 남의 돈으로 수익을 냈다고 해도 그것이 본전이라는 생각을 가져야 한다. 손실이 발생하면 다정했던 지인이 원수로 돌변할 수 있다는 것을 명심하자.

주식투자를 할 때 미수를 쓰거나 신용으로 빌려서 원금의 두세 배로 주식투자

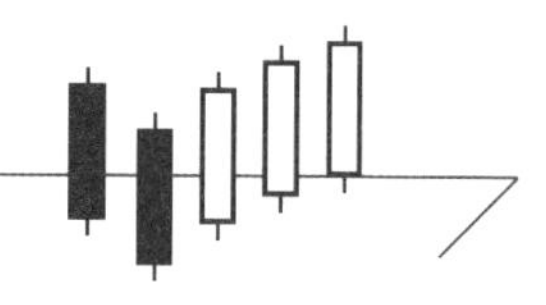

를 하는 이들이 많이 있다. 미수는 3일, 신용은 증권사별로 정해진 기간이 있어 미수에 비해 기간은 길지만 갚아야 하는 빚이라는 것에는 변함이 없다. 단기간에 오를 주식을 골라서 치고 빠지면 된다고 말하는 이도 있을 것이다. 그러나 미수나 신용으로 많은 이득을 보았다고 말하는 사람은 없고, 손해를 보았다고 말하는 이들은 수없이 많다는 점에서 그 해답을 찾을 수 있지 않을까?

❹ 매매 전 시간을 투자하라

장이 끝난 후 잠자리에 들기 전에 차트를 보는 시간과 종목에 대한 분석 시간을 따로 정해놓아야 한다. 장중에 갑자기 상승하는 종목을 보면 붉은색에 현혹되어 올바른 판단을 하지 못하게 될 수도 있다. 따라서 전날에 종목을 발굴하는 습관을 길러야 한다. 또한 자신이 발굴한 종목 위주로 다음 날 매수에 임하는 것이 주식시장에서 오랫동안 수익을 낼 수 있는 방법이라는 것을 명심하도록 하자.

❺ 주식은 하루마다 다시 태어난다고 생각하라

아는 만큼 보인다. 즉, 주식이 올라갈 것이라는 예상보다는 리스크 관리에 중점을 두어야 한다. 주식시장에서는 가늘고 길게 가는 것이 중요하다. 기회는 또다시 잡을 수 있지만 손실된 원금은 다시 돌아오지 않는다. 하루하루마다 장 상황이 다르고 그때마다 대응 방법도 다르다. 어제의 적이 오늘의 동지라는 말을 들어보았을 것이다. 이제껏 관심권에서 멀어져 있던 종목이라도 우량주로 바뀔 수 있다는 것을 잊지 말자.

※달공이 필수 체크 문제 정답
문제 ❶ : 고점

사막에서 비가 내릴 때 담을 그릇이 크다면 그만큼 많은 양의 물을 저장할 수 있을 것이다. 차트를 통한 매수 · 매도법은 주식투자 실력이라는 그릇을 크게 만들기 위한 방법이다. 한번에 그릇을 키우기 위해 욕심을 내면 그릇이 깨질 수도 있다는 것을 기억하자.

차트로 보는 매수·매도의 기술

차트를 움직이는 봉의 종류

01

장이 시작하는 오전 9시의 가격보다 높은 가격에서
오후 3시 30분에 마감을 하게 되면 붉은색의 양봉이 되는 것이고,
시작 가격보다 낮은 가격에서 마감을 하게 되면
파란색의 음봉이 되는 것이다.

봉의 종류는 크게 양봉과 음봉으로 나누어지고 모양에 따라 여러 가지 이름이 있다. 우선 봉에 대해 설명하자면 하루 동안 종목의 가격 움직임을 도형으로 나타내주는 것이다.

주가는 하루에도 수십 번씩 바뀐다. 장의 시작과 함께 거래가 시작된 가격을 시가, 장이 끝날 때의 가격을 종가라고 한다. 그리고 장중에 제일 높았던 가격을 고가, 장중에 제일 낮았던 가격을 저가라고 한다.

이와 같은 가격의 변화를 그림으로 그리는 것이 봉이다. 봉의 모양이 중요한 이유는 종목에 대한 상승 여력의 판단이나 수익 부분에 대한 이익 실현 또는 주식 매도물량을 받기 위한 속임수 음봉까지, 봉에는 종목에 대한 매매자의 심리가 반영되어 있기 때문이다.

● 봉의 색깔

장이 시작하는 오전 9시의 가격보다 높은 가격에서 오후 3시 30분에 마감을 하게 되면 붉은색의 양봉이 되는 것이고, 시작 가격보다 낮은 가격에서 마감을 하게 되면 파란색의 음봉이 되는 것이다.

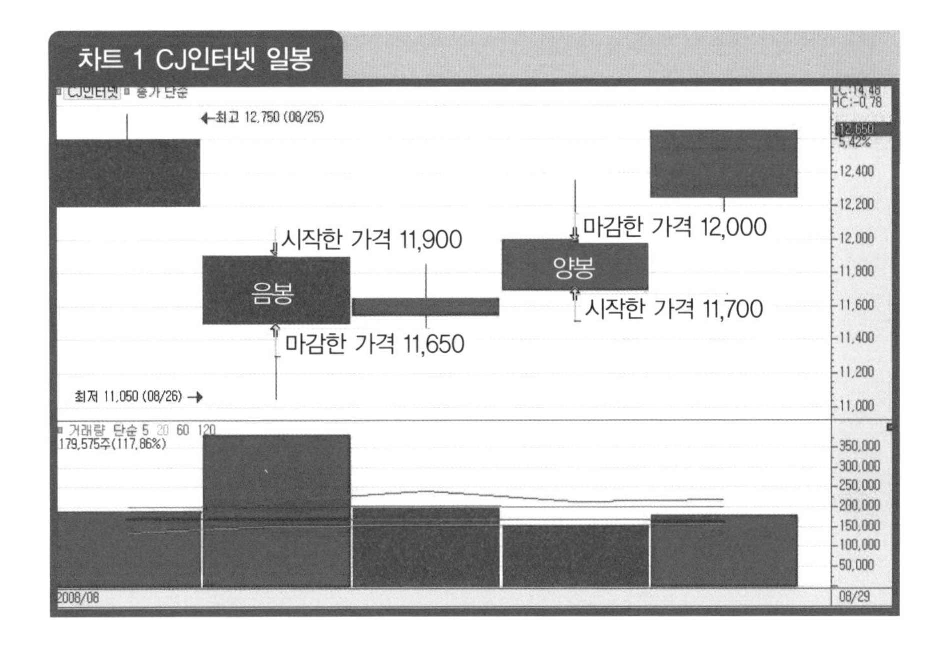

차트 1 CJ인터넷 일봉

다시 말해 전일 가격보다 오늘 가격이 높다고 양봉이 되는 것은 아니라는 것을 꼭 기억하자. 봉의 색깔은 그날 결정이 나는 것이다. 그러니 모든 종목은 하루마다 새로 태어나는 것이라고 할 수 있다.

● 봉의 모양과 크기

예를 들어보자. 지하 4층, 지상 4층으로 된 건물에 엘리베이터가 있다. 이 엘리베이터가 움직이는 층수는 B4, B3, B2, B1, 로비, 1, 2, 3, 4층이다. 이때 지하로 내려가는 엘리베이터의 시작점인 로비를 시가, 엘리베이터의 마지막 위치를 종가라고 가정한다. 로비에서 지상으로 올라가서 마지막 위치가 지상에 있다면 양봉이 되고, 로비에서 지하로 가서 마지막 위치가 지하에 있다면 음봉이 되는 것이다. 봉은 주가의 에너지와 방향성을 나타낸다. 엘리베이터가 로비에서 시작했는데 위로만 올라간다는 것은 위로 갈 사람이 많다는 뜻이다. 다시 말해 살 사람이 많다는 것이고, 반대로 내려간다는 것은 아래로 갈 사람이 많아 팔 사람이 많다는 뜻이다.

❶ 봉의 크기 결정

봉의 몸통 크기는 로비에서 올라가거나 내려간 층수에 따라 다르다. 로비에서 지하 4층이나 지상 4층까지 갔다면 몸통이 길 것이고, 지하 1층이나 지상 1층까지밖에 가지 못했다면 몸통이 작은 것이다.

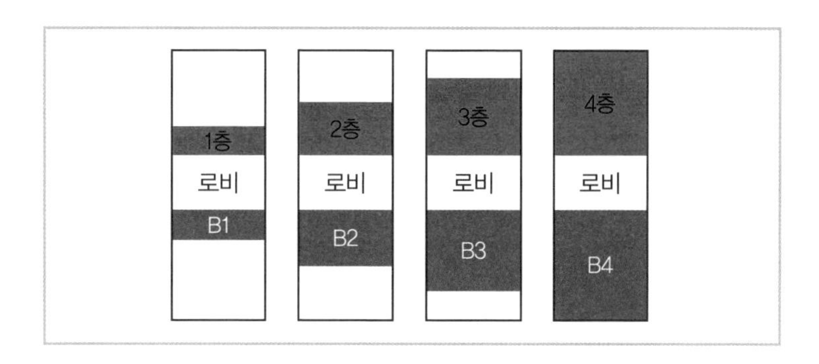

❷ 십자봉이 되려면?

십자봉이라는 것은 아래층과 위층을 왔다 갔다 하다가 지금은 로비에 있다는 것을 의미한다.

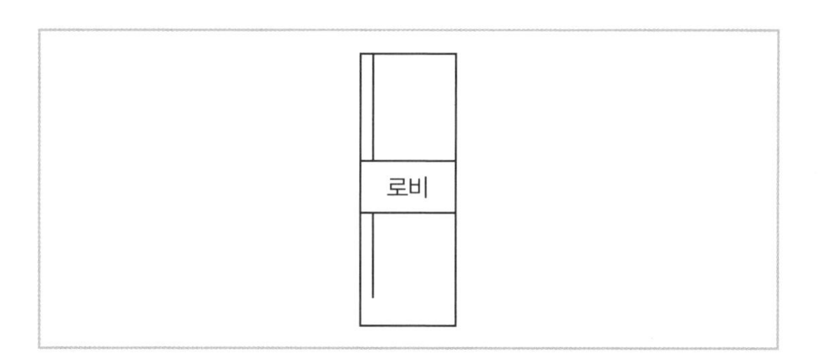

❸ 봉이 꼬리를 다는 이유

아래꼬리가 있다는 것은 시작점 로비에서 지하로 내려갔다가 올라와서 현재 위치가 자신이 가장 아래로 내려갔던 위치보다 위에 있다는 것을 말한다. 자신이 내려갔던 지하 층수보다 지금 층수가 높다면 아래꼬리를 단 것이다. 위꼬리가 있다는 것은 시작점 로비에서 위층으로 올라갔다가 내려와서 현재 위치가 자신이 가장 위로 올라갔던 위치보다 아래에 있다는 것을 말하는데, 자신이 올라갔던 지상 층수보다 지금 층수가 낮다면 위꼬리를 단 것이다.

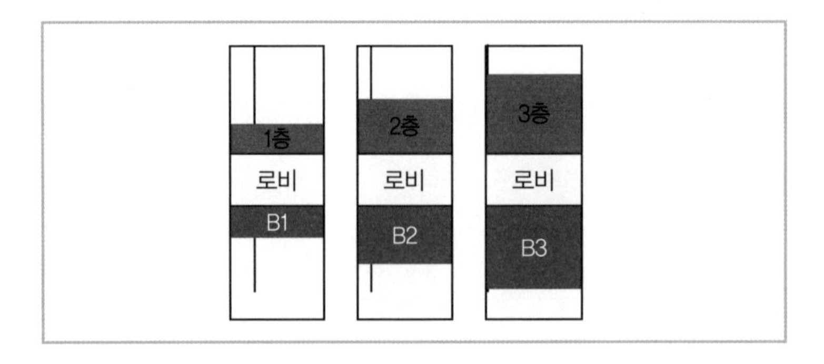

❹ 양봉과 음봉의 결정

아래꼬리와 위꼬리를 모두 다는 봉은 아래위로 움직이다가 로비 위에서 종가가 형성되면 양봉이고, 로비 아래에서 종가가 형성되면 음봉이 된다.

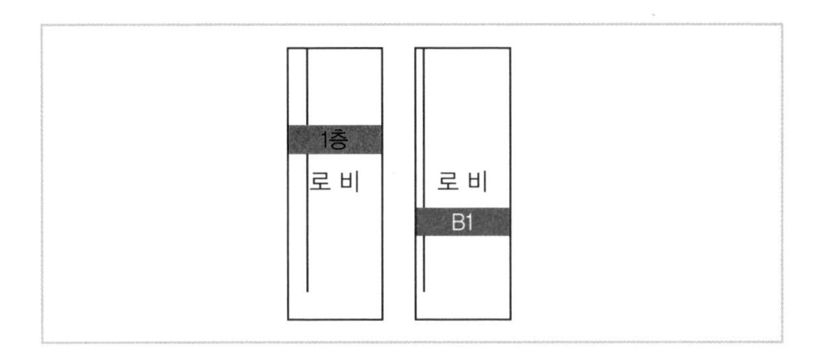

달공이의 필수 체크 문제 ❷

다음 ○○○○에 알맞은 말은?

양봉은 당일 종가가 ○○○○ 보다 높을 때 만들어진다

정답은 P. 171에

● 봉의 종류

봉의 종류를 일일이 외우려고 하니 벌써부터 한숨이 나오는 독자들이 있다면 걱정하지 말자. 차트를 계속 보다 보면 저절로 머릿속에 기억될 것이니 안심하기 바란다.

봉의 종류

장대양봉	시가에서부터 지속적으로 상승하여 시가에 비해 많이 상승한 양봉으로 마감한 모양을 말한다.
장대음봉	시가에서부터 지속적으로 하락하여 시가에 비해 많이 하락한 음봉으로 마감한 모양을 말한다.
롱바디 양봉	장중 시가보다 하락한 후 아래꼬리를 달며 상승하여 고점을 형성 후 하락하여 위꼬리를 달았지만, 종가가 시가에 비해 많이 상승한 양봉으로 마감한 모양을 말한다.
롱바디 음봉	장중 시가보다 상승한 후 위꼬리를 달며 하락하여 고점을 형성 후 하락하다 반등하여 아래꼬리를 달았지만, 종가가 시가에 비해 많이 하락한 음봉으로 마감한 모양을 말한다.
비석형 봉	장중 고가까지 상승한 후 하락하여 장 종료시 종가가 시가에서 마감된 것으로 시가와 종가가 같고 위꼬리를 만든 모양을 말한다.
숏바디 양봉	장중 시가보다 하락한 후 아래꼬리를 달며 상승하여 고점을 형성 후 하락하여 위꼬리를 달았지만, 종가가 롱바디 양봉에 비해 작게 상승한 양봉으로 마감한 모양을 말한다.
숏바디 음봉	장중 시가보다 상승한 후 위꼬리를 달며 하락하여 고점을 형성 후 하락하다 반등하여 아래꼬리를 달았지만, 종가가 롱바디 음봉에 비해 적게 하락한 음봉으로 마감한 모양을 말한다.
십자형 양봉	장중 등락을 반복하다가 종가가 시가에서 마감된 것으로 시가와 종가가 같고 위꼬리와 아래꼬리를 만든 모양을 말한다.

십자형 음봉	장중 등락을 반복하다가 종가가 시가에서 마감된 것으로 시가와 종가가 같고 위꼬리와 아래꼬리를 만든 모양을 말한다.
아래꼬리 달린 양봉	장중 시가보다 하락한 후 아래꼬리를 달며 상승하여 종가가 시가에 비해 많이 상승한 양봉으로 종가와 고가가 같이 마감한 모양을 말한다.
아래꼬리 달린 음봉	장중 시가보다 하락하여 저점을 형성 후 아래꼬리를 달며 상승하였지만, 종가가 시가보다 많이 낮은 가격으로 마감한 모양을 말한다.
위꼬리 달린 양봉	장중 시가보다 상승하여 고점을 형성 후 하락하여 위꼬리를 달았지만, 종가가 시가에 비해 많이 상승한 양봉으로 마감한 모양을 말한다.
위꼬리 달린 음봉	장중 시가보다 상승하여 고점을 형성 후 하락하여 위꼬리를 달았지만, 종가가 시가에 비해 많이 하락한 음봉으로 마감한 모양을 말한다.
양봉도지	장중 시가보다 하락한 후 아래꼬리를 달며 상승하여 고점을 형성한 후 하락하여 위꼬리를 달았지만, 종가가 숏바디 양봉에 비해 작게 상승한 양봉으로 마감한 모양을 말한다.
음봉도지	장중 시가보다 상승한 후 위꼬리를 달며 하락하여 고점을 형성 후 하락하다 반등하여 아래꼬리를 달았지만, 종가가 롱바디 음봉에 비해 적게 하락한 음봉으로 마감한 모양을 말한다.
잠자리형	비석형과 반대로 장중 저가까지 하락한 후에 상승하여 종가가 시가에서 마감된 것으로 시가와 종가가 같고 아래꼬리를 만든 모양을 말한다.
점형 봉	장중 등락이 없이 시가와 종가가 일치하는 모양을 말한다.

뒤에서도 말하겠지만 봉의 위치와 모양에 따른 매매의 기본적인 것은 집고 넘어가도록 하겠다. 주식 차트를 지속적으로 관찰하다 보면 일정한 모양이 만들어졌을 때 급등이나 급락이 나오는 것을 보게 된다. 이것이 패턴이라는 것이다. 봉의 위치와 모양에 따라 상승할 것인지 하락할 것인지에 대한 정형화된 판단 기준이 있는데, 이것이 패턴이다. 패턴에는 변형이 많이 있기 때문에 이것을 직관적으로 판단하는 데는 많은 시간이 걸리고, 6개월 상한가 차트 보기가 끝나면 저절로 패턴이 눈이 들어오기 시작할 것이므로 이런 것이 있다는 정도로만 가볍게 생각하자.

● 봉 하나로 보는 패턴

패턴은 봉의 개수에 따라 크게 나누는데, 차례대로 살펴보기로 하자. 봉 하나로 보는 패턴에는 우산형(umbrella), 샅바형(belt-hold line), 십자형, 유성형과 역전된 망치형 등이 있는데, 외우기보다는 눈으로 보며 익히면 되니 용어에 대해서는 크게 신경 쓰지 말자.

❶ 우산형

먼저 우산형(umbrella)은 긴 아래꼬리 달린 봉이라고 생각하면 된다. 주가의 고점이나 저점에서 아래로 달린 꼬리가 몸통의 두 배 이상 되는 모양의 일봉을 말하는 것이다. 긴 아래꼬리 달린 봉이 나타나면 주가에 변화가 온다는 신호로 생각하면 된다. 주가의 저점에서 긴 아래꼬리가 달린 양봉(망치형)이 발생하면 상승 전환, 주가의 고점에서 긴 아래꼬리가 달린 음봉(교수형)이 발생하면 하락 전환으로 판단하고 대응한다.

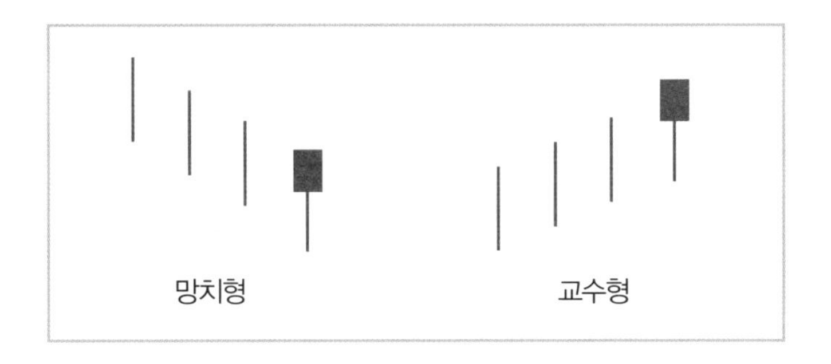

❷ 샅바형

샅바형(belt-hold line)은 작은 위꼬리 달린 긴 봉이다. 상승샅바형은 지속적인 하락을 보이던 주가 흐름 중 시가가 당일 저가로 시작해서 지속적인 상승을 보여 긴 몸통의 양봉이 된 것이고, 하락샅바형은 지속적인 상승을 보이던 주가 흐름 중 시가가 당일 고가로 시작해서 계속 하락을 보여 긴 몸통의 음봉이 된 것이다. 그러나 상승샅바형이 나타난 후 다음 날 종가가 샅바형 저가 아래에서 형성되면 하락세가 지속되는 것으로 판단한다. 또한 하락샅바형이 나타난 후 다음 날 종가가 샅바형의 시가 위에서 형성되면 상승세의 지속으로 본다.

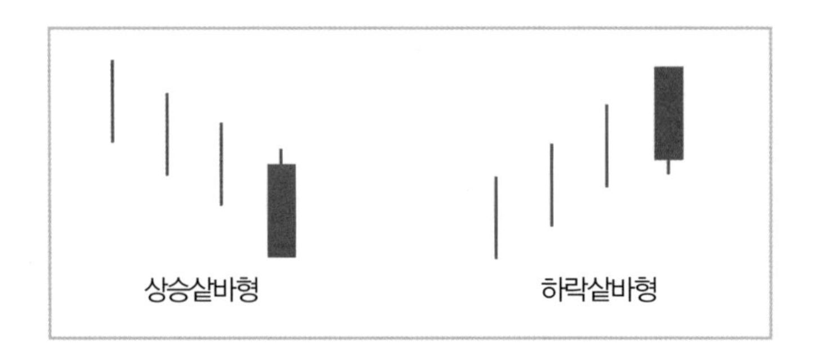

❸ 십자형

주가가 장중에 등락을 거듭하다가 종가가 시가와 같아지는 경우를 십자형(dojid)이라고 하는데, 시장의 매수세와 매도세의 균형을 반영한다고 생각하면 된다. 십자형은 추세전반에 대한 신호로 보는데, 상승세에서 긴 양봉 이후 나타나는 십자형은 추세전환신호로 판단한다. 하락추세에서 5일선 밑의 십자형은 신뢰도가 약한 편이다. 왜냐하면 하락추세에서는 심리적으로 불안정한 투자자로 인해 매도세가 이어져 하락세가 계속되기 때문이다.

비석십자형은 시가와 종가와 저가가 같게 형성된 것으로 저점보다 고점에서 신뢰도가 높다. 즉, 상승추세에서 나타나는 비석십자형은 하락세로의 전환을 의미하는데, 이는 저가로 출발하여 상승을 하다가 매수세의 동요로 다시 종가와 저가와 시가수준으로 하락했기 때문이다. 이때 고가가 높으면 높을수록 강력한 하락반전신호로 판단한다.

❹ 역망치형과 유성형

역망치형(inverted hammer)은 우산형과 반대라고 생각하면 쉽다. 지속적으로 상승이나 하락을 보이다가 나타난 작은 몸통에 위로 긴꼬리를 갖춘 일봉을 말하는데, 망치형보다는 신뢰도가 다소 떨어진다. 역망치형은 다음 날 일봉이 양봉이거나 갭을 만들면서 전일 종가보다 높게 형성되면 강한 추세 전환신호로 판단한다.

유성형(shooting star)은 주가가 고점에 다다라서 주가의 하락반전을 예고하는 신호로 판단한다. 대개 갭을 동반하여 작은 몸통과 위로 몸통보다 2배 이상 되는 긴 꼬리를 갖춘 일봉을 말하는데, 양봉보다 음봉 시 신뢰도가 높다.

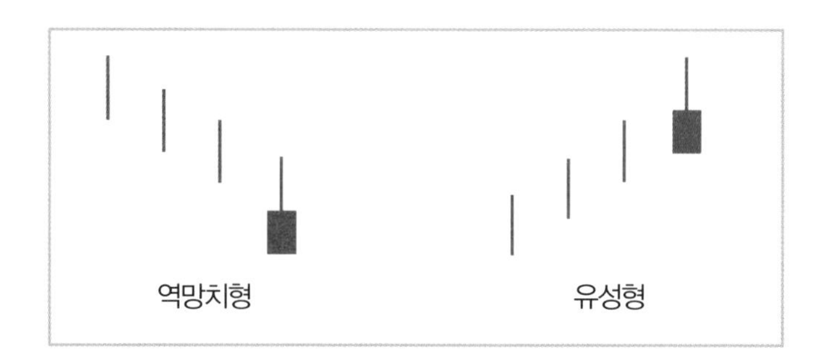

● 두 개의 일봉

❶ 장악형

하나의 일봉은 몸통보다 꼬리의 길이가 중요하다. 하지만 장악형(engulfing pattern)은 두 개의 일봉으로 구성되고 꼬리보다 몸통의 길이가 더 중요하다. 장악형에는 상승장악형과 하락장악형이 있으며, 전일의 몸통보다 다음 날 몸통이 크면 클수록 추세 전환이 강하게 일어날 것으로 예상한다. 상승장악형이란 하락추세에서 전일보다 몸통이 큰 양봉이 나타나는 것으로 상승전환신호로 판단한다.

하락장악형이란 상승추세에서 전일보다 몸체가 큰 음봉이 나타나는 것으로 하락전환신호로 판단한다. 상승장악형에서는 음봉 이후 양봉, 하락장악형에서는 양봉 이후 음봉일 경우 신뢰도가 높은데, 꼬리보다는 몸통 위주로 판단한다. 장악형의 둘째날 거래량이 급증하게 되면 강력한 추세전환신호로 본다.

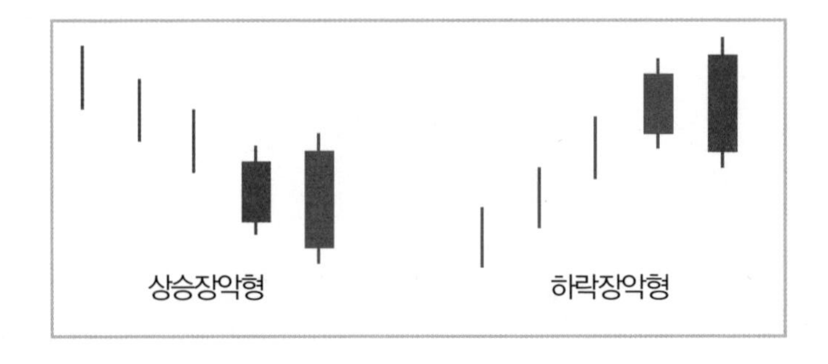

❷ 관통형과 먹구름형

관통형은 두 개의 일봉으로 구성되고 몸통이 긴 음봉 이후, 다음날 몸통이 긴 양봉이 나타나는 경우인데, 하락추세에서 상승전환신호로 판단한다. 둘째날 시가는 전일종가 아래에서 낮게 시작된 후 주가가 점차 상승하여, 종가가 전일 음봉 몸통의 50% 이상의 수준에서 형성되는 관통형은 종가가 고가에 가까울수록 신뢰도가 크다.

먹구름형에는 첫째날에 몸통이 긴 양봉이 나타나고 둘째날 시가는 전일 고가보다 높게 형성되나 종가는 전일의 시가 부근에서 형성되는 경우로 천정권에서는 하락전환 시도로 판단한다. 둘째날 종가가 전일 양봉의 몸통 중심선 이하로 내려올 경우 먹구름형의 신뢰도가 높은데, 하락장악형보다는 신뢰도가 약하다.

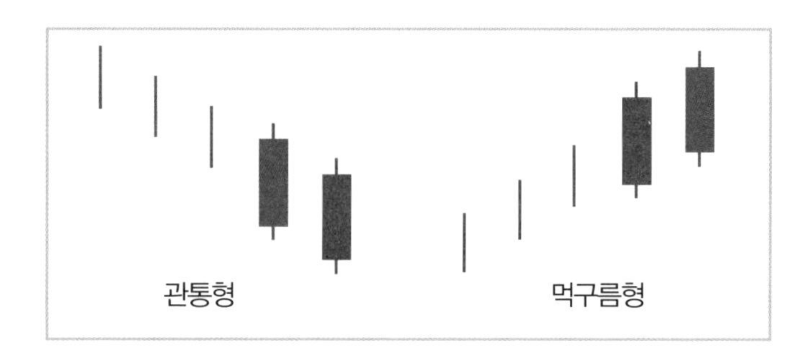

❸ 잉태형

잉태형(harami)이란 몸통이 긴 일봉과 몸통이 짧은 일봉이 연속해서 나오는 모양을 말한다. 하락잉태형에서는 양봉 이후 음봉, 상승잉태형에서는 음봉 이후 양봉이 되면 신뢰도가 높다. 그리고 잉태형에서는 둘째날 일봉이 십자형으로 나타나면 신뢰도가 높아지는데, 이를 십자잉태형(harami cross)이라고 한다. 상승추세에서의 십자잉태형은 강력한 하락전환신호로 여겨진다.

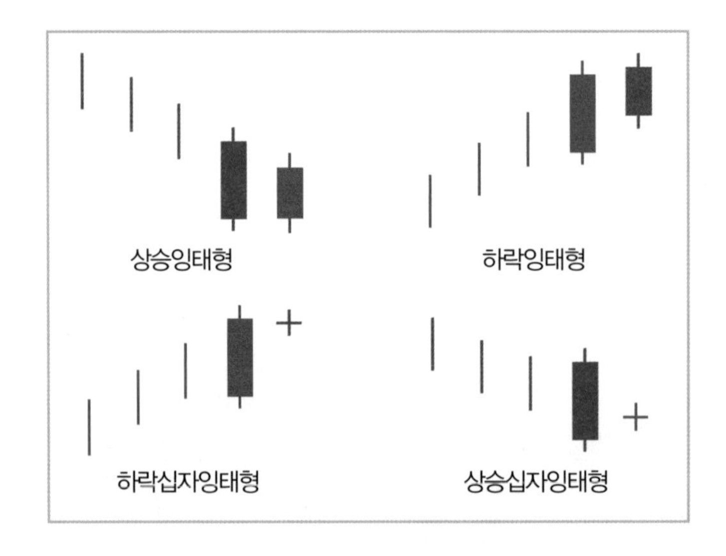

❹ 반격형

반격형(counterattack line)은 전일종가와 당일종가가 일치하는 반전패턴으로 장악형이나 관통형보다 신뢰도가 약하다. 상승반격형은 하락추세에서 몸통이 긴 음봉이 나타난 후, 다음 날 시가도 매우 낮은 수준에서 형성되어 긴 양봉이 나타나는 것을 말한다. 그리고 하락반격형은 상승추세에서 긴 몸통의 양봉과 긴 몸통의 음봉 종가가 같은 수준에서 형성되는 경우로 하락전환신호로 판단한다.

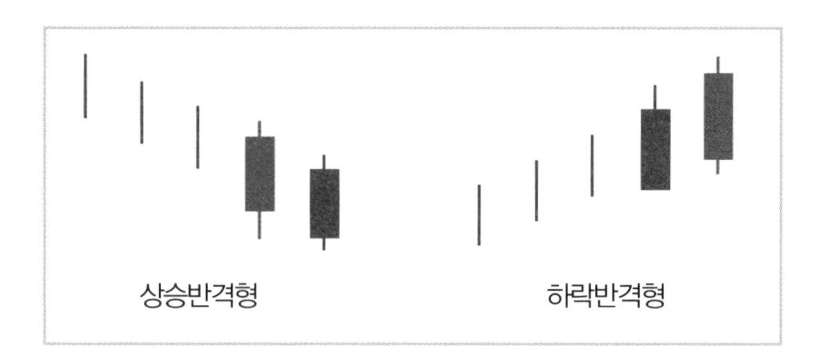

❺ 격리형

격리형은 첫째날의 시가와 둘째날의 시가가 같은 수준에 있는 것으로 첫째날의 종가와 둘째날의 종가가 일치하는 반격형과 다름을 알 수 있다. 격리형에는 상승추세에서 발생하는 상승격리형과 하락추세에서 발생하는 하락격리형이 있는데 추세의 일시적인 조정을 나타낸다. 상승격리형의 경우 첫째날 음봉, 둘째날 양봉이며, 하락격리형은 첫째날 양봉, 둘째날 음봉이 전형적인 모습이다. 첫째날과 둘째날의 몸통이 길면 길수록 신뢰도가 높아진다.

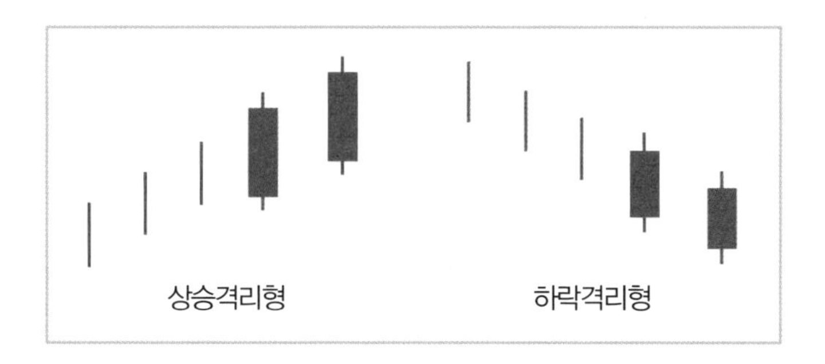

❻ 집게형

집게형이란 두 개 또는 그 이상의 일봉이 고가나 저가가 일치하는 것을 말한다. 상승추세에서 집게형 고점은 고가가 일치하고 하락추세에서 집게형 저점은 저가가 일치하는 것이다. 상승추세의 끝에 이어서 발생한 두 개의 일봉 고가가 같다는 것은 그 고가가 강력한 저항을 나타내기 때문에 상승하기 어렵다는 것을 예상할 수 있다. 반면에 하락추세에서 발생하는 집게형의 경우, 연속되는 일봉의 저가가 같다는 것은 강력한 지지를 나타내므로 그 가격 이하로 하락하기 어렵다는 것을 예상할 수 있다. 집게형이 고점에서 양봉 이후 음봉, 저점에서 음봉 이후 양봉이 나타나면 주가전환이 임박했음을 알리는 신호의 신뢰도가 더욱 높아진다.

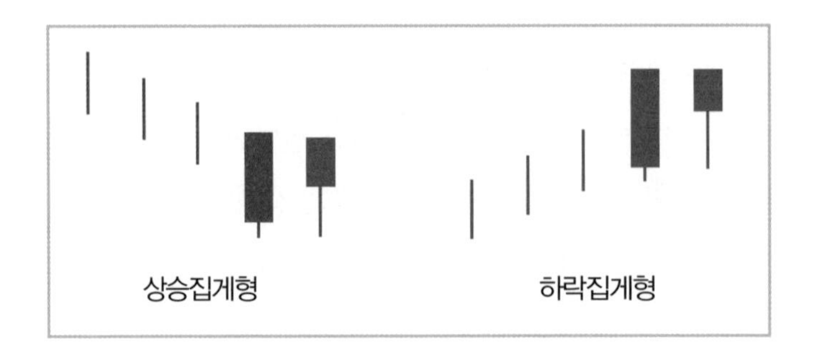

● 세 개 이상의 일봉

❶ 별형

상승추세나 하락추세에서 몸통이 긴 일봉이 나타난 후, 갭이 발생하면서 작은 몸통을 가진 일봉이 나타나는 경우 둘째날의 일봉을 별(star)형이라고 한다. 별형에서 둘째날의 작은 몸통은 매수세와 매도세의 교착상태를 의미한다.

상승추세에서의 별형은 매수세의 약화와 매도세의 강화를 나타내므로 추세전환의 신호로 판단한다. 별형에는 샛별(morning star)형과 석별(evening star)형이 있다. 샛별형은 하락추세에서 몸통이 긴 음봉이 나타난 후 갭을 만들면서 다음 날 몸통이 작은 일봉이 나타나고, 셋째날 몸통이 긴 양봉이 발생하는 경우를 말하는데, 이는 상승전환신호이다. 이 경우 첫째날과 둘째날 사이에 발생하는 갭에서 꼬리는 의미가 별로 없으며 둘째날의 별형은 양봉인 경우 신뢰도가 높다. 셋째날 양봉의 종가는 첫째날 음봉의 중심선을 돌파해야 하며, 둘째날과 셋째날 사이에 갭이 생길 경우 신뢰도가 높아진다. 샛별형은 관통형과 비슷한데 그 사이에 별형이 끼어 있는 점이 다르다.

석별형은 상승추세에서 몸통이 긴 양봉이 나타난 후 다음 날 갭이 나타나면서 몸통이 작은 일봉이 나타난다. 그후 셋째날에 몸통이 긴 음봉이 나타나면서 첫째날 양봉의 몸통 중심선을 관통하여 종가가 형성된다. 석별형은 하락전환신호로 먹구름형과 비슷하지만 별형이 끼어 있는 점이 다르다.

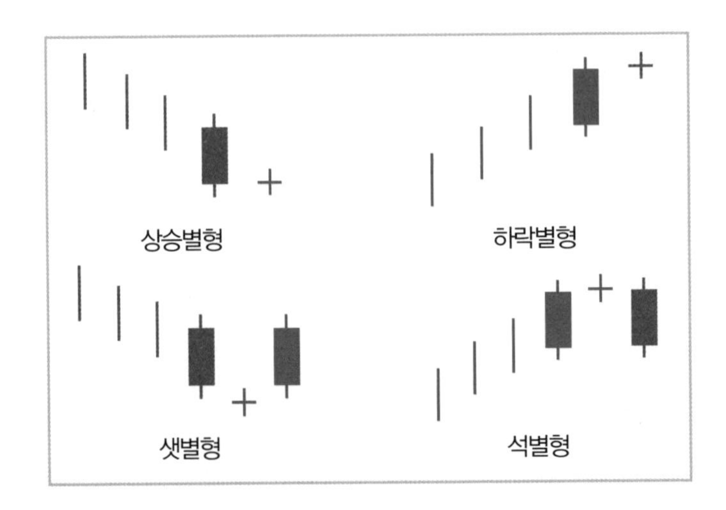

❷ 까마귀형

까마귀(upside-gap two crows)형은 고점에서 나타나는 하락전환신호이다. 우선 상승추세에서 긴 양봉이 나타난 후 둘째날 갭이 발생하면서 음봉이 나오고, 연이어 셋째날 음봉이 나타나면서 갭을 메우게 되는 것이다. 반대로 상승까마귀(upside-gap two crows down)형이 있는데 저점에서 나타나는 상승전환신호이다. 우선 하락추세에서 긴 음봉이 나타난 후 둘째날 갭이 발생하면서 양봉이 나오고, 연이어 셋째날 양이 나타나면서 갭을 메우게 되는 것이다.

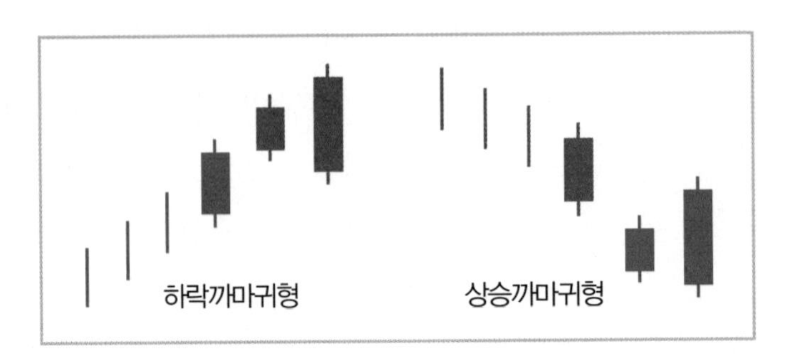

차트 따라잡기

봉의 모습과 위치 패턴은 상황에 따라 변하기 때문에 봉과 패턴 발생 이후의 움직임을 눈에 익혀야 한다. 교과서적으로 틀에 맞춰서 접근하면 예상과 다른 결과가 나타날 수 있다는 것을 기억하자.

달공이의 필수 체크 문제 ❸

다음 차트에 표시한 ①, ②의 봉의 패턴은 무엇인가?

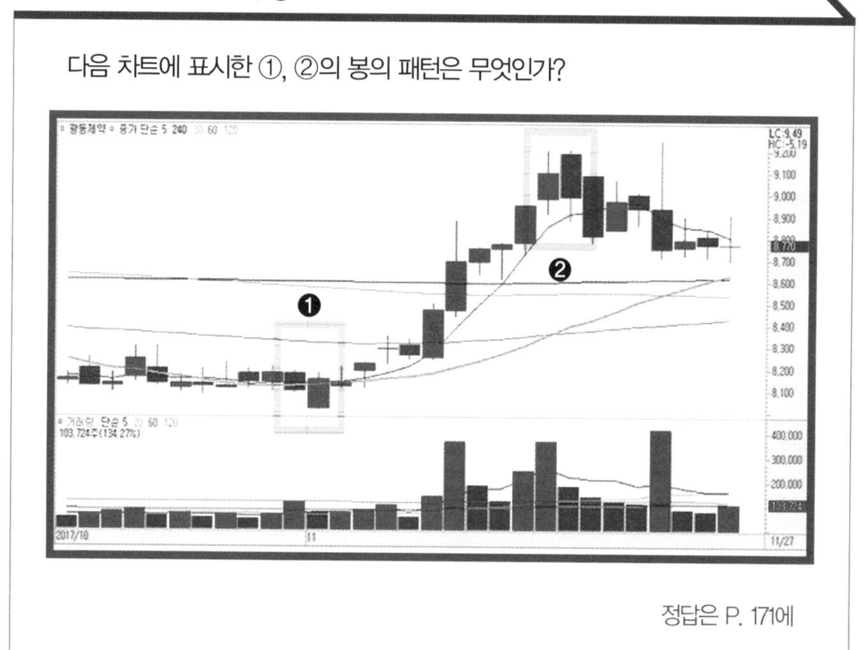

정답은 P. 171에

봉을 이용한 매수 · 매도법

봉을 이용한 매수 · 매도법이 중요한 이유는 주가의 흐름을 가장 쉽게 알 수 있는 지표이기 때문이다. 앞에서도 말했지만 봉은 봉 하나가 만들어지는 시간에 따라 분봉, 일봉, 주봉, 월봉으로 나누어진다. 1분에 하나씩 봉이 생기면 1분봉이라고 말하고 하루에 봉 하나가 생기면 일봉이라고 말하는 것이다. 봉은 하나로는 큰 의미를 갖지 못한다. 그러나 봉 하나의 분석법을 따로 말하는 이유는 봉의 위치에 따라 똑같은 봉이라도 분석하는 방법이 다르기 때문이다.

실전에서 가장 선호하는 봉의 모양은 십자양봉과 장대양봉이다. 십자양봉의 경우 5일선 위에 있으면서 20일선이 봉의 위꼬리 근처에 있는 종목을 골라야 한다. 이것을 5일선과 20일선의 샌드위치라고 부르는데, 샌드위치의 빵을 누르면 속이 밖으로 나오듯이 5일선과 20일선 안에 있는 봉이 작아지면서 5일선과 20일선의 이격도가 좁혀지면 20일선을 돌파하며 강한 시세를 보여주는 경우가 많다.

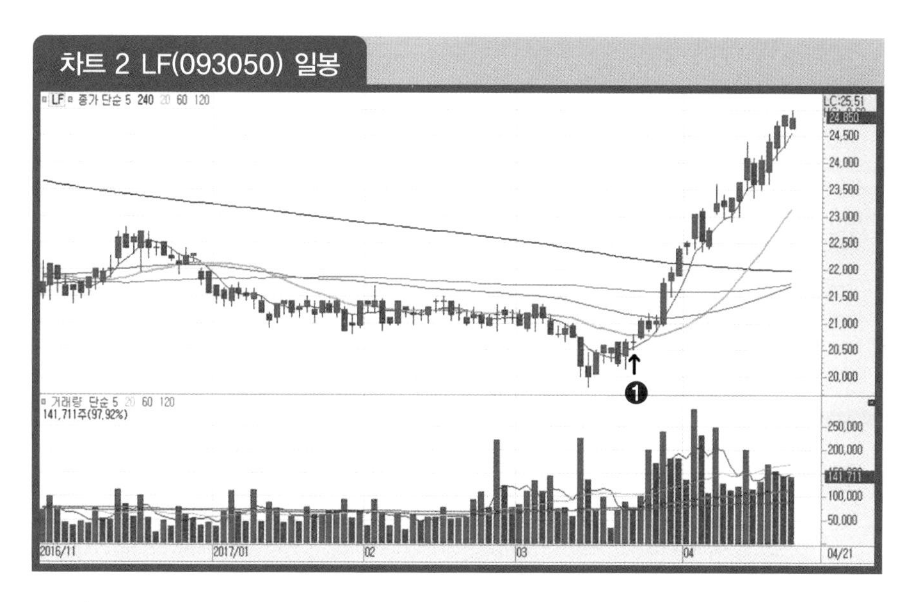

차트 2 LF(093050) 일봉

5일선 위에 있으면서 20일선이 봉의 위꼬리 근처에 있는 ①지점에서 관심주에 편입한 후 20일선을 돌파 시 매수에 들어가면 된다.

상승 초기에 십자양봉을 선호하는 이유는 세력의 종목에 대한 매물 테스트일 확률이 높기 때문이다. 여기서 중요한 것은 고점이 20일선 밑인 십자양봉에서는 매수하지 않는 습관을 기르는 것이다. 그리고 하나 더 유의할 것은 20일선 위에서 종가가 마감한 양봉이 발생한 이후 다시 20일선을 돌파해주는 양봉이 나온 것을 확인하고 매매에 임해야 한다는 것이다. 그 이유는 20일선 위에서 종가가 마감하더라도 바로 상승하지 않고 횡보하는 모습이 나올 수 있기 때문이다.

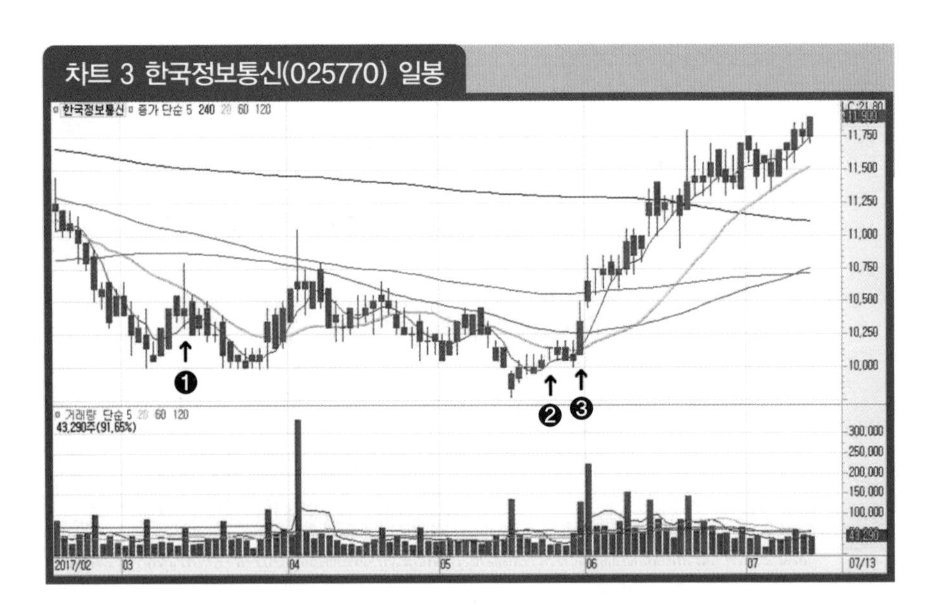

차트 3 한국정보통신(025770) 일봉

①지점은 20일선 밑에 봉이 위치하고 있으면서 종가 역시 20일선을 돌파하지 못해 큰 상승을 하지 못하고 기간 조정을 거치는 모습이다 ②지점은 20일선 위에 종가가 형성되면서 3거래일 이후 상승하는 모습이 나왔다. ②지점 이후 20일선을 다시 돌파하며 ②지점의 종가를 돌파하는 양봉이 발생하는 ③지점에서 매수에 들어가는 것이다.

장대양봉의 경우 5일선보다 20일선이 밑에 있으면서 60일선이나 120일선 등의 장기이평선을 한번에 돌파해주는 종목(①지점)을 골라야 한다. 그 이유는 5일선보다 기간이 긴 이평선이 아래에 위치하고 있지 않을 경우 상승하기보다는 추가 하락하는 경우가 많기 때문이다.

차트 4 CJ(001040) 일봉

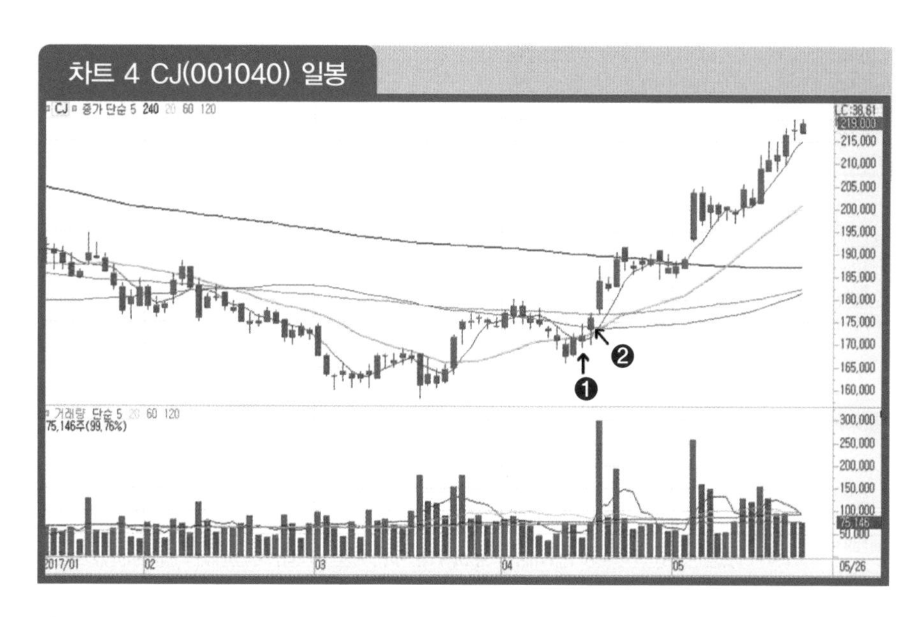

①지점은 전형적인 십자양봉 모습을 보여주고 있다. ①봉의 다음날 ①봉의 종가를 돌파하는 양봉 ②지점에서 매수에 임하는 것이다.

차트 따라잡기

❶ 십자양봉 전의 봉이 20일선을 돌파하는 양봉이면서 십자양봉의 종가가 전일 고가에 형성될 경우 상승 확률이 높다.

❷ 봉차트에서 중요한 것은 아래꼬리를 다는 봉 다음의 봉의 시초가이다. 시초가가 꼬리 부분에 형성된다면(전일지점 부근에서 시가가 형성된다면) 상승하기가 쉽지 않다는 것을 명심하자.

차트 5 대림산업(000210) 일봉

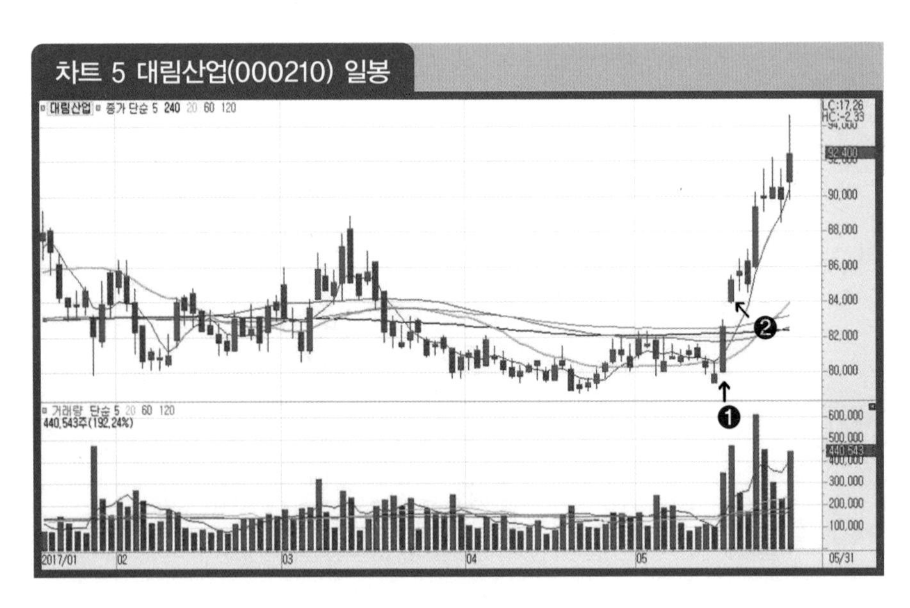

①지점에서 보듯 5일선보다 20일선이 밑에 있으면서 60일선이나 120일선 등의 장기이평선을 한 번에 돌파해주고 있다. 이날 관심주에 편입하고 다음날 시가 ②지점에 매수를 들어가는 것이다.

달공이의 필수 체크 문제 ❹

다음 ○○○○에 알맞은 말은?

이평선을 돌파하는 ○○○○ 중 새싹봉이 많이 있다.

정답은 P. 171에

봉차트로 감을 잡아라

02

봉 하나의 모양과 그 봉의 위치를 통해
상승하는 봉을 찾아내는 것이 중요하다.

봉의 모양과 위치를 통한 매수 · 매도법

봉을 이용한 매매에서 중요한 것은 상승 가능한 봉을 판단하는 것이다. 봉 하나의 모양과 그 봉의 위치를 통해 상승하는 봉을 필자는 '새싹봉'이라고 부른다. 이 새싹봉의 유무는 매우 중요하다. 새싹이 가장 처음 흙을 뚫고 올라오듯이, 상승으로 전환하는 가장 초기 시점의 새싹봉 발굴이 중요하다.

차트에서 양봉과 음봉이 교차하며 출연하지만 주가는 상승하지 않고 횡보하는 모습을 보일 때가 있다. 이평선은 상승으로 전환되고 봉은 횡보하다가 새싹봉이 출현하게 된다. 새싹봉 출현 후 다음 날은 갭상승을 하거나 상한가로 마감하는 확률이 높다.

상승 확률이 높은 봉

새싹봉이 20일선을 돌파하는 양봉이거나, 20일선의 지지가 확인된 양봉이라면 상승 확률이 매우 높다.

새싹봉의 판단법은 전일 음봉 후 그 음봉의 70% 이상을 회복하는 양봉이 1순위다. 2순위는 며칠간 횡보하면서 줄어드는 종목의 거래량이 다시 증가하면서 횡보하던 봉의 고점을 돌파하는 모습을 보일 때이다. 여기서 중요한 것은 이평선의 지지 여부 확인이다. 새싹봉은 짧게는 2~3일에서 길게는 1주일 이상의 고점과 저점이 지지선과 저항선 사이의 가격차가 거의 나지 않으면서 그 사이에서 가격이 형성되다가 저항선을 돌파할 때 완성된다.

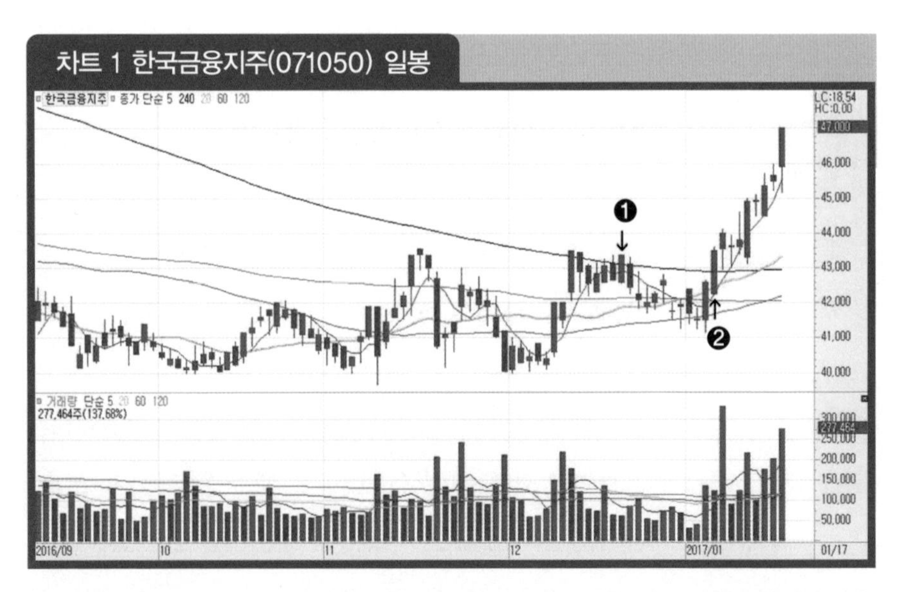

①지점은 단기적으로 볼 때 새싹봉이라고 생각할 수 있는 지점이지만 다음날 음봉이 나온 후 하락하는 모습을 보였다. 진정한 새싹봉은 저항선을 돌파한 후 다음날 양봉이 나온 ②지점이 되는 것이다.

이평선을 돌파하는 장대양봉 중에는 새싹봉이 많이 있다. 여기서 중요한 것은 새싹봉이 발견되는 시점에서 매매하는 것이 아니라, 이평선을 돌파하는 새싹봉이 나온 후 다음날 양봉을 확인 한 후 종가나 다음날 시초가에 이평선 지지를 확인한 후 매매해야 한다는 점이다. 그 이유는 이평선을 돌파하였다고 생각해 매수를 하면 다음날 음봉이 나오거나 갭하락으로 시작하여 새싹봉이 훼손될 때가 많이 있기 때문이다.

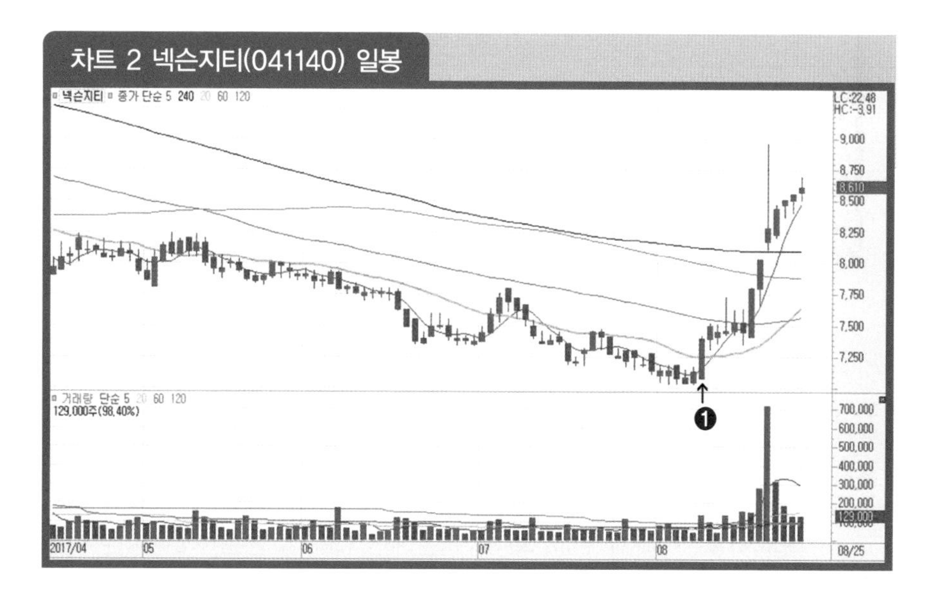

20일선을 돌파하는 장대양봉이 출현했다. ①지점이 새싹봉이다. 새싹봉이 완성되는 다음날 종가나 양봉을 확인 후 그 다음날 시초가에 매매에 들어가는 것이 정석이다.

양봉 매수만이 살길이다

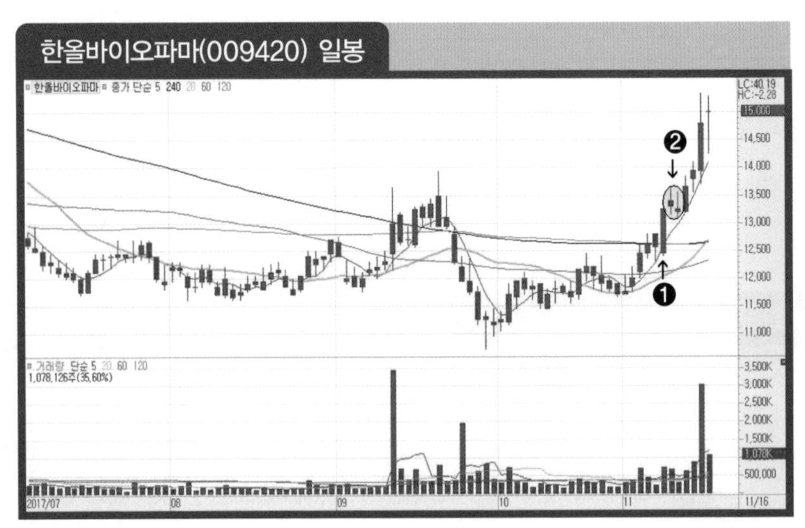

①지점이 새싹봉이다. 새싹봉이 완성되는 당일 종가나 다음날 시초가에서 매수에 들어가야 한다. 만약 ②번 지점처럼 음봉이 나온다면 양봉 시까지 기다려야 한다.

양봉 매수를 잊지 말자. 음봉 이후 양봉이 발생할 때 매수하는 것이 중요하다. 음봉 시 조정이라고 생각하여 매수하는 것은 좋지 않다. 음봉에서 사는 것이 아니라, 그 음봉이 양봉으로 변하는 시점에 매수하는 습관을 길러 보자.

중수 넘어서기

여러 개의 봉을 이용한 매수 · 매도법

여러 개의 봉을 이용한 매수 · 매도법의 핵심 포인트는 합체의 원리라고 말할 수 있다. 일봉의 움직임을 일주일 동안 하나의 봉으로 나타낸 것이 주봉인 것처럼 여러 개의 봉 분석법은 앞의 봉과 그 다음 봉의 가격과 모양을 합산하여 주가의 움직임을 예상하는 것이다.

최근 차트의 흐름을 보면 상승 확률이 높은 지점에서 바로 상승을 보이기보다는 상승 후 다음 날 조정을 보이는 때가 많이 발생하고 있다. 상승의 당일 고점에서 매수 후 조정을 견디지 못하고 매도하거나 추가 상승을 할 수 있는 종목에 대한 보유를 위해 꼭 필요한 방법이라고 하겠다. 상승종목의 판단 시 가장 신뢰하는 모양은 세워놓은 아령 모양이나 가운데가 움푹 들어간 분유병 모양과 위꼬리 달린 양봉 중 몸통이 꼬리에 비해 긴 것이다. 두 개 이상의 봉이 합쳐져 이런 모양이 나올 때 추가상승하는 모습이 많이 나타난다. 양봉끼리는 더하고 음봉과 양봉이 교차할 때는 양봉에서 음봉 부분을 빼는 것이다. 합친 봉의 모습을 머릿속에서 그릴 수 있도록 훈련하는 것이 중요하다.

합쳐진 봉의 모습을 머릿속으로 그리기 어렵다면 봉의 꼬리 부분을 제외한 몸통 부분에 아래위로 수평 추세선을 그어보면 조금 더 명확히 알 수 있게 된다.

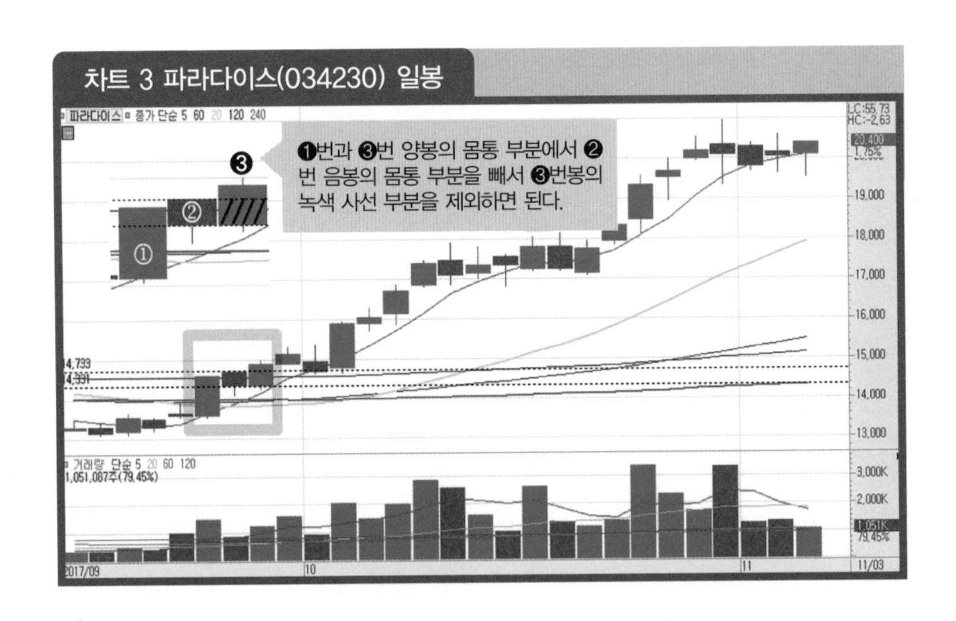
차트 3 파라다이스(034230) 일봉
❶번과 ❸번 양봉의 몸통 부분에서 ❷번 음봉의 몸통 부분을 빼서 ❸번봉의 녹색 사선 부분을 제외하면 된다.
❸
②
①

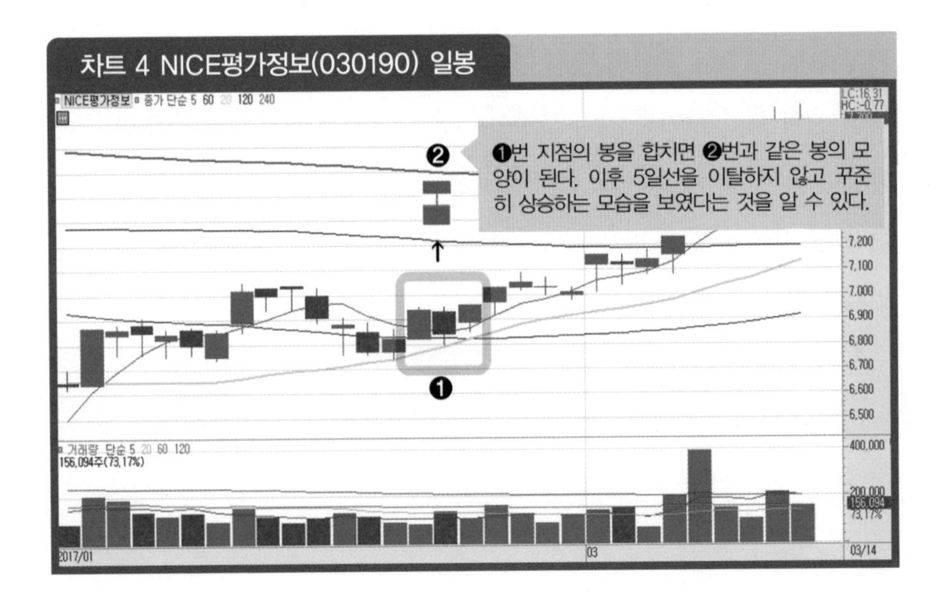
차트 4 NICE평가정보(030190) 일봉
❶번 지점의 봉을 합치면 ❷번과 같은 봉의 모양이 된다. 이후 5일선을 이탈하지 않고 꾸준히 상승하는 모습을 보였다는 것을 알 수 있다.
❷
❶

차트 5 차바이오텍(085660) 일봉

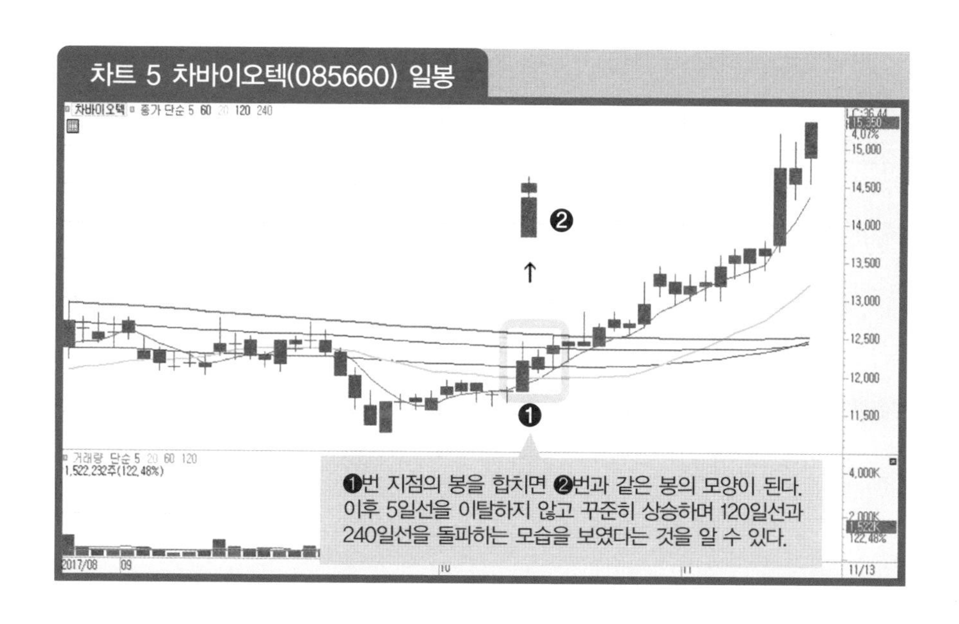

차트 6 솔브레인(036830) 일봉

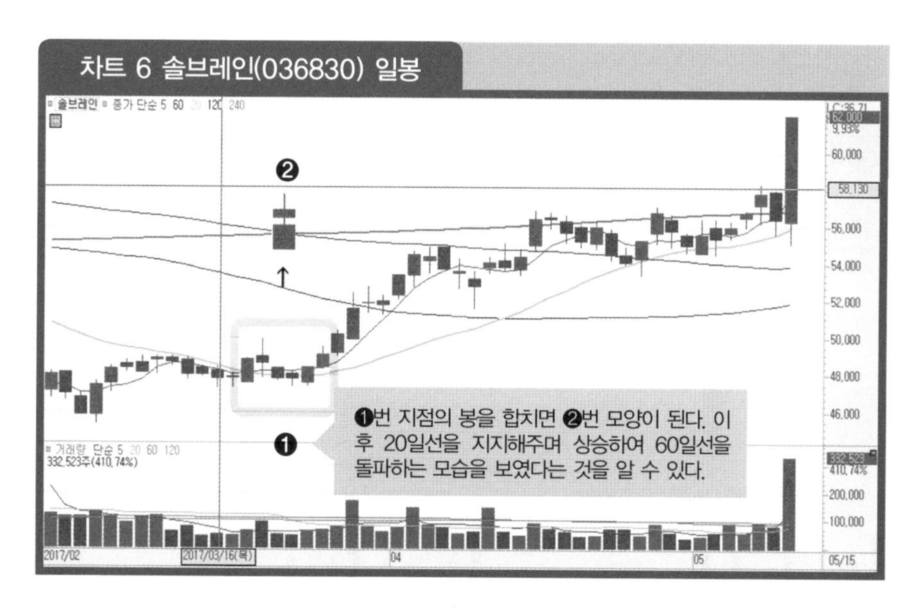

지속적인 하락을 보이는 차트의 흐름을 보면 하락 확률이 높은 지점에서 바로 하락을 보이기보다는 양봉을 발생시키면서 반등할 것처럼 생각하게 만든 후 물량을 넘기는 경우가 종종 발생하고 있다. 상승의 전일 고점에서 매수 후 양봉 시 상승을 예상하고 추가 매수하는 때가 있다. 추가 하락이 예상되는 종목에 대한 매도시점 또한 하락하는 봉의 모양도 여러 봉을 합쳐 보면 파악할 수 있다. 연속해서 음봉이 나오면서 봉을 합쳤을 때 위꼬리와 아래꼬리의 길이에 비해 몸통이 큰 장대 음봉이 되거나 음봉과 양봉이 번갈아 나오면서 합쳤을 때긴 위꼬리 달린 음봉의 모양과 음봉 역기형의 모양이 나왔을 때 이 후 하락하는 모습을 보이는 때가 많이 있다.

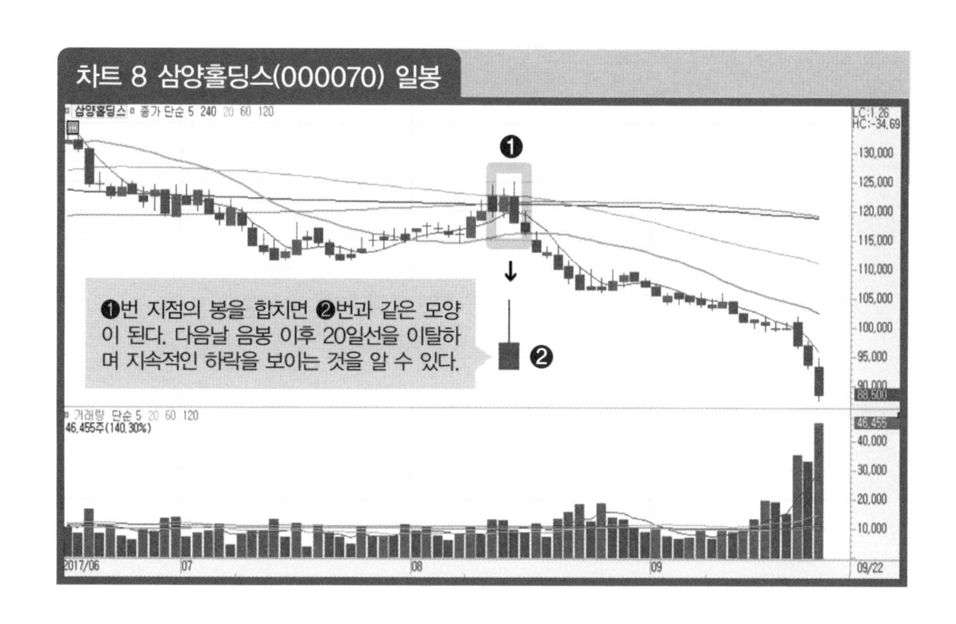
차트 8 삼양홀딩스(000070) 일봉
삼양홀딩스 종가 단순 5 240 20 60 120
❶
❶번 지점의 봉을 합치면 ❷번과 같은 모양이 된다. 다음날 음봉 이후 20일선을 이탈하며 지속적인 하락을 보이는 것을 알 수 있다.
❷
거래량 단순 5 20 60 120
46,455주(140.30%)
2017/06
07
08
09
09/22

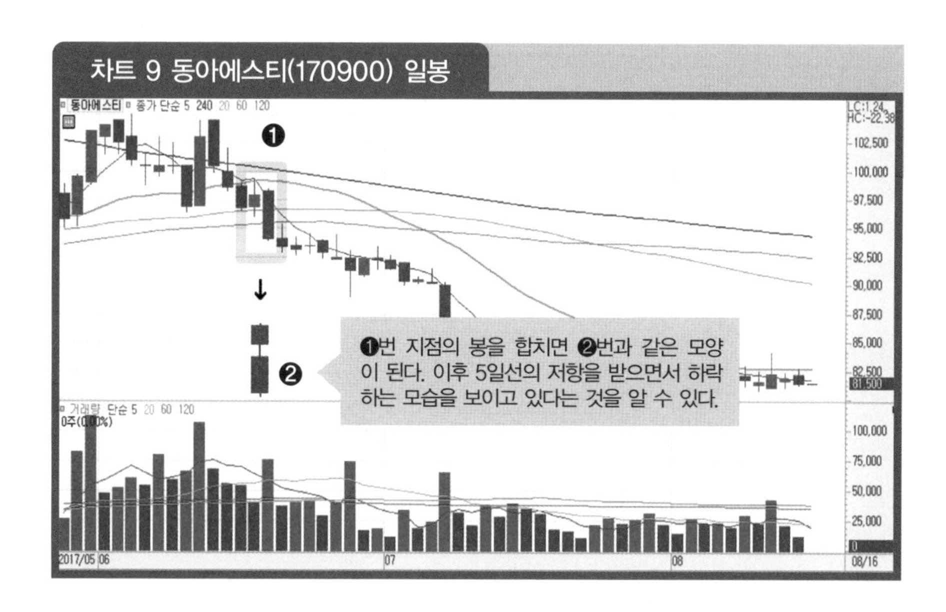
차트 9 동아에스티(170900) 일봉
동아에스티 종가 단순 5 240 20 60 120
❶
❷
❶번 지점의 봉을 합치면 ❷번과 같은 모양이 된다. 이후 5일선의 저항을 받으면서 하락하는 모습을 보이고 있다는 것을 알 수 있다.
거래량 단순 5 20 60 120
2017/05
06
07
08
08/16

차트 따라잡기

❶ 장기이평선과 단기이평선 사이에 양봉과 음봉이 교차하며 발생하다가 골든크로스 시점에서 장대양봉이 출현하며 합쳐진 봉의 모습이 아래꼬리 달린 양봉이 될 때 다음 날 갭상승할 확률이 높다.

❷ 급등한 종목의 상승 초기 움직임을 유심히 살펴보아 상승이 시작되는 시점의 봉의 모양이 어떤지 기억해 놓으면 이후 급등 전의 종목을 발굴할 때 많은 도움이 되며 급등 후 매도시점 파악에도 효율적이다.

막연한 기대감 떨쳐버리기

필자도 손실로 인해 매도하지 못한 것을 후회하다가 차트를 판단하는 기준마저 흔들려 커다란 손실을 본 적이 있다. 초보 시절 매매 시 하루하루 봉의 움직임을 체크하다 보면 생각했던 것과 다르게 종가가 형성되어 봉의 모양이 예상과 다르게 마감하는 경우가 많이 있었다. 그 때문에 매수나 매도 판단을 유보해야 하는 경우가 종종 발생했고 매수 종목 며칠 동안 지속적으로 하락하면서 음봉이 연속으로 나타나면 견디지 못하고 매도를 한다거나 손절하지 못하고 기다리다가 매수가에 비해 크게 하락해버리는 경우가 자주 발생했다. 매수한 종목을 매도하지 않아서, 매수할 수 있는 자금이 없어서, 상승 예상 종목을 매수하지 못해 손실 폭을 줄이지 못하는 악순환이 계속되기도 하였다. 매수한 종목들을 한꺼번에 팔고 이제는 절대로 주식을 하지 않겠다고 다짐하기도 했다. 그러던 중 차트분석의 기준부터가 잘못되어 있다는 것을 깨닫게 되었다. 체를 통해 콩을 거르려면 체의 구멍이 커도 상관 없지만, 좁쌀을 거르기 위해선 구멍이 작아야 한다. 마찬가지로 일봉 하나도 중요하지만 분봉을 통해 세밀하게 분석하고 주봉, 월봉 등을 통해 정확하게 종목을 판단하려면 촘촘한 척도를 가져야 한다는 것을 알게 되었고, 이것을 통해 조정인지, 매수 주체의 이탈인지에 대해 조금 더 확실히 파악할 수 있게 되었다.

투자자들에게 당부하고 싶은 말은 봉의 모습이 손절하지 못하게 하는 핑계거리가 되면 안 된다는 점이다. '조금 내렸지만 이제 반등할 거야. 원래는 손절이지만 양봉이니 이제 하락을 멈추고 오르겠지' 하는 막연한 기대감으로 떨어지는 종목을 붙잡고 있지 말자. 자신의 기준에서 매도를 외치고 있으면 매도로 대응한다는 결심이 꼭 필요하다. 분봉, 일봉, 주봉, 월봉, 이 모든 것을 하나하나 분석하면서 봉을 통한 매매의 감을 익히자. 그러면 어느 순간에 자신이 고른 종목들이 상승하고 있을 것이다.

차트로 타이밍 잡기

03

당일 매매에서 가장 중요한 것은 시가이다.
전일까지 매집이 완료되었다면 매수 주체들은 다음날 바로
급등을 연출할 공산이 크다. 시가에 갭이 출연한다는 것은 추가 상승에
대한 가능성과 세력의 이탈 여부 판단에 중요하다.

데이트레이딩 매수 타이밍 잡는 법

'데이트레이딩 매수 타이밍 잡는 법' 이라고 하면 단타매매 위주라고 생각하는 사람들이 있을 것이다. 지금부터 말하려고자 하는 데이트레이딩은 그날 사서 그날 파는 것을 말하는 것이 아니라, 하루의 매수 · 매도 타이밍을 잡는 방법이다. 하루의 매수 · 타이밍은 오전 10시 이전과 오후 3시 00분 이후로 잡는 것을 기본으로 한다. 잦은 매매로 인한 수수료 손해를 염두에 두어야 하기 때문이다. 수익을 본 후에 매도했지만 이후 계좌를 열어보면 그다지 많은 이익을 내지 못하는 이유가 잦은 매매에 있다.

고수는 확실한 타이밍에 맞춘 한 번의 매매로 하수의 수십 번의 매매보다

많은 수익을 올린다는 것을 기억하자. 이렇게 매매 시간을 정하는 이유는 매매자 본인이 펀드매니저라는 생각을 가지고 매매에 임하기 위한 것이다. 인건비를 계산하라는 말이다. 자신이 미래의 펀드매니저라는 생각으로 매매에 임하기 바란다.

실력 있는 펀드매니저의 몸값은 어마어마하다. 모니터 앞에 앉아 있는 시간이 길다고 해서 상승종목을 고를 수 있다는 보장은 없다. 단, 모니터 앞에 계속 앉아 있지 말라고 말한 것은 장중에 국한된다는 것을 기억하도록 하자. 매매가 가능한 시간대에 모니터 앞에 있으면 자신도 모르게 매매하고 싶은 욕구가 생긴다. 조금만 손실이 발생해도 오르고 있는 다른 종목들이 눈에 들어오고 지금의 손실을 오르는 종목을 매수하면 만회할 수 있다는 생각이 들기 시작한다.

상승종목이 지속적으로 상승하면 기다리지 못하고 손실종목 매도 후 상승종목을 매수한다. 그러나 그때는 상승종목이 하락하기 시작하고 손실폭은 확대되는 경우가 더 많다는 것을 기억하자. 그리고 아이러니하게도 손실을 확정시키면서 매도했던 종목은 자신의 매수가 근처까지 상승하게 된다. 결과적으로 자신의 섣부른 매도를 후회하게 되는 결과를 낳게 될 때가 많이 있다. 장이 종료된 후에는 자신의 매매를 둘러보고 장의 상황을 파악하고 앞으로의 시장을 예상하거나 차트를 보는 것에 많은 시간을 투자해야 한다.

데이트레이딩 매수 타이밍에서 차트상 대전제가 있는데, 모든 이평선의 밑에 위치하더라도 5일선 위의 종목을 무조건 1순위로 생각한다는 점이다. 5일선이 마지노선이기 때문이며 5일선까지 깨져 있는 종목은 5일선을 회복하는 데 많은 어려움을 겪기 때문이다.

계속해서 말하겠지만 당일 매매에서 가장 중요한 것은 '시가' 이다. 시가라는 것은 매수 주체의 힘을 파악할 수 있는 중요한 척도가 된다는 것을 기억하자. 그 이유는 전일까지 매집이 완료되었다면 매수 주체들은 다음날 바로 급등을 연출할 공산이 크다. 시가에 갭이 출연한다는 것은 추가 상승에 대한 가능성과 세력의 이탈 여부 판단에 중요하다. 시가가 전일과 동일하거나 3~8% 정도의 상승으로 시작하는 종목을 1순위로 삼는다. 20% 이상의 갭상승이 강하게 나온 종목은 피하는데, 이는 전일 매수한 이들의 매도로 하락할 여지가 높기 때문이다.

매매 타이밍의 급소는 분봉에서 시가를 깨지 않고 상승하거나 시가를 깨고 하락하여 전일 종가 부근이나 이평선 부근에서 반등하는 모습을 확인한 후 시가를 다시 돌파할 때이다. 5분봉상 60일선이 중요하다. 전일 종가가 5분봉상 60일선 밑으로 하락했다가 다음날 상승하여 60일선 위에서 첫 번째 봉이 형성될 경우, 그 봉의 고점 돌파 시 매수관점으로 접근한다.

고점매수는 "NO!"

자신이 발굴하여 관심권에 두고 있었지만 자신의 상황으로 인해 시초가나 상승 전에 매수하지 못한 상황에서 종목이 상승하게 되면 아쉬움에 고점에서 매수하는 실수를 범하게 된다. 이때 아래에서 받쳐 잡는다는 마음가짐으로 조정을 해줄 때까지 기다리는 여유를 가지기 바란다.

차트 1 태웅(044490) 5분봉

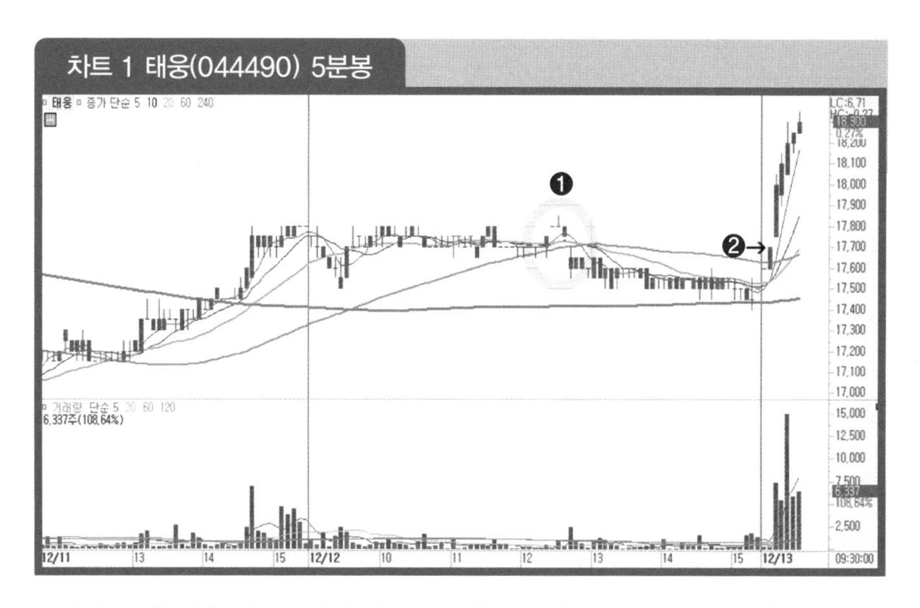

여기서 중요한 것은 전일 60일선 이하로 하락을 보인 ①지점과 비슷한 가격을 다음날 시가에서 바로 회복하는 ②지점에서 매수에 들어가는 것이다. 60일선 위에서 시초가가 형성되지만 바로 양봉으로 다음 봉을 시작하지 못하고 밀리면 매수를 유보한 후 시초가를 돌파하는 양봉에서 매수하는 것이다.

차트 따라잡기

시초가가 갭상승으로 시작하는 종목의 경우, 조정 후 다시 시초가를 돌파하는 움직임이 장 초반에 나오고 이때 시초가를 다시 돌파해주는 봉이 장대양봉이라면 상승 확률은 70% 이상이다. 그리고 10시 반 이전에 상한가에 들어가는 경우가 종종 있다.

차트 2 파라다이스(034230) 5분봉

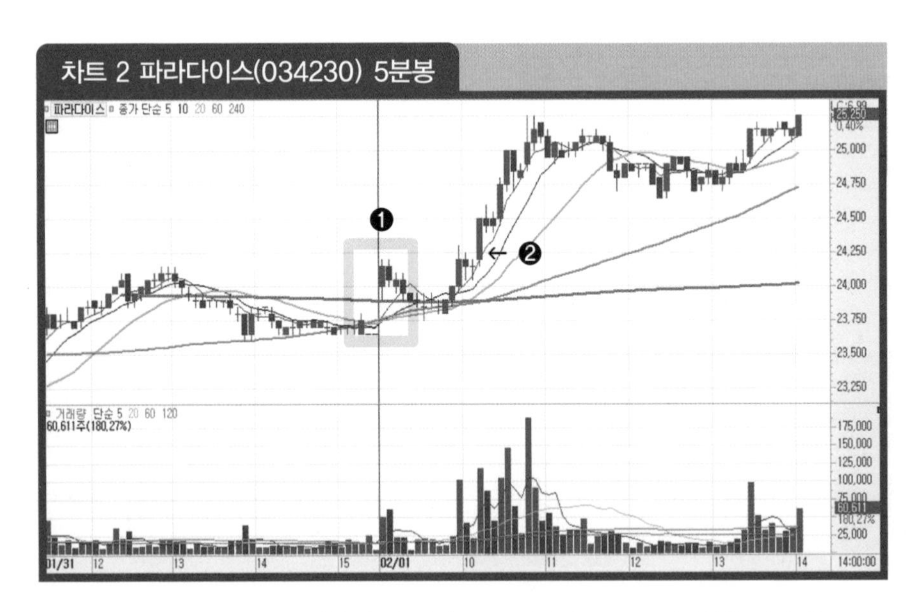

시초가에 갭상승으로 시작하지만(①번 지점) 다시 하락하여 모든 이평선을 이탈하는 모습을 보인다. 이후 시초가를 돌파하는 ②번 지점이 매수 급소가 되는 것이다.

달공이의 필수 체크 문제 ❺

다음 ○○○○에 알맞은 말은?

데이트레이딩 매수 타이밍 잡는 방벙 중 가장 중요한 것은 ○○○○ 이다.

정답은 P. 171에

중수 1년차

분봉 매매 타이밍

분봉은 하루의 매매가 일어난 것을 각각의 분 단위로 표현한 봉을 말한다. 5분봉은 5분에 하나씩 봉이 형성되고, 30분봉은 30분에 하나씩 봉이 형성되는 것이다. 실전에서 사용하는 분봉을 이용한 매수의 핵심은 수익을 주는 종목을 분석하여 가장 정확한 타이밍을 잡아 매수하는 것이다. 일봉으로는 파악할 수 없는 주가의 미세한 움직임들을 분봉을 통하여 판단할 수 있다.

필자의 경우 5분봉과 15분봉, 30분봉, 마지막으로 240분봉을 본다. 분봉별 매매 타이밍을 잡는 이유는 5분봉의 매매 타이밍을 놓쳤을 때나 변동성이 심한 장의 경우 5분봉보다는 30분봉이나 240분봉처럼 긴 호흡을 가지고 매매에 신중하게 임해야 하기 때문이다.

❶ 5분봉 매매 타이밍

5분봉을 이용한 매매 타이밍은 전일 고점을 형성한 후 하락한 종목이 다음날 상승하며 전일 고점을 돌파하며 동시에 5일선 돌파 후에 하락했다가 다시 피봇포인트 1차 저항가격을 돌파해주는 때 매수에 들어가는 것이다. 이때 종가관리 여부가 중요한데, 종가 직전까지 하락하다가 마지막 종가는 가격을 살짝 상승시키며 마감하는 종목이 상승 확률이 높다. 이것은 누군가가 주가를 관리한다는 것을 의미한다고 볼 수 있기 때문이다. 다음 녹십자 5분봉 차트를 보며 설명하겠다.

차트 3 녹십자(006280) 5분봉

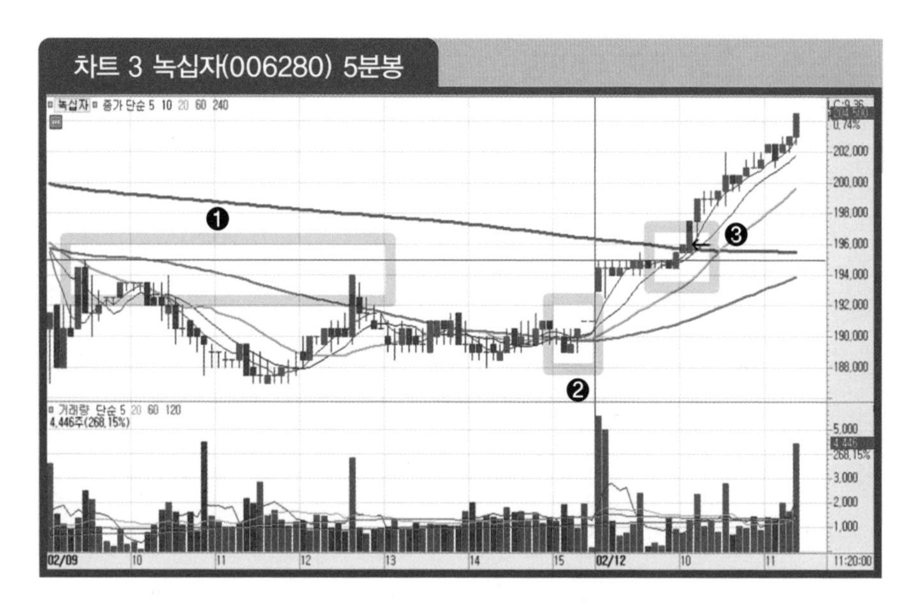

①지점처럼 전일 고점이 당일 피봇포인트 부근에서 형성되어 있는 종목이 당일 상승하여 ①지점의 고점을 돌파후 하락하였다가 피봇포인트 1차 저항 가격을 돌파하는 ③지점이 매수 타이밍이다. ②지점에서 보듯이 누군가가 종가를 관리하고 있다는 것을 알 수 있다.

❷ 15분봉 매매 타이밍

15분봉 매매 타이밍은 20일선 지지 여부에 있다. 가장 중요한 것은 역시 종가관리의 모습이 나와야 한다는 점이다. 20일선 지지 여부가 확인되면 다음 봉에서 매수하는 것이다. 이때 5일선의 가격이 전일 종가보다 높은 가격이면 상승 확률이 높다.

차트 4 대한항공(003490) 15분봉

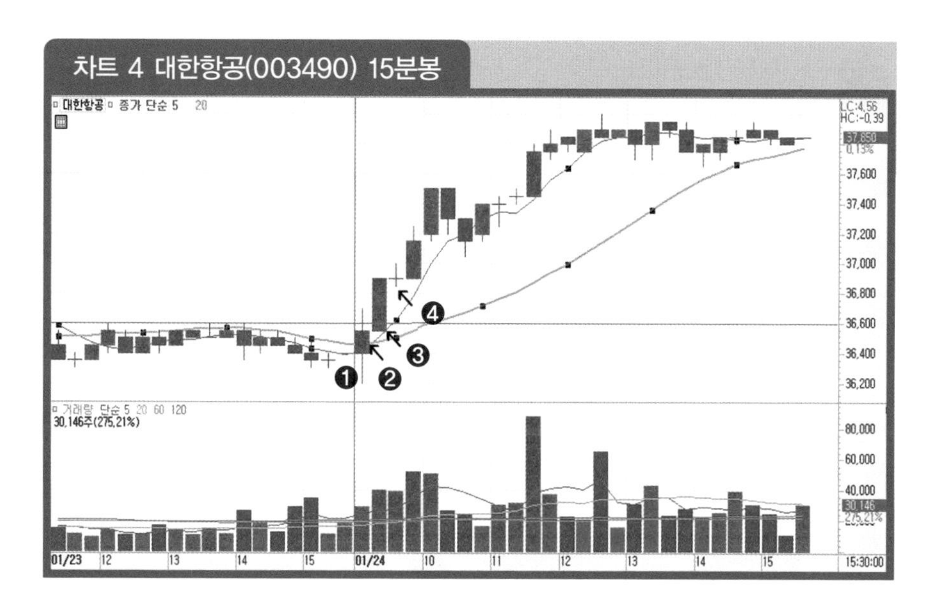

①지점을 보면 종가관리의 모습이 나오고 있다. ②지점에서 20일선을 돌파하는 모습이 보이고 ③지점에서 20일선을 이탈하지 않고 지지하는 것이 확인되면 다음 봉인 ④지점에서 매수하는 것이다.

당일 매수 후 당일 매도 금지

매수 후 하루 정도는 매수한 종목을 매도하지 않고 가지고 간다는 마음가짐이 필요하다. 그 이유는 매수 후 다른 종목은 다 오르는데 자신이 매수한 종목은 오르지 않으면 매도 후 다른 종목으로 갈아타는 것을 방지하기 위해서이다. 만약 원칙을 가지고 한 종목을 매수했다면 상승할 가능성이 있었기 때문일 것이다. 손절 라인을 깨지 않는 한 보유한다는 마음가짐을 가지는 것이 특히 중요하다.

❸ 240분봉 매매 타이밍

240분봉에서 20일선 위에 있으면서 60일선 밑에 있는 종목 중 60일선을 강하게 양봉으로 돌파한 이후 아래꼬리를 다는 모습을 보이며 지지하는 모습을 확인 후 다음 봉이 급소가 된다. 이때 유의할 점은 매수시점 앞의 봉이 음봉이면서 아래꼬리를 달지 않은 모습을 보인다면, 60일선 아래로 하락할 수도 있기 때문에 양봉이나 아래꼬리를 단 모습을 보일 때는 매매에 임해야 한다는 것을 기억하자.

차트 5 한국전자금융(063570) 240분봉

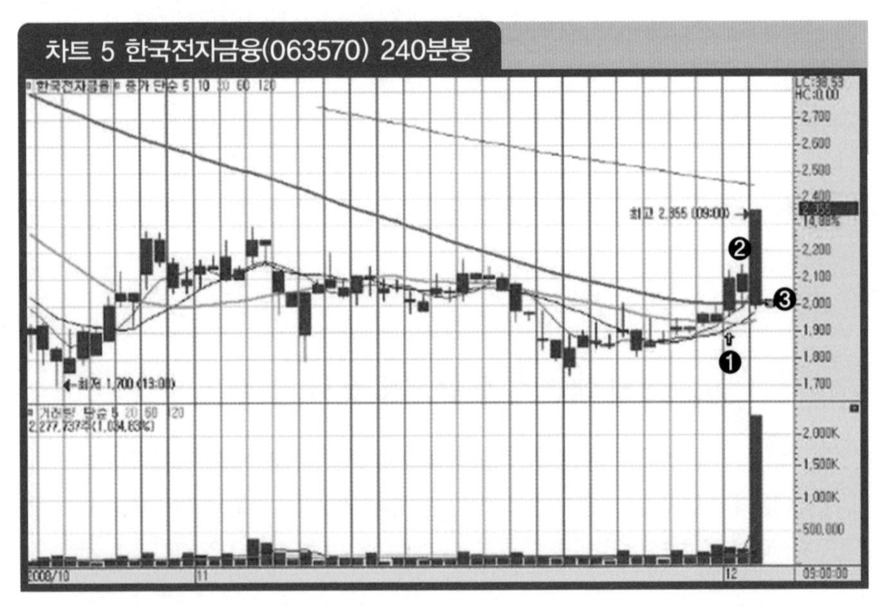

240분봉에서 20일선 위에 있으면서 60일선 밑에 있는 종목 중 60일선을 강하게 양봉으로 돌파한 ①지점 이후 아래꼬리를 다는 모습을 보이며 지지해주는 ②지점을 확인 후 ③지점이 급소가 되는 것이다.

차트 따라잡기

시초가 매매 시 분봉 차트에서는 분봉 위로 저항선으로 작용하는 이평선이 없을 때 상승탄력이 높다. 또한 상승 이후 아래꼬리를 다는 봉의 저가 부근에 위치한 이평선은 지지선으로 작용할 확률이 높다는 것을 기억하자.

달공이의 필수 체크 문제 ❻

분봉을 이용한 매매 타이밍 설명이다. 다음 괄호에 알맞은 말은?

1. 5분봉을 이용한 매매 시 상승 확률이 높은 종목은 (   )이다.
2. 15분봉 매매 타이밍은 (   )에 있다.
3. 240분봉 매매 시 20일선 위에 있으면서 60일선 밑에 있는 종목 중 60일선을 강하게 양봉으로 돌파한 후 아래꼬리를 달며 지지하는 모습을 확인한 (   )이 매매 급소이다.

정답은 P. 171에

피봇포인트를 이용한 매매 타이밍

상승종목을 고를 때는 필자만의 기법이 있지만 매수할 때 가장 많이 사용하는 것은 피봇포인트 1차 저항 돌파시 매수하는 기법이다. 이제부터 말하는 주식매수 방법은 실전에서 자주 사용하는 방법이다. 피봇포인트의 저항선을 이용한 매수 방법으로 70% 이상의 승률을 자랑하는 매매에 유효한 방법이다.

먼저 피봇포인트란 전일의 고가, 저가, 종가를 합친 가격의 평균을 피봇포인트라고 말한다. 시가는 당일 장 시작에 형성되는 가격을 말하며 고가는 장중에 가장 높은 가격, 저가는 가장 낮은 가격, 종가는 장 종료 후의 가격을 말한다.

계산식

피봇 = (고가 + 저가 + 종가) / 3

주로 매매에 사용하는 값은 피봇포인트의 1차 저항값인 r1을 매매의 핵심포인트로 여긴다.

계산식

r2(2차 저항) = 피봇 + 전일 고가 – 전일 저가

r1(1차 저항) = 피봇 × 2 – 전일 저가

pivot = (전일 고가 + 전일 저가 + 전일 종가) / 3

s1(1차 지지) = 피봇 × 2 – 전일 고가

s2(2차 지지) = 피봇 + 전일 저가 – 전일 고가

피봇포인트를 HTS에서 셋팅하는 방법

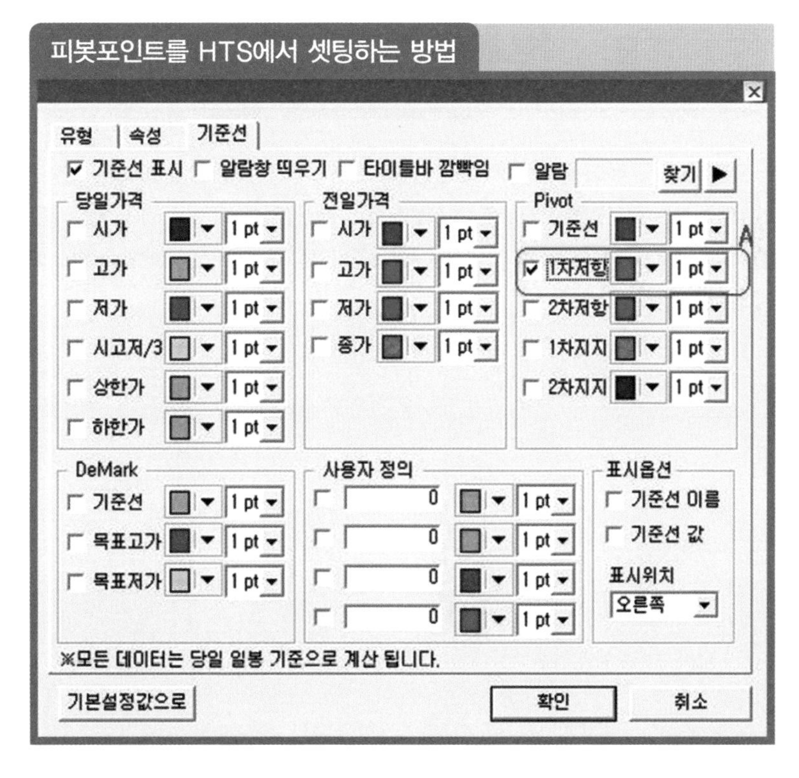

▶차트에서 봉을 더블클릭 한 후 기준선 설정에서 A의 1차 저항에 체크를 하면 된다.

차트 6 에스엠(041510) 15분봉

여기서 주의해야 할 점이 있는데, 바로 조건 충족이다. 당일 포함 3일 이내에 고점이 당일 피봇포인트 1차 저항가격을 넘어서지 않아야 하며, 20일선과 이격이 거의 없는 종목이면서 피봇 1차 저항가격이 20일선 근처인 종목, 최근 저점을 찍고 상승하는 종목일 때 상승 확률이 높다.

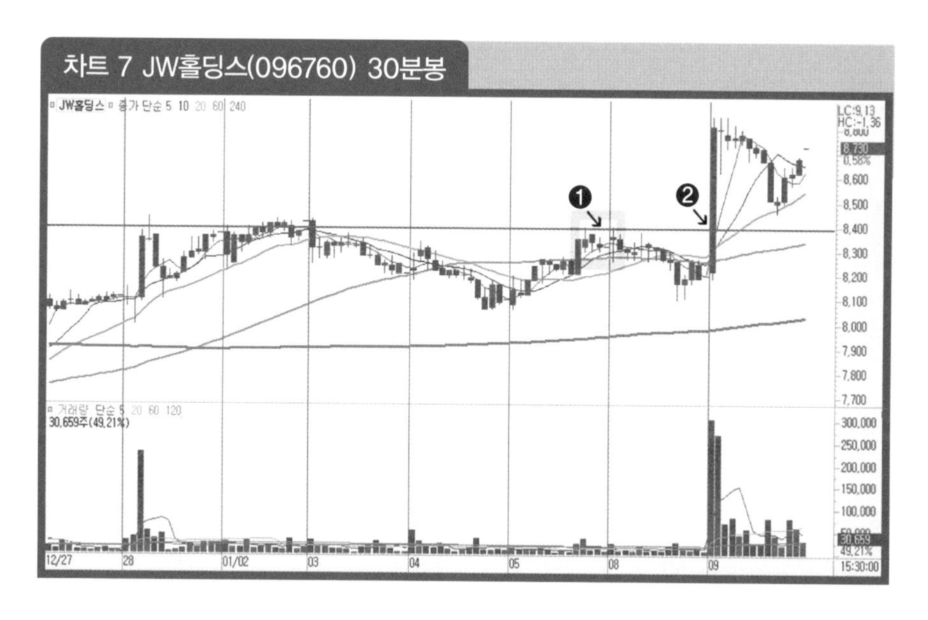

차트 7 JW홀딩스(096760) 30분봉

9일 피봇포인트 1차 저항가격은 8,400원이었다. 최근 3일의 고정대를 살펴보면 6일과 8일(①지점) 8,400원의 피봇포인트 선을 돌파하지 못하고 하락하다가 9일 저항대를 돌파하면서 상승으로 마감하는 모습을 보였다. 8,400원을 돌파하는 모습을 보일 때(②지점)가 바로 매수 타이밍이다.

한 주 매수의 장점

오를 것 같은 종목인데 타이밍을 주지 않는 종목이 있다면 한 주만 사보는 것도 경험을 쌓는 데 많은 도움이 된다. 매수 후 상승하면 수익이 생겨서 좋고 하락하면 자신의 실력을 다듬을 수 있는 계기가 되기 때문이다.

차트 8 JW홀딩스(096760) 일봉

여기서 피봇포인트 1차 저항가격이 중요한 이유는 지지선 설정에 도움이 되기 때문이다. 위의 차트를 보면 8,400원의 피봇포인트 1차 저항가격을 깨지 않고 지지하며 이후 상승하는 모습을 보였다. 전일 고가가 이평선에 근접하면서(①지점) 이평선과 피봇포인트가 겹치는 시점(②)이면 다음날 상승하며 시작해 위쪽 이평선까지 한번에 돌파하며 상승하는 모습을 보이는 때가 많이 있다.

피봇포인트는 전일 상한가종목 매수 후에 매도 타이밍을 잡는 데 사용된다. 다음 날 피봇포인트 위에서 시가가 형성된 후 10시 이전에 피봇포인트 이탈시 50% 매도로 대응하는 것이다. 그 이유는 전일 급등 후 피봇포인트를 10시 이전에 이탈하면 추가 하락하거나 피봇포인트가 저항선으로 작용될 확률이 높기 때문이다.

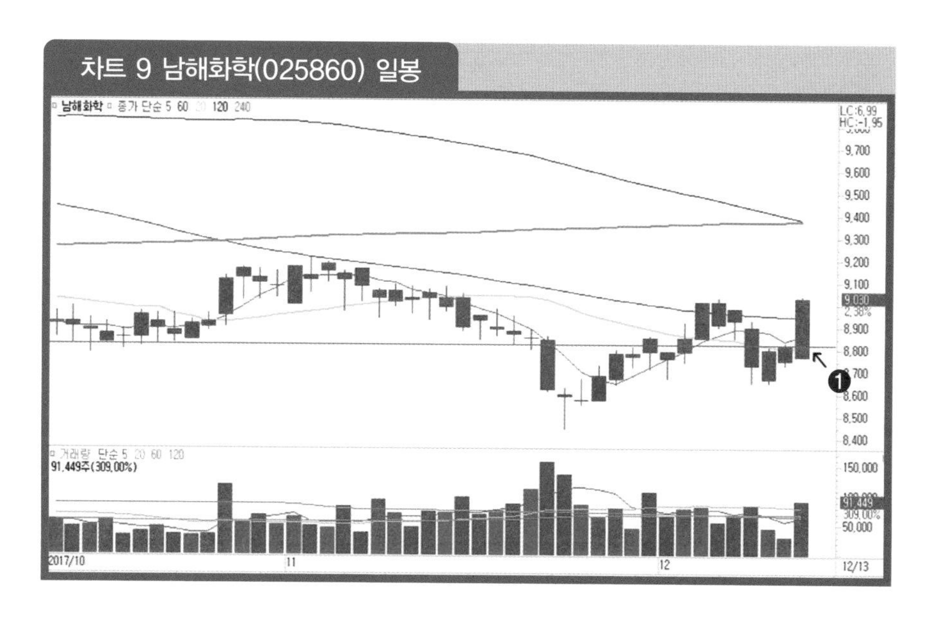

차트 9 남해화학(025860) 일봉

당일 포함 3일의 가격이 피봇포인트 1차 가격 밑에서 형성되어 있고 20일선과 전일 고점이 만나고 있다. 또한 20일선과 피봇포인트의 가격이 일치하는 시점(①지점)에서 상승하는 모습을 볼 수 있다.

차트 10 남해화학(025860) 일봉

①지점이 일봉 차트에서 20일선과 피봇포인트선이 겹치며 상승을 시작한 지점이다. 이후 피봇포인트 가격인 8,820원을 이탈하는 일 없이 지속적으로 상승하는 모습을 보였다.

차트 따라잡기

분봉차트 매매 시 모든 이평선 아래에서 시초가가 형성될 경우 가장 가까운 이평선 부근까지 단기적으로 상승하는 예가 많이 있다. 하지만 이것은 돌파하지 못하면 추가 하락이 있을 수 있으므로 이럴 때는 시초가 돌파 시 매수에 60% 정도 비중을 두자.

차트 11 하이로닉(149980) 15분봉

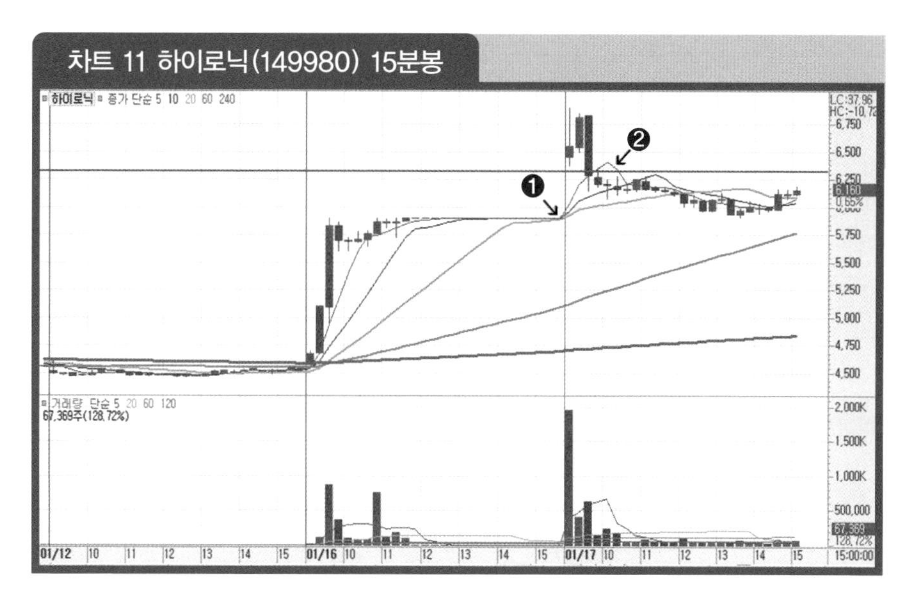

①지점에서 보면 전날 상한가로 마감한 후 시초가에 피봇포인트 위에서 시가가 형성되었지만 하락하여 ②지점에서 피봇포인트를 깨는 모습을 보여주고 있다. 이때는 50% 이상 매도로 대응해야 한다.

달공이의 필수 체크 문제 ❼

피봇포인트를 이용한 매수법의 설명이다. 다음 괄호에 공통적으로 들어갈 말은?

1. 피봇포인트 (　　　　) 돌파 시 매수하는 기법이다.
2. 당일 포함 3일 이내의 고점이 당일 피봇포인트 (　　　　) 가격을 넘지 않아야 한다.

정답은 P. 171에

차트를 만든 사람의 의도 파악하기

차트를 이용한 기술적 분석은 과거의 데이터를 이용하는 것이기 때문에 도움이 되지 않는다고 말하는 사람들도 있다. 또 모두가 알고 있는 정보는 도움이 되지 않기 때문에 차트를 통해서 수익을 내기 힘들다고 말하기도 한다.

그러나 차트에는 누가 얼마에 샀고 얼마에 팔았으며 어떤 가격에 가장 많은 사람들이 샀는지, 그리고 주가가 앞으로 어떻게 움직일지 등 종목에 대한 많은 정보가 녹아 있다. 새로 작곡한 곡을 음악에 대해 아무것도 모르는 사람에게 보여주면 그것은 음표와 오선이 그려진 것에 불과하지만, 실력 있는 음악가라면 작곡한 사람의 생각과 느낌, 상황 등을 통해 그 곡을 이해할 수 있다.

차트를 통한 매매에서 기억해야 할 것은 우선 차트를 분석하고 매수주체를 파악하는 일이다. 그리고 상승할 것인지 하락할 것인지를 판단하고 매수 타이밍과 매수가에 대한 분석을 철저히 해야 한다. 또한 미리 예상되는 시나리오를 머릿속에 그려놓고 매매에 임해야 한다. 미리 생각했던 시나리오와 차트가 다르게 움직여도 섣불리 매매하지 말고, 기다리는 지혜도 길러야 한다. 급한 마음에 잘못된 판단을 했을 때 큰 후회를 남길 수 있다는 것을 잊지 말자.

초보시절 차트를 분석하면서 주식에 대해 어느 정도 실력을 쌓았다고 생각하면서도 책에 쓰여 있는 차트만 쫓아다닌 적이 있었다. 그러나 차트는 책에 쓰인 대로 움직이지 않았고 그로 인해 많은 손실을 보았다. 그후 차트를 보면

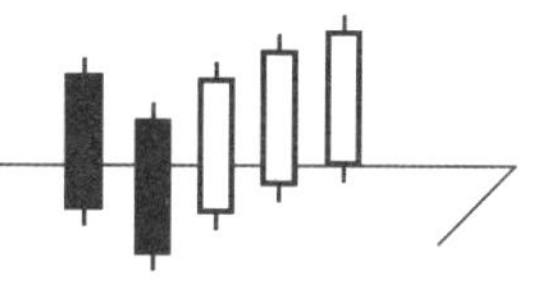

서 연구에 연구를 거듭했고 그 경험을 통해 나만의 차트를 보는 감을 익혔다.

차트의 움직임이 매매자를 유혹하는 함정인지 아니면 따뜻한 봄나라로 가는 입구인지에 대해 다른 사람들보다는 조금 더 정확하게 판단할 수 있게 된 것이다.

이후 상승 초기의 종목들을 발굴하게 되었고 소위 작업이 들어왔는지 아닌지 다시 말하자면 매수주체가 있는, 즉 주가를 관리하고 상승하게 만들려는 세력의 개입 여부에 대해서도 알 수 있게 되었다. 단, 회계장부나 기업의 숨은 가치들을 배제하고 차트만 쫓으라는 말은 아니다. 종목에 대한 뉴스 또한 매매에 있어 중요한 정보이다.

이렇게 말할 수 있는 이유는 필자가 관심 종목에 편입하는 종목들의 대부분이 KOSPI200 종목, KOSDAQ100, 업종대표주이고, 가장 중요하게 보는 것이 재무제표상 적자기업이 아닌 종목이기 때문이다. 사라져버릴 종목이나 꾸준히 이익을 내지 못하는 기업은 투자자금 회수가 느리기 때문에 매매하는 것을 피하고 안전한 종목들만을 매매 대상으로 삼아 그중에서 차트의 움직임이 괜찮은 종목들만 골라서 편입하고 있는 것이다. 예를 들자면, 내 키보다 깊은 곳에 들어가는 것이 아니라, 허리 정도의 높이에서 여유롭게 놀고 있는 것이다. 차트를 차트로만 보지 말고 그것을 만든 사람의 의도를 파악할 수 있는 전문가가 되기 위해 노력하자.

추세를 알면 답이 보인다

04

추세가 주식투자에서 중요한 이유는 추세를 파악하면
주식의 가격이 계속해서 하락할 것인가 아니면
이제 상승할 것인가 하는 것을 예상할 수 있기 때문이다.

추세 전환 포착법

추세란 주가의 움직임을 나타내는 것이라고 할 수 있다. 예를 들어 비탈길을 달려 내려오다가 멈추려고 하면 멈추기가 어려우며, 비탈길이 끝나는 평지가 와야 비로소 멈출 수 있다. 추세 역시 한번 방향이 결정되면 변화할 수 있는 여건이 마련될 때까지 그 방향으로 계속 진행하려는 속성을 가지고 있다. 추세를 파악하면 주식의 가격이 계속해서 하락할 것인가 아니면 이제 상승할 것인가 하는 것을 예상할 수 있다. 따라서 추세가 주식투자에서 중요한 이유는 상승추세에 있는 종목이라면 추세가 반전되지 않는 한 상승추세선이 지지선 역할을 해줄 것이고, 하락추세의 종목이라면 하락추세가 반전되지 않는 한 지속적인 하락을 보일 것이기 때문이다. 고점과 고점을 연결하여 그리거나 저점과 저점을 연결하여 그리기도 하는데 추세에 대해 파악하려면 추세선을 그을 수 있어야 한다. 이때 그리는 사람에 따라 추세선이 달라지는 것이 아닌가 하는 의문을 가지게 될 것이다. 올바르게 추세선을 그을 수 있다면 기계적인 매매에 도움이 된다고 확신할 수 있다.

지금부터 실전에서 사용하는 추세선을 그려보자.

첫째, 위꼬리나 아래꼬리를 뺀 봉의 몸통 자체에서 그린다. 단, 대각 추세선을 그릴 때는 예외가 발생할 수 있다. 일봉상 추세선을 그을 때 중요한 것은 추세선을 긋는 시작점이다. 차트 중 거래량이 가장 많은 봉의 몸통에 추세선을 제일 먼저 긋는다.

둘째, 고점과 고점을 이은 대각 추세선을 그릴 때는 하락이 시작된 최고점이 시작점이 된다.

셋째, 하락을 지속하는 종목 중 반등하더라도 지속적인 저항선 역할을 한 이평선을 돌파하지 않는 한 상승 대각 추세선의 신뢰도는 높지 않다. 그렇기 때문에 20일선을 돌파할 때까지 상승 대각 추세선은 참고자료로만 사용한다. 저항선 역할을 하던 이평선을 종가상 돌파하면 다시 추세선을 그리는데 이때는 최저점과 돌파한 봉의 저점을 연결하여 그리며 이 점을 중요한 변곡점으로 생각한다.

차트 1 추세선 그리기

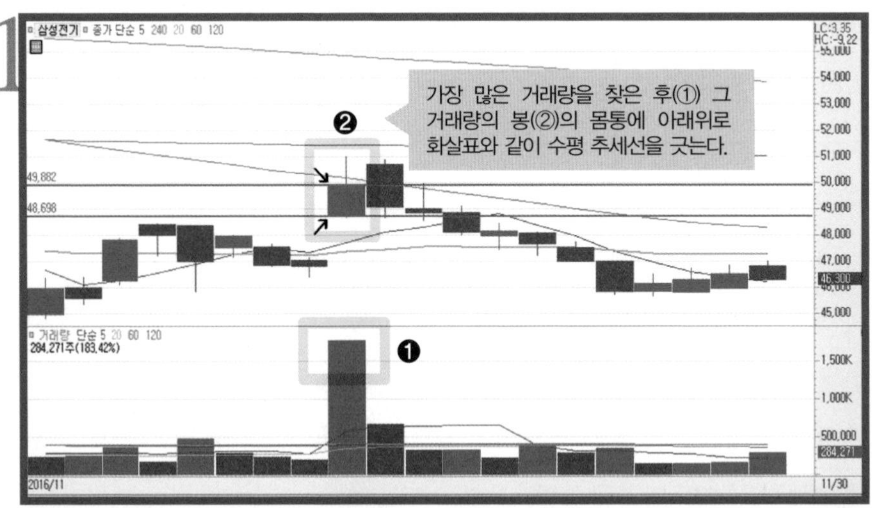

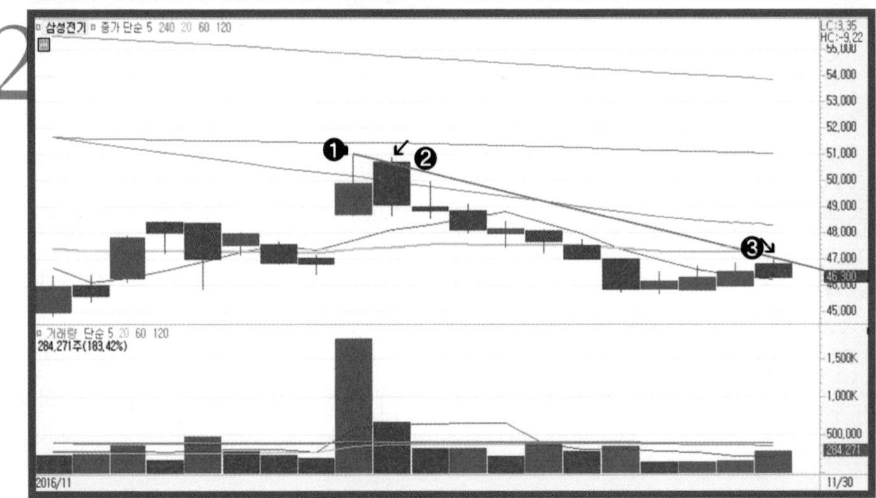

고점과 고점을 이은 대각 추세선을 그을 때는 차트상 최고가 지점인 ①에서 ③방향으로 대각선으로 그으면 된다. 이때 ②지점의 고점과 대각 추세선이 일치되지 않을 때에는 현재의 시점과 가장 가까운 봉의 고점을 우선하게 된다. 다시 말해서 ①과 ③의 고점을 연결하는 대각 추세선을 그으면 된다.

①봉의 고점과 ②봉의 고점을 이은 대각 추세선을 그은 후 며칠 지나지 않아 대각 추세선과 평행 추세선과 만나는 ③지점 부근에서 20일선 돌파가 일어나며 추세 전환이 일어나는 것을 알 수 있다.

추세선은 하나의 의미보다는 두 개 이상의 추세선을 그었을 때 좋은 참고 자료가 될 수 있다. 추세선과 추세선이 만나는 점에서 봉이 형성되면 주식의 변곡이 발생하여 하락이나 상승하는 모습이 많이 나타나기 때문이다.

추세선은 주가의 방향 표지판

추세선은 코에 걸면 코걸이, 귀에 걸면 귀길이라는 말이 있지만 이것은 잘못된 말이다. 자신만의 추세선 긋는 법을 터득한다면 앞으로 주가의 방향을 예측하는 데 큰 도움이 될 것이다.

차트 2 코스맥스(192820) 일봉

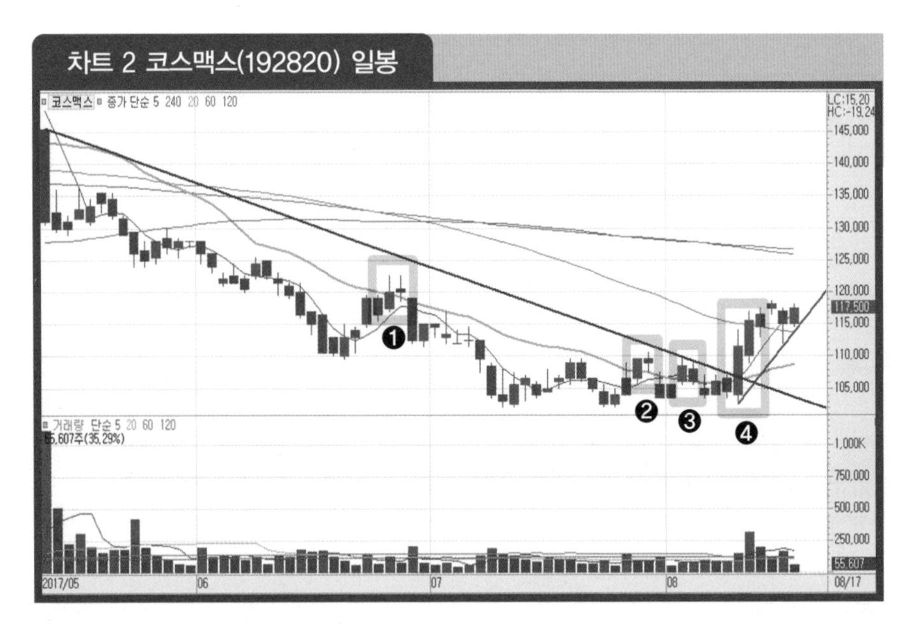

①, ②, ③지점은 20일선을 돌파하는 것처럼 보이나 다음날 바로 음봉이 나오면서 20일선을 이탈하는 움직임을 보이므로 상승추세선을 긋지 못한다. 그러나 이후 ④지점은 20일선을 돌파 후 다음날 양봉이 나오는 모습이다. 이때 저점을 이은 대각 상승추세선을 ④봉의 저점에 긋는 것이다. 추세의 전환이 이루어졌다고 판단하고 이후 대각 하락추세선을 이탈하지 않는 한 매수 관점으로 접근한다.

차트 따라잡기

하락 이후 상승추세로 전환된 종목의 경우 추세선을 미리 그어보면 이후 이평선 이외의 저항선이나 지지선의 여부를 판단할 수 있고 손절선이나 목표가 설정에 도움이 된다.

달공이의 필수 체크 문제 ❽

추세선을 이용한 매수법의 설명이다. 다음 괄호에 알맞은 말은?

1. 추세선의 교차 시 교차하는 지점에서 (   )에 있으면 상승 가능성이 높다.
2. 상승 종목 판단에 자주 사용하는 것이 추세 돌파는 (   ) 돌파이다.

정답은 P. 171에

추세를 이용한 매수법

추세는 차트에서 그 종목의 방향을 예측하는 데 중요한 역할을 한다. 추세는 주가의 길과 같다. 추세가 오르막길이면 주가도 상승할 것이고, 내리막길이면 주가 또한 하락할 것이다. 실전에서 추세 전환 포착법을 이용하여 매매시점을 잡는다. 기억해야 할 것은 고점과 고점을 잇는 대각 추세선은 돌파시 이후에 지지선 역할을 하고 저점과 저점을 이은 대각 추세선은 저항선 역할을 한다는 점이다.

추세선을 긋는 방법은 여러 가지가 있는데, 실전에서 주로 사용하는 방법은 고점과 고점을 이은 추세선과 횡보하는 모습을 보일 때 추세선의 교차점에서 봉의 위치로 파악하는 방법이다. 이것을 '추세선의 교차'라고 부르는데, 교차하는 지점에서 봉이 교차점 위에 있으면 상승 가능성이 높다.

추세 돌파 시 추세의 전환이 오는데 그 중 상승종목의 판단에 자주 사용하는 것이 역삼각형 돌파라고 부르는 '추세 돌파'이다.

추세 돌파 후 매수시점

상승추세로 전환되었다는 것은 일정 부분 상승했다는 의미이다. 단기 수익을 노린 단타 세력의 수익 실현으로 단기적으로 하락할 수도 있기 때문에 상승추세로 전환한 종목을 추세선 돌파 시 매수하지 못했다면 추세선 부근에 매수를 걸어두자.

달공이의 필수 체크 문제 ❾

추세를 이용한 매도법에 대한 설명이다. 다음 ○○에 알맞은 말은?

하락 추세의 매도 타이밍은 추세선이 OO되는 지점이다.

정답은 P. 171에

고점을 이은 추세선을 돌파하는 흐름이 나오면 저점을 이은 추세선을 긋는다. 이때 단기고점의 평행 추세선을 긋는데, 이 세 개의 선들이 역삼각형을 이루면서 주가가 그 삼각형을 돌파할 때 매수에 임하는 것이다.

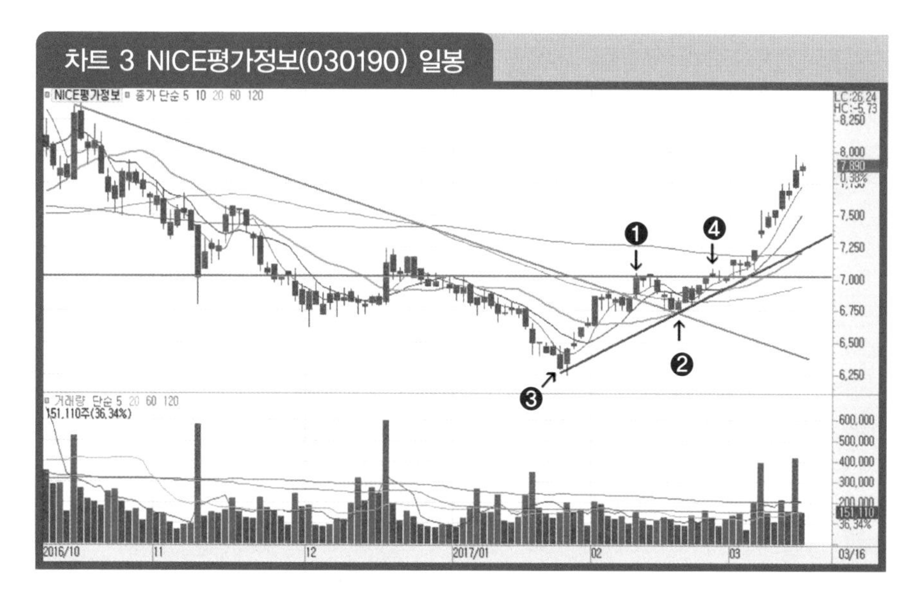

차트 3 NICE평가정보(030190) 일봉

①지점에서 고점을 이은 하락추세선을 돌파 후 최저점에서 하락추세선의 지지가 확인되는 ②의 양봉 앞 저점을 연결하는 상승추세선을 긋는다. 그후 ①고점에 평행 추세선을 그어 역삼각형의 편을 돌파하는 ④지점을 확인한 후에 다음날 매수에 들어가는데, 만약 평행 추세선을 깨지 않는다면 매수 후에 보유하는 것이다.

또 하나의 상승종목 판단에 사용하는 추세선을 이용한 방법은 '추세선 밟기' 이다. 이것은 조금 더 확실한 추세 전환을 확인할 수 있는 방법으로, 역삼각형 돌파 이후 그 추세선에 다시 접근 시 거래량의 증가와 함께 양봉으로 마감할 때 다음 날 시초가 매수에 들어가는 것이다.

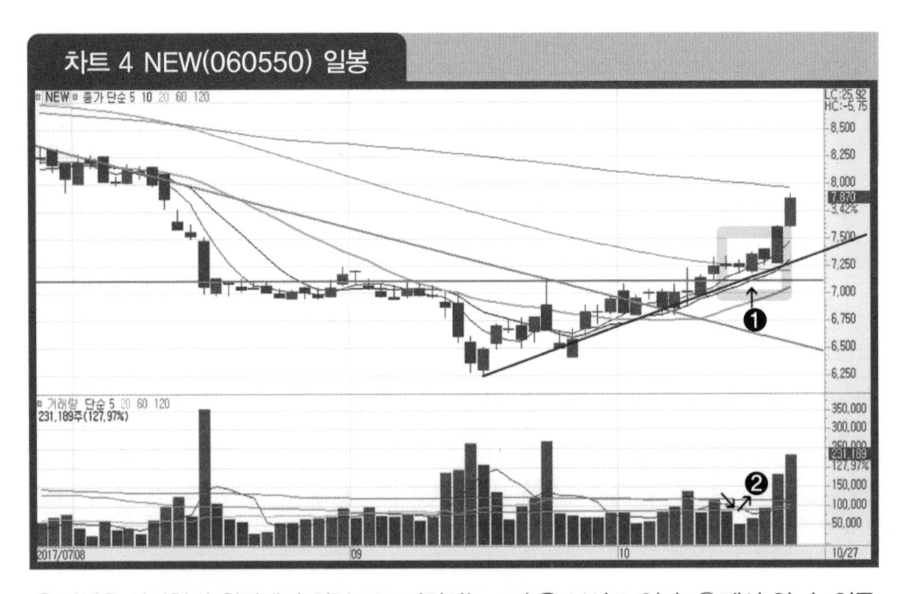

①지점은 삼각형의 윗변에서 양봉으로 마감하는 모습을 보이고 있다. ②에서 알 수 있듯이 거래량이 증가하고 있다.

차트 따라잡기

박스권 내에서 횡보하는 종목의 경우, 추세선이 밀집하는 곳에서 변곡점이 생기는데 이때 단기간의 상승이나 하락으로 추세 전환이 일어난다. 양봉의 경우 상승추세로, 음봉의 경우 하락추세로 변하는 확률이 높다는 것을 기억하자.

중수 넘어서기

추세를 이용한 매도법

추세를 이용한 매도법은 추세 이탈 여부 파악이 핵심이다. 추세 이탈을 파악하기 위해 가장 중요한 것은 저점의 이탈 이후 하락추세선과 평행 추세선이 겹쳐지는 부분 이후 주가의 움직임과 봉의 위치이다. 추세 이탈을 이용한 매도법에서 알아야 할 것은 상승종목의 상승추세 이탈과 하락종목의 추가 하락 여부이다.

앞서 말했지만 역삼각형의 추세 전환과 추세 돌파가 있기 위해서는 삼각형의 긴 변을 돌파하는 움직임이 나와야 한다. 그러나 하락추세 시에는 돌파하지 못하고 추세선이 교차하는 부분에서 다시 추가 하락하는 모습을 보인다. 매수 후에 매도 타이밍은 추세선이 교차되는 지점에서 매도로 대응하는 것이다.

하락추세 전환 확인법

하락추세로 전환되었다는 것을 확신하지 못할 때에는 추세 이탈한 봉의 다음 봉 종가에 수평 추세선을 그어놓고 다음날 그 수평 추세선이 이탈하는 것을 확인하자.

차트 5 한화테크윈(012450) 일봉

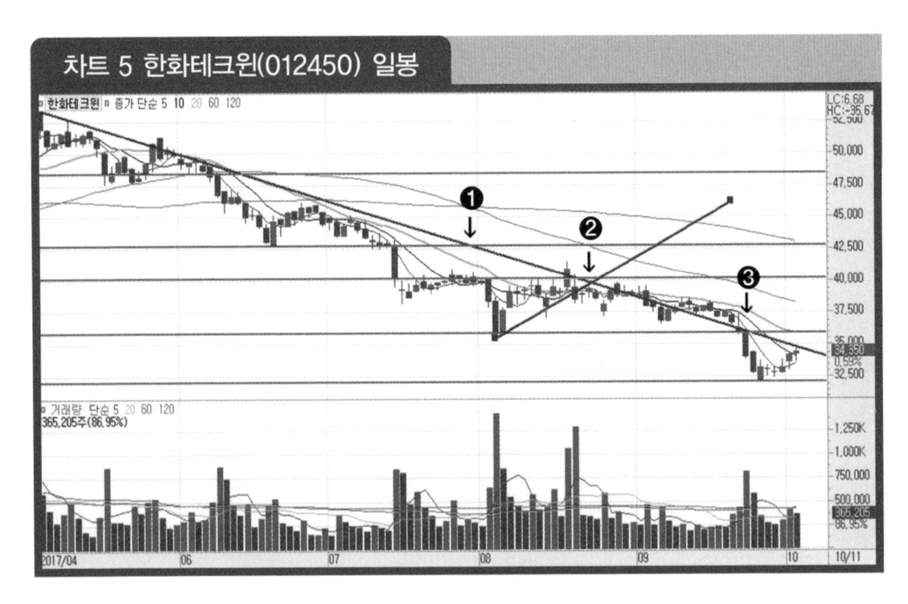

①, ③지점은 평행 추세선과 고점을 이은 대각 추세선이 교차하는 지점에서 돌파하지 못하고 지속적인 하락이 나오고 있다. ②지점은 20일선을 돌파하는 모습이 나와 저점을 이은 대각 추세선을 그었지만 고점을 이은 대각 추세선을 돌파하지 못하고 바로 하락하는 모습이 나오고 있다.

● 상승추세 종목의 추세 이탈 파악법

지속적인 상승추세에 있던 종목의 추세 이탈을 파악할 때는 추세의 확산과 갭하락이 중요하다. 고점이 한번에 무너지는 예는 거의 없다. 그래서 추세가 확산되는 모습을 보여주면서 상승을 마감하는 것이다. 이때 갭하락도 동반할 때가 많이 있다.

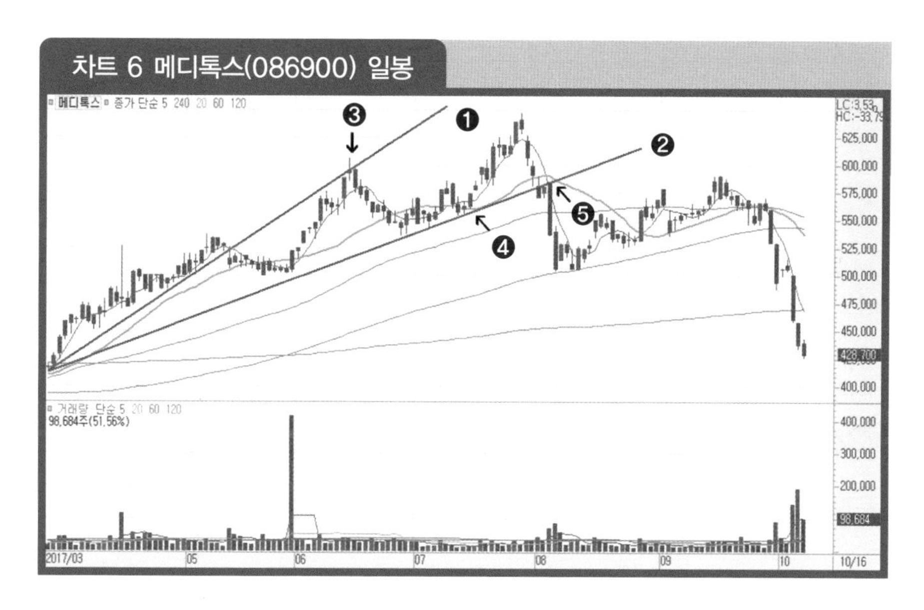

차트 6 메디톡스(086900) 일봉

③지점에서 첫 번째 상승 추세선 ①을 이탈하는 모습을 보인다. 만약 첫 번째 상승 추세선을 돌파하는 모습이 나온다면 추가적인 상승이 나올 수 있는 지점이다. 하락을 시작해 저점을 다시 이은 두 번째 상승 추세선(②)을 ④지점에서 20일선을 회복하며 다시 상승하는 모습을 보였으나 ⑤지점에서 장대 음봉과 함께 20일선을 이탈하며 하락추세로 전환되는 것을 알 수 있다. 반등 시 두 번째 상승 추세선(②)을 돌파하지 못하는 이상 매도로 대응하는 것이 바람직하다.

차트 따라잡기

수익 중인 종목의 상승 추세선이 깨지면 1차로 30% 이상 매도 후 추세선 근처에 위치하고 있는 이평선을 지지선으로 설정하고 대응하다가 그 이평선을 이탈하면 전량 매도관점으로 대응해야 한다.

원칙 있는 추세선 그리기

추세선에 대해 알게 된 것은 초보시절 증권방송을 통해서였다. 그때 애널리스트가 그린 추세선에 따라 주가가 움직이는 것을 보고 요술방망이라도 얻은 듯 기뻤다. 하지만 그리는 원칙이 없어 매매 시에 엉뚱한 추세선을 그려 손실을 보았다. 추세선의 저항이라고 판단하고 매도하면 오르고, 추세선의 지지라고 매수하면 떨어지는 일이 반복되다 보니, 추세선을 그리는 방법을 고심하게 되었다.

그후 추세선을 그을 때 등락이 심한 종목의 차트에 그리는 대신 KOSPI차트에 그리는 연습을 하면서 실력이 많이 향상되었다. 방법을 하나 더 알려준다면, 일봉 차트를 한 달 전 시점으로 돌려서 그 일봉 차트에 추세선을 그어놓고 하루씩 추가해가다 보면 하루하루가 늘어감에 따라 봉들이 추세선 근처에서 어떤 움직임을 보였는지 확인할 수 있을 것이다.

이평선과 봉을 통해 분석이 어려울 때 추세선은 앞으로의 주가의 움직임을 예상하여 매수 · 매도는 물론, 목표가나 손절가를 판단하는 데 많은 도움을 줄 수 있으므로 꼭 자신만의 추세선 긋는 방법을 터득해보자.

이동평균선을 이용한 매수·매도법

05

이동평균선은 추세와 더불어
주식이 상승하느냐 하락하느냐에 중요한 척도가 된다.

이동평균선을 이용한 매수법

이동평균선을 줄여서 이평선이라고도 하는데, 이는 주가의 평균적인 가격을 나타낸 선을 말한다. 여기서 이동평균은 일정 기간의 주가를 더한 후에 그 기간으로 나눈 값을 말하고, 이동평균선은 하루하루의 값인 점을 이어 선의 형태로 만든 것을 말한다.

예를 들어 5일 이동평균선은 5일 동안 A라는 주식의 가격이 2,000원, 2,050원, 2,030원, 1,950원, 1,970원으로 달라졌다고 가정해보자. 이때 이것들을 모두 더한 값인 10,000원을 5로 나눈 2,000원이 5일 이동평균선의 값이 되는 것이다.

❶ 5일 이동평균선

주식시장은 1주일 중 월요일부터 금요일까지 5일만 매매가 가능하다. 5일 이평선은 1주일 동안 주가의 평균 흐름을 나타내는 선이다. 급등 또는 급락한 종목의 매매 포인트를 잡을 때 많이 사용된다.

❷ 10일 이동평균선

2주간의 주가 평균 흐름을 나타내는 선으로, 주가의 단기적 방향을 파악하는 데 사용된다.

❸ 20일 이동평균선

4주간의 주가 평균 흐름을 나타내는 선으로, 한 달 동안 주가의 방향을 파악하는 데 사용된다. 또한 이는 가장 많은 사람들이 참고하는 선으로 세력선이라고 불린다.

❹ 60일 이동평균선

60일 매매기간 동안의 주가 평균 흐름을 나타내는 선으로 분기별 주가의 흐름을 나타낸다. 또한 이는 수급의 방향을 파악하는 데 쓰이기 때문에 수급선이라고 불린다.

❺ 120일 이동평균선

120일 매매기간 동안 주가의 평균 흐름을 나타내는 선으로 중기 분석에 사용된다. 주가의 실물경기보다 6개월 먼저 움직인다는 선행성 때문에 경기를 파악할 수 있다는 점에서 경기선이라고 불린다.

❻ 240일 이동평균선

240일 매매기간 동안 주가의 평균 흐름을 나타내는 선으로 장기 분석에 사용된다. 1년간 주가의 흐름을 파악할 수 있으며 장기투자가들이 가장 많이 참고하는 선이다.

이동평균선은 추세와 더불어 주식이 상승하느냐, 하락하느냐에 따라 중요한 척도가 된다. 실전에서 사용하는 이평선은 매수 타이밍을 잡을 때 이용하는 방법으로 여러 가지가 있는데, 20일선 위에 있으면서 위꼬리를 단 양봉인 종목 중에 60일선과 봉 하나 정도의 이격(봉과 이동평균선과의 거리)을 가지고 있는 종목을 1등으로 간주한다. 이런 종목을 선호하는 이유는 20일선 이탈 시 손절할 타이밍을 잡을 수 있고 단기 목표로 60일선을 잡고 대응할 수 있기 때문이다. 또한 이런 종목의 60일선과 120일선은 주가를 당기는 역할을 한다.

매수 타이밍을 놓쳤다면?

이평선을 이용한 매수 시 매수시점이 완성되고 다음날 시초가에 매수하지 못하게 되었다면 그 다음날 매수 시 전체 금액을 한 번에 매수하는 것이 아니라, 매수 금액의 50% 이상을 이평선 근처와 전일 시가 부근에 걸어두어 매수 후 하락을 대비해야 한다.

다음 차트는 삼성전기의 일봉이다. 이를 보면서 이해하도록 하자.

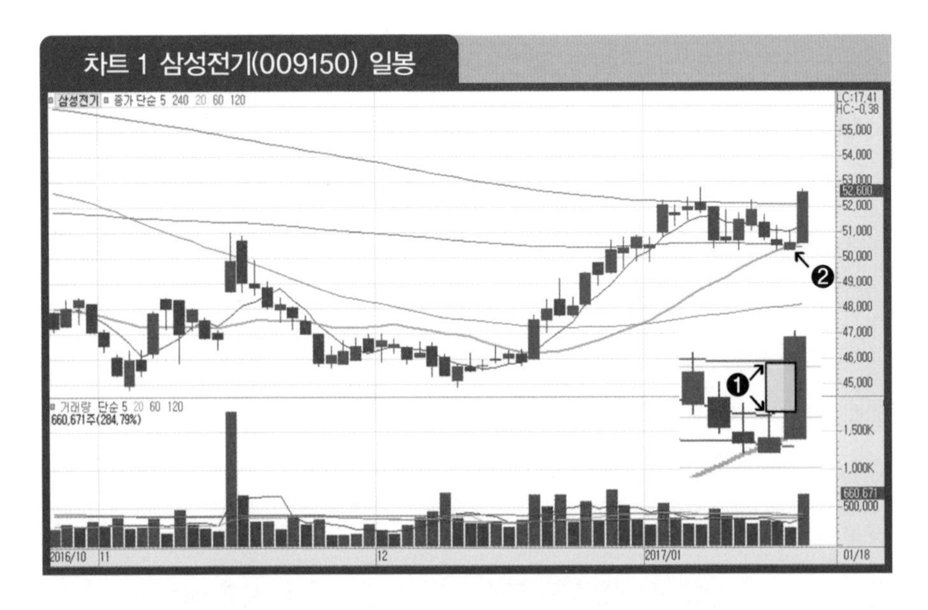

차트 1 삼성전기(009150) 일봉

①지점에서 봉 하나 정도의 가격대를 한번에 상승하며 240일선을 돌파하는 모습이 보인다. 단 중기 이평선(5, 20, 60일선)이 기간이 장기 이평선(120, 240일선)을 돌파해주는 골든크로스(②지점)이 발생한 후 20일선이나 60일선 같은 중요 이평선을 지지선으로 하여 지속적인 상승이 나오는 경우가 많이 있다. 20일선과 60일선 또는 20일선과 120일선 사이에 주가가 위치할 때 20일선보다 긴 기간의 이평선을 한번에 돌파해주는 모습이 나온다면 상승 확률이 높다는 것을 기억하자.

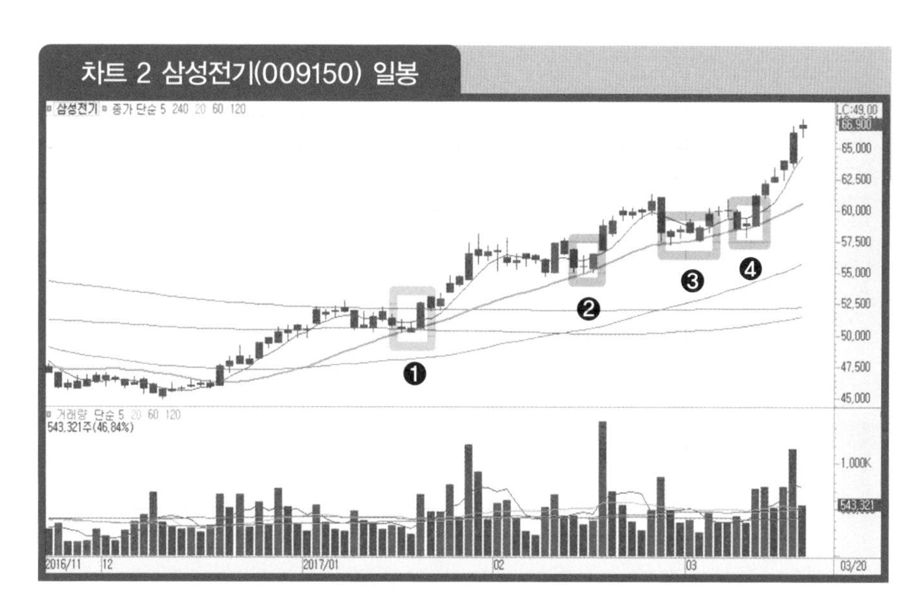

차트 1의 ②지점이 이 차트의 ①지점이다 이후 20일선을 지지하는 모습(②, ③, ④지점)을 보이며 지속적으로 상승하고 있다.

실전에서 이평선을 보고 매수종목을 고를 때 삼각형 매수법을 사용한다. 단기이평선이 삼각형의 두 변을 이루고 장기이평선이 한 변을 이루면서 20일선 부근에서 지지하는 양봉이 나오면서 삼각형 모양을 보일 때가 있다. 이때 일부 매수에 들어가거나 이후 양봉으로 60, 120, 240일선 중 한 선을 돌파하면서 조금 더 큰 삼각형을 이루었을 때 매수하는 방법이 있다. 여기서 가장 중요한 것은 삼각형 완성시점의 마지막 봉이 양봉이어야 한다는 점이다. 음봉이면 삼각형의 완성이 아니니 양봉이 나올 때까지 기다려야 한다.

차트 3 CJ CGV(079160) 일봉

①지점에서 보듯 양봉의 시점에 5일선이 두 변이 되고 20일선이 가장 긴 변이 되는 삼각형이 만들어지며 ②지점에서 60일선을 양봉으로 돌파하는 조금 더 큰 삼각형이 만들어지는 것을 알 수 있다. 보수적인 투자자라면 ①에서 확인 후 ②지점에서 매수하는 것도 좋은 방법이다.

차트 따라잡기

하락추세의 이평선을 돌파해도 다시 하락하는 예가 많이 있다. 이평선이 지지선의 역할을 하기 위해서는 하락추세에서 벗어나서 최소한 횡보하거나 상승추세로 전환되어 있어야 한다는 것을 명심하자.

중수 1년차

이평선 지지를 이용한 매수법

장기적인 저항선으로 작용하던 이평선을 돌파한 다음 지지선으로 작용하는 것을 확인한 후에 매수하는 방법이다. 여기서 중요한 것은 저항선으로 작용하는 이평선의 저항 기간이 길면 길수록 돌파 시 강력한 지지선이 된다는 점이다. 단, 저항선 돌파 후 지지해주지 못하고 다음날 바로 하락하는 것은 돌파로 보지 않는다.

20일선의 저항을 받으며(①, ②지점) 주가가 20일선을 돌파하지 못하고 밑에 있다가 상승하여 20일선을 돌파 후(③지점) 단기간에 하락하여 다시 20일선에 근접할 때 ④지점과 같은 양봉이 나타나면 20일선을 손절선으로 설정하고 매수에 들어가는 것이다. 계속해서 저항선으로 작용하던 이평선을 양봉으로 강하게 돌파해주면 돌파 후 하락하더라도 지지선 역할을 할 공산이 크다.

이평선 지지 매수법의 종류

❶ 중 · 장기이평선의 지지

이평선 지지 매수법에서 가장 선호하는 20일선 밑에 위치한 장기이평선이다. 한 번 시세를 주고 조정 시에는 20일선을 깨는 경우가 많이 있다. 그러나 하락 후에 추가 상승하는 종목의 대부분이 장기이평선에서 반등하는 모습을 많이 보여준다.

①지점에서 1차 상승을 마감한 후 ②지점에서 장대음봉으로 20일선을 깨며 하락 후에 ③지점에서 60일선의 지지를 받으며 횡보하는 모습을 보이고 있다. ④지점에서 아래꼬리를 다는 것을 확인하고 매수한다고 해도 60일선의 지지가 확인되므로 매수에 들어갈 수 있다.

이평선 지지 매수법은 상승 초기에서부터 추가 매수시점을 판단할 때, 중요한 역할을 하는 매수 방법이다. 지지 시 매수한다는 1차원적인 방법이 아니라, 지지 후 다음 봉을 확인하고 매수에 들어가야 한다는 것을 기억하자.

❷ X자 매수법

X자 매수법이란 단기이평선이 장기이평선을 돌파하는 골든크로스 시 X자를 그리는 것에 착안하여 부르는 기법으로 '가위기법'이라고 부르기도 한다. 중요한 것은 X자가 완성되는 시점에서 바로 매수에 들어가는 것이 아니라, 다음날 양봉을 확인한 후 매수에 들어가는데 여기서 가장 중요한 것은 X를 이룬 두 이평선 중 기간이 짧은 이평선의 지지가 전제 되어야 한다는 점이다.

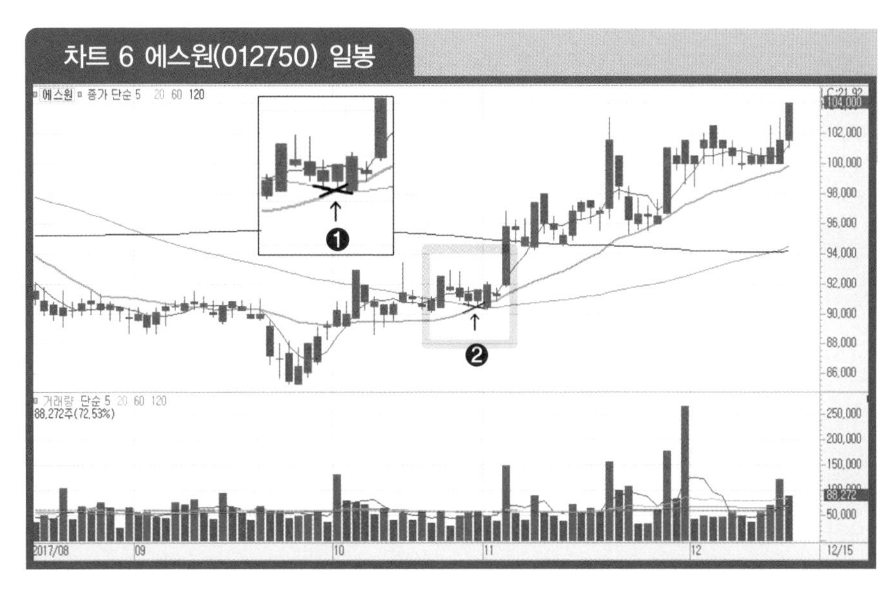

차트 6 에스원(012750) 일봉

20일선과 60일선이 X자로 교차하는 모습을 보이는 것을 ①지점에서 양봉을 확인 후 다음날 매수에 들어가는데 여기서 X자를 이룬 두 이평선 중 기간이 짧은 이평선의 지지 여부가 중요하다. 양봉이라도 이후 이평선을 이탈하는 모습이 나온다면 매수를 유보해야 한다.

차트 7 SK하이닉스(000660) 일봉

①지점에서 20일선과 60일선의 X자를 확인한 후 다음날 매수에 들어가고 ②지점 역시 20일선과 240일선의 X자를 확인한 후 양봉 시 매수에 들어가는 것이다.

❸ 아래꼬리 전법

계속해서 저항선으로 작용하던 이평선을 돌파하게 되면 이후에 지지선으로 작용하게 되는 것을 착안하여, 지지선 근처에 아래꼬리를 다는 봉의 모습을 확인한 후 이후의 매수를 아래꼬리 부근에 받쳐 잡는 매매방법이다.

이평선 지지의 판단

중요 지지선에서 양봉이 출현하거나 아래꼬리를 단 봉이 출현한 다음날 전일시가를 깨지 않고 마감한다면 지지라고 판단한다.

차트 8 현대리바트(079430) 일봉

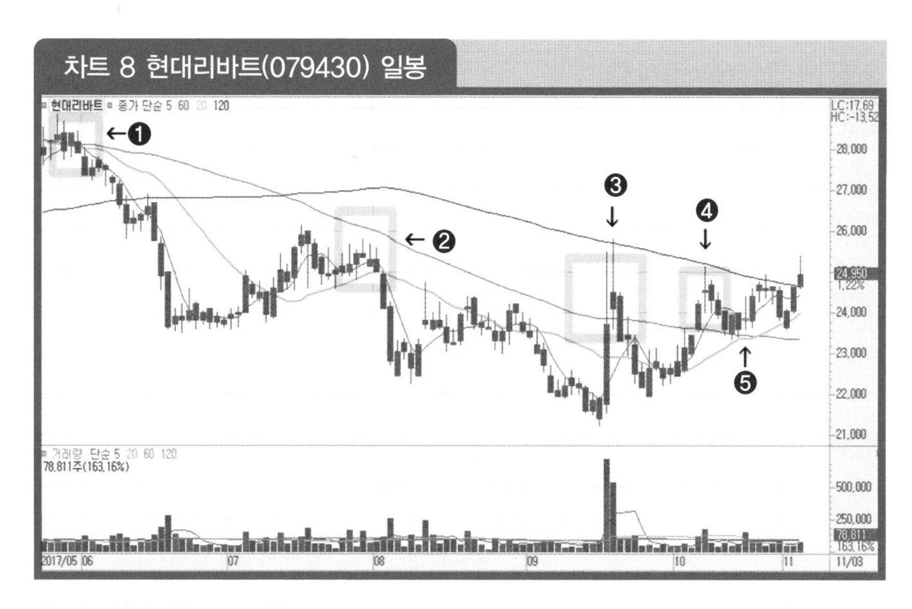

①, ②, ③지점은 60일선을 돌파하지 못하고 지속적인 하락을 보이고 있다가 ④지점에서 60일선을 돌파하는 모습을 보이고 있다. ⑤지점의 아래꼬리 부근 가격대에서 매수에 들어가는 것이 정석이다.

차트 따라잡기

모든 이평선이 현재 가격 아래에 있으면서 아래꼬리 달린 봉이 출현하며 이평선을 이탈하지 않고 지지가 확인될 때, 5일선이나 20일선이 상승추세로 전환되면 이 두 선이 지지선으로 작용할 때가 많이 있다. 이후 이 두 이평선을 깨지 않는 한 지속적인 상승을 보일 확률이 높다.

달공이의 필수 체크 문제 ⑩

다음은 이평선 지지를 이용한 매수방법에 대한 설명이다. 다음 괄호에 알맞은 말은?

1. X자 매수법은 단기이평선이 장기이평선을 돌파하는 골든크로스 시점 (   ) 매수하는 방법이다.
2. 저항선으로 작용하던 이평선의 저항 기간이 길면 길수록 돌파 시 강력한 (   )이 된다.

정답은 P. 171에

이평선을 이용한 매도법

이평선을 이용한 매도법은 급등주 매도법과 급등주가 아닌 종목의 매도법으로 나뉜다. 급등주의 경우 5일선을 이탈하면 매도하는 것이 정석으로 되어 있는데 필자의 경우에는 4일선을 매도선으로 설정하여 대응한다. 한 타이밍 빠른 매도를 위한 것이다. 4일선 이탈 시 다음 날 9시부터 50% 매도에 들어가서 상한가에 안착하지 못하는 경우 남은 50%의 물량을 시가 이탈 시 바로 매도하고 나오는 것이다.

차트 9 넵튠(217270) 일봉

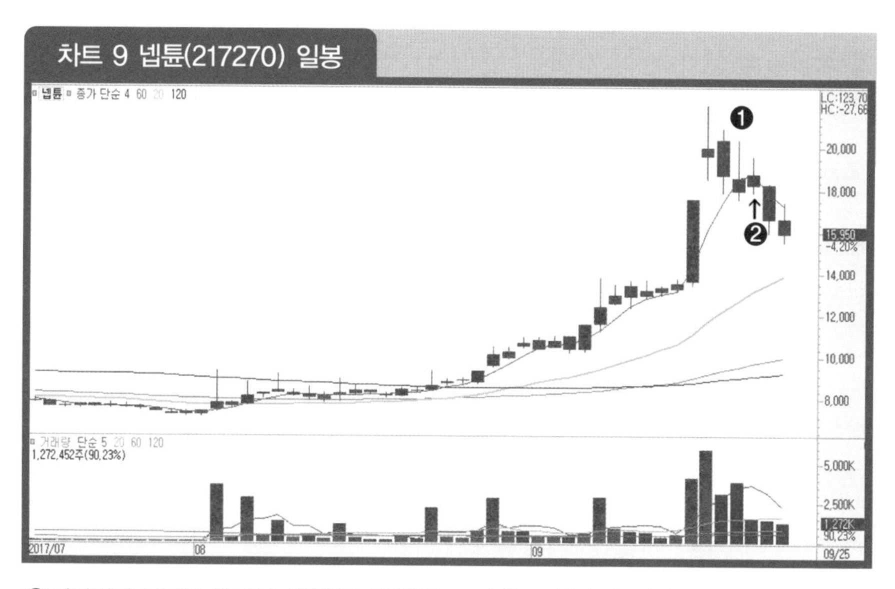

①지점에서 보듯이 종가상 4일선을 이탈하는 모습을 보였다. ②지점에서 시가에 50% 매도 후 시초가를 이탈 시 전량 매도로 대응하는 것이다. 이후 4일선을 회복하지 못하고 밀리는 모습이다.

급등주 매매 시 주의할 점은 매도 후에 돌아보지 않아야 한다는 점이다. 매도를 잘하고 나서도 장중 등락에 마음이 흔들려 추가 매수에 들어가 수익 부분을 다 반납하는 경우가 많다는 것을 명심하자.

급등주가 아닌 종목의 매도법은 지속적인 상승이나 횡보 종목의 경우에 단기 대응과 중기 대응으로 나누어 매매에 임하는데, 이는 급등주의 경우와는 달리 기계적인 매매에 혼란을 주는 변수가 많이 있고 또한 장중 흔들기가 심하기 때문이다. 단기 대응은 5일선과 20일선의 데드크로스 시점을 잡는다.

중기 대응은 초기 상승 시 돌파했던 이평선이 지속적인 지지를 보이며 상승 후 이 이평선의 이탈 시 매도로 대응하는 것이다. 이때 확인할 사항은 긴 음봉으로 지지선을 하향 돌파하거나 갭하락으로 이평선 아래에 주가가 형성 될 때 이평선 이탈이라고 판단하면 된다.

이평선 이탈의 판단

이평선 이탈을 확인하기 위한 확실한 방법은 이평선을 이탈한 봉이 다음날 음봉일 때나 종가가 이평선을 이탈한 봉의 종가보다 낮을 때 이탈이라고 판단하는 것이다.

차트 10 세아베스틸(001430) 일봉

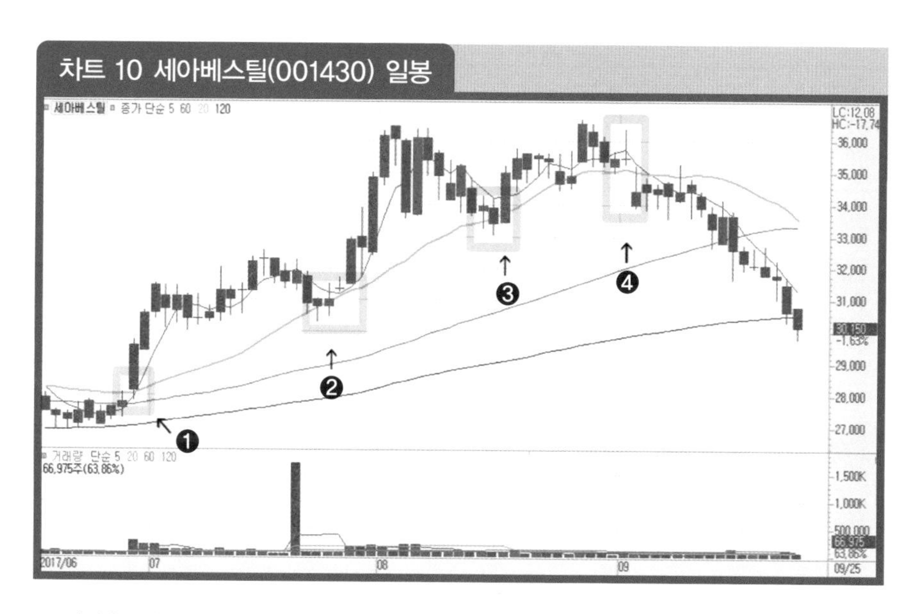

20일선을 갭상승 장대 양봉 ①지점에서 돌파하면서 ②, ③지점에서 지지해주며 상승을 보인다. ④지점에서 갭하락과 함께 5일선 20일선 데드크로스가 발생하며 20일선을 이탈하는 모습을 보인 후에 하락하는 것을 알 수 있다.

차트 따라잡기

지속적인 하락추세의 종목 중 5일선 아래에서 시초가가 형성된다면 5일선이 강력한 저항선으로 작용할 때가 많이 있다. 5일선 한 호가 밑에서는 매도관점으로 대응하고 돌파 후 종가상 지지가 확인되면 다음날 시초가에 매수관점으로 접근하자.

이평선 분석하기

분차트와 일별차트에서 60일선과 120일선을 가장 중요하게 생각하고 매매에 임하는데 주식투자 초보시절 이평선을 이용한 매매 시 가장 고민했던 것은 이평선의 돌파와 이탈에 대한 분석이었다. 이탈로 생각하고 매도하면 상승하고 돌파로 생각하고 매수하면 하락하는 일이 종종 발생하였고 그로 인해 이평선 자체를 차트에서 빼고 매매하기도 했다. 이평선이 사라진 차트를 보던 중 상승할 타이밍에서 하락하는 종목이 나오는 것을 발견했고 그것이 이평선의 저항 때문이라는 것을 알게 되었다.

그때부터 상승하는 종목의 현재 가격대 위에 이평선이 자리한다면 그것은 그 가격대에 매수한 사람이 있다고 생각하기로 했다. 즉, 이평선 근처에 매도세가 있다고 생각하기로 한 것이다. 그래서 주가가 이평선 근처에서 하락으로 반전하면 매도자의 저항이라고 판단하여 매도로 대응하게 되었고, 이평선을 돌파하는 흐름이 나타나는 것은 매도하려는 사람들보다 매수하려는 사람이 많아 매수자의 의지를 통한 이평선 돌파로 판단, 매수로 대응하기로 했다.

그후로 필자만의 이평선 분석법을 하나둘 만들었고, 매매 시 판단에 많은 도움이 되고 있다. 자신만의 이평선을 갖는 것이 차트 분석의 실력을 기르는 데 중요하다는 것을 기억하자.

거래량에 숨겨진 비밀

06

대량거래 발생 시 매입 가격 분석을 통해
손절 가격과 목표가를 설정할 수 있고, 매집 세력의 매도 여부를
분석해서 수익실현 시점을 판단할 수 있다.

중수 입문 1년차

거래량을 통한 주가관리 여부 예상 및 상승종목 판단

거래량만 분석할 수 있어도 차트의 반을 안 것이라고 말할 수 있을 정도로 거래량은 차트에서 가장 중요한 부분 중에 하나이다. 거래량을 통해 앞으로의 주가 움직임과 상승 방향에 대해 예상할 수 있기 때문이다. 거래량을 통해 대량거래 발생 시 매입 가격 분석을 통해 손절 가격과 목표가를 설정할 수 있고, 매집 세력의 매도 여부를 분석해서 수익실현 시점을 판단할 수 있다.

거래량을 통한 차트 분석 시 중요하게 여기는 것은 대량거래 발생 시 봉의 위치, 양봉 시 거래량의 증가, 대량거래 발생 이후 거래량의 흐름, 갭상승 후의 거래량, 횡보 시 거래량 등이 있다.

거래량을 이용하여 매매 시 가장 손쉽게 적용할 수 있는 방법은 저항선으로 작용하던 중요 이평선을 돌파 후, 주가가 횡보 시 거래량의 감소 후 거래량 급증이 나올 때 다음 날 매수에 들어가는 것이다.

차트 1 삼성엔지니어링(028050) 일봉

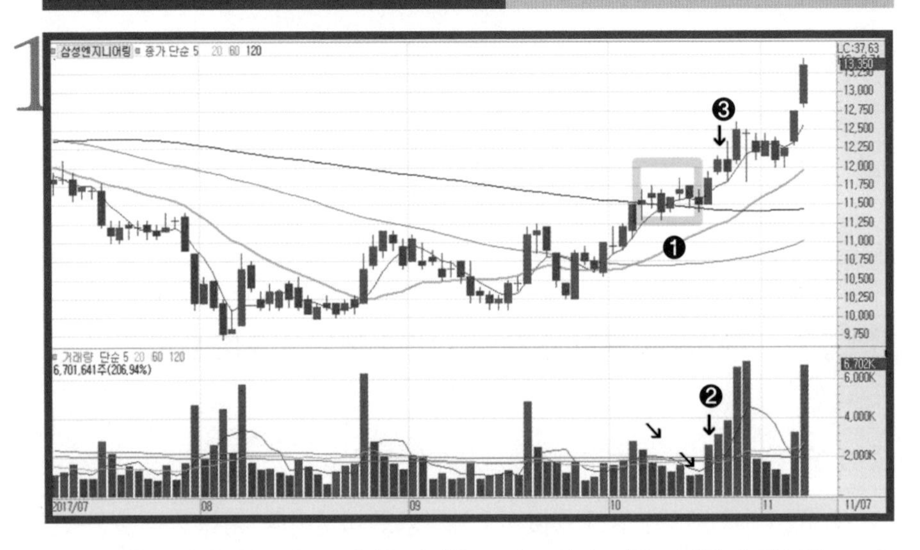

120일선을 돌파 후 횡보하는 모습(①지점)을 보이고 있다. 이때 거래량이 감소하는 모습을 보이다. ②지점에서 거래량이 급증하는 모습을 보이는 것을 확인 후 ③지점에서 매수에 들어가는 것이다.

주가를 관리한다는 말은 세력이 주가를 상승시키려는 의도를 가지고 현재의 가격을 붙잡고 있다는 뜻이다. 거래량을 통해 주가관리 여부를 예상한다는 것은 어려운 일이다. 하지만 추세가 전환된 종목과 장기 저항선으로 작용하던 이평선을 돌파한 종목이 횡보하는 모습을 보일 때 거래량을 통해 주가를 관리하고 있음을 예상할 수 있다. 인위적인 힘(여기서는 세력의 개입)이 종목의 거래량에 나타나기 때문에 거래량을 통해 상승종목을 판단할 수 있는 것이다.

필자는 거래량을 볼 때 특히 양봉 시 거래량의 증가와 인위적인 느낌이 나는 거래량의 모습에 가장 주의를 기울인다. 전일에 비해 거래량이 증가하며 양봉으로 마감한 후, 하루에서 길게는 1주일 정도 거래량이 감소하는 모습을 보이다가 다시 거래가 증가하는 모습을 보일 때가 있다. 필자는 이것을 쌍포라고 부르는데, 이런 쌍포의 모습이 자주 발생하는 것 자체가 세력이 주가를 관리하고 있다는 것의 반증이다. 이런 쌍포의 모습이 20일선과 같은 중요 이평선을 돌파하거나 양봉으로 지지하는 모습이 발생한다면 다음날 매수에 들어가는 것이다.

매수 호가 갭의 위험

매매를 하다보면 매수 · 매도 호가가 크게 벌어질 때가 있다. 이것은 매수 세력이 주가를 흔들어서 저가에 매집하기 위해 많이 쓰는 방법 중에 하나이다. 이때는 바로 시장가로 매수하지 말고 시장가 아래로 매수주문을 호가별로 차례대로 밑으로 내놓자.

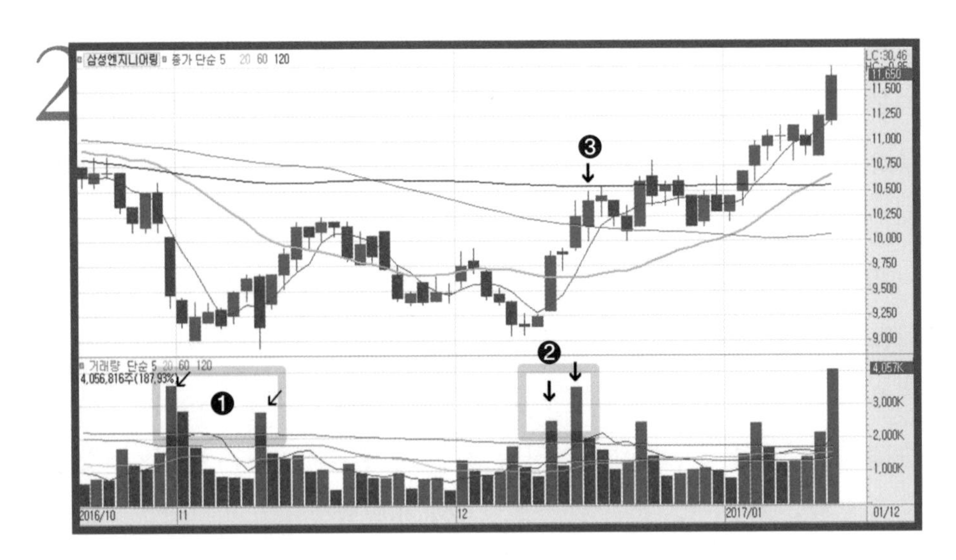

①지점의 쌍포와 ②지점의 쌍포를 비교해보자. ①지점은 20일선의 회복 전이기 때문에 회복 시까지 기다려야 하지만, ②지점의 쌍포는 20일선을 돌파 후 음봉이 나왔지만 20일선을 이탈하지 않았고 다음날 양봉으로 마감하는 모습을 보여주고 있다. 쌍포가 발생한 다음날인 ③지점에서 매수에 들어가는 것이다.

차트 따라잡기

양봉 시의 거래량이 음봉 시의 거래량보다 많으면서 20일선 위에서 주가가 횡보하고 있다면 숨겨진 호재가 있거나 주가를 관리하는 주체가 있을 가능성이 높다.

거래량을 통한 하락종목 판단

거래량을 이용한 하락종목 판단은 상승종목의 판단법과 유사한 점이 많다. 상승종목의 경우는 하락이나 횡보 이후 대량거래가 발생하며 추세를 상승추세로 전환해줄 때가 있는데 하락종목의 경우는 그 반대이다. 하락종목은 하락 초기에 음봉으로 이평선을 하향 이탈하며 대량거래가 발생하는 모습을 보이는 경우가 많이 있다. 이후 하락 시 다시 대량 거래가 발생하며 장대 음봉이 나오는 모습이 나오거나 한번에 모든 이평선을 이탈하는 음봉이 나온다면 이후 주가는 하락할 가능성이 높다는 것을 기억하자.

대량거래의 함정 피하기

대량거래를 보고 매수 우위에 있다고 판단하기 쉬운데 이때 5일선의 위치로 매수 여부를 판단할 수 있다. 만약 대량거래 발생 시 5일선 밑에 주가가 위치한다면 매수보다는 매도로 대응하자.

차트 따라잡기

음봉의 아래꼬리에 다음날 종가가 형성되며 음봉이면서 5일선 아래에 있다면 현재 가격 아래에 위치한 이평선까지 밀릴 확률이 높다. 이때는 5일선 회복 시까지 매매를 유보하고 또한 회복한 5일선 위에 이평선이 있다면 그 이평선 근처에 다다를 때 매도관점으로 접근해야 한다.

①봉이 음봉으로 대량거래 ②가 발생하며 20일선을 이탈하는 모습을 보인다. 이후 ③봉이 장대 음봉으로 대량거래 ④가 나오며 모든 이평선을 한번에 하향 이탈하는 모습을 보인 후 지속적인 하락을 보이는 것을 알 수 있다.

달공이의 필수 체크 문제 ⑪

거래량을 통한 매매 방법이다. 다음 괄호에 알맞은 말은?

대량 거래 발생시 5일선 밑에 주가가 있다면 (1) 보다는 (2)로 대응하는 것이 바람직하다.

정답은 P. 171에

자신이 산 종목의 일일 거래량 알기

초보 투자자 시절 우선주에 대해 몰라 같은 이름인데 가격이 싼 것을 보고 매수했다가 하루 거래량이 너무 적어서 그 종목이 하락하여 손절하는 데도 며칠이 걸린 적이 있다. 이후 거래량의 중요성에 대해 깨닫게 되었고 일일 거래량이 10만 주 미만의 종목은 매수 종목에서 제외시킨다는 원칙을 세우게 되었다. 내가 산 주식이 1만 주인데 하루를 통틀어 그 종목의 거래량이 1천 주도 되지 않는다면 보유 주식을 파는 데 10일, 약 2주일이 걸린다는 계산이 나온다. 수익 중인 종목이라면 괜찮겠지만, 손실 중인 종목인 데다가 상승할 수 있는 종목이 눈에 들어와 있는 상태에 자금이 없어 매수하지 못한다면 원금 손실은 물론 정신적으로 큰 피해를 입게 된다.

유동성 위기라는 말을 들어보았을 것이다. 거래량은 주식에 있어서 유동성의 한 부분이다. 자신이 산 종목의 일일 거래량 정도는 파악하고 있어야 비로소 초보티를 벗었다고 할 수 있다. 거래량은 매수와 매도에 있어 세력의 개입 여부의 판단과 주가의 움직임을 파악하는 데 중요한 역할을 하므로 거래량 분석을 게을리하지 말아야 한다는 것을 명심하자.

끝으로 거래량의 중요성에 대해 단적으로 말한다면 급등을 보이던 종목을 고점에서 샀다가 이후 거래량 없는 하한가가 몇 번 지속될 때를 머릿속에 그려보기 바란다. 그러면 거래량이 적은 종목에는 눈길조차 주지 않게 될 것이다.

보조지표 활용하기

07

보조지표는 절대적인 신호가 아니기 때문에 단순히 보조지표만 보고 매매에 참고하기보다는 여타 차트와 뉴스 시장상황 등을 고려하여 매매에 참고해야 한다는 것을 반드시 기억하자.

보조지표는 봉차트에서 나타나는 기본적인 정보들을 일정한 수식으로 계산하여 나타난 지표를 차트로 나타낸 것을 말한다. 매매에 필요한 정보의 통계를 각각의 지표에 따른 계산 공식에 따라 보여줌으로써 매매 시에 참고할 수 있도록 해준다. 봉차트에 비해 예외가 발생할 때가 있으므로 하나의 지표만을 참고하여 매매에 임하는 것보다는 봉차트 등 여러 가지 보조지표를 병행하여 매매에 임하도록 하자.

보조지표의 종류에는 여러 가지가 있다. 이것들은 추세지표, 모멘텀 지표, 변동성 지표, 시장강도 지표로 세분화할 수 있다. 차례대로 살펴보면 다음과 같다.

❶ 추세지표

이평선, DMI, MACD, MACD 오실레이터(Oscilator), MAO, Parabolic Sar, Pivot Line

❷ 모멘텀 지표

모멘텀, 이격도, P&F, 삼선전환도, 투자심리선, AB Ratio, ADX, Chakin's Volatility, Mass Index, Price 오실레이터(Oscilator), Price ROC, 상대 강도(RSI), Stochastic Fast & Slow, SONAR, TRIX, Willianms%R

❸ 변동성 지표

변동성, ATR, 볼린저 밴드(Bollinger Band), Envelope, Keltner Channels

❹ 시장강도 지표

거래량, OBV, 매물대, CCI, Chakin's 오실레이터(Oscilator), 거래량 이평선, EOM, MFI, PVT(Price Volume Trend), Volume Ratio

모든 보조지표에 대해서 설명하기보다는 시장에서 많이 사용되는 지표 몇 가지만 설명하고 넘어가도록 하겠다. 차트를 계속 보다 보면 저절로 익힐 수 있으니 조급하게 생각하지 말고 천천히 살펴보기 바란다.

● MACD(Moving Average Convergence & Divergence)

MACD는 장단기이평선 간의 차이를 이용하여 매매신호를 포착하려는 기법으로 장기지수 이동평균과 단기지수 이동평균의 차이를 MACD라 하며, 이 MACD의 지수 이동평균을 '시그널(signal)'이라고 하는데, 이 두 곡선의 교차점과 주가와의 디버전스(divergence)를 이용하여 매매시점을 포착하는 것이다.

MACD의 원리는 장기와 단기 두 이평선이 서로 멀어지고(divergence) 언젠가는 다시 가까워져(convergence) 특정 시점이 되면 서로 교차하게 된다는 것을 이용하여 두 개의 이평선이 멀어지게 되는 가장 큰 시점을 찾고자 하는 것이다. 이 방법은 MACD를 이용하는 가장 기본적인 기법으로서 MACD가 시그널을 아래에서 위로 상향 돌파할 때를 매수시점으로, MACD가 시그널을 위에서 아래로 하향 이탈할 때를 매도시점으로 판단하고 매매하는 방법이다.

MACD 지표로 매매를 할 때 일봉 20일선을 함께 이용하면 매수 매도 타이밍을 조금 더 정확히 파악할 수 있다. MACD가 시그널을 상향 돌파 할 때 주가가 20일선 아래에 있다가 20일선을 돌파하는 시점에 매수에 들어가고, MACD가 시그널을 하향 이탈 할 때 20일선을 이탈하는 모습이 나올 때 매도로 대응하는 것이다.

차트 1 삼성화재(000810) 일봉

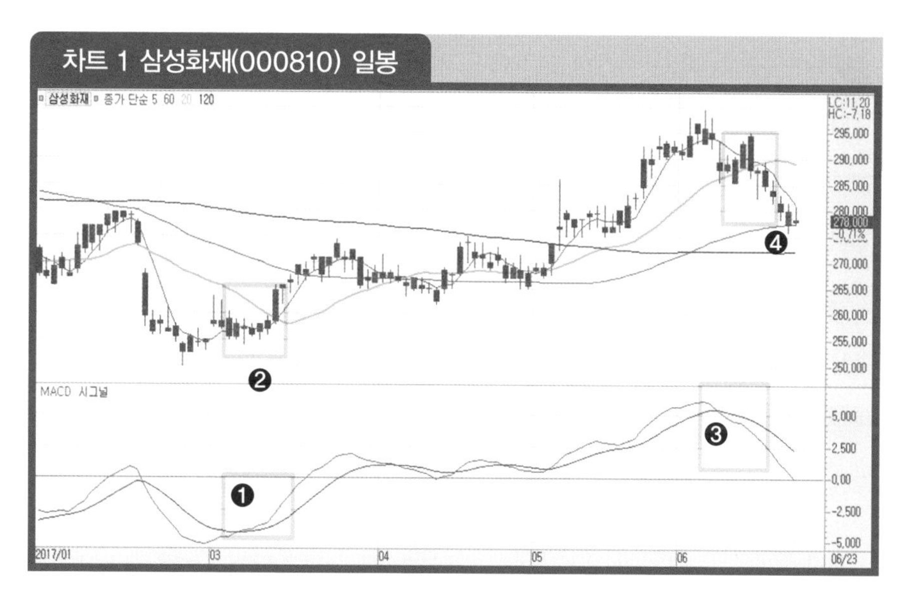

MACD가 시그널을 아래에서 위로 상향 돌파 할 때인 ①지점을 매수 신호로 판단하고 20일선을 돌파해 주는 ②지점에서 매수로 대응하고 MACD가 시그널을 하향 이탈할 때(③지점) 20일선을 이탈하는 모습이 나올 때(④지점) 매도로 대응하는 것이다.

● MACD오실레이터

MACD오실레이터의 값은 주가의 움직임을 미리 선행하는 경향이 있으므로, 진일의 MACD오실레이터의 움직임과 반대 방향으로 움직이면 매매 신호로 판단하는 방법이다. 주가의 움직임과 MACD오실레이터 사이에서 디버전스가 발견되면 추세 반전이 강력히 일어날 수 있다. 그 이유는

MACD오실레이터가 주가의 움직임을 미리 선행하는 경향이 있기 때문이다.

MACD오실레이터의 값이 0선을 돌파할 때도 추세 전환이 임박했다는 중요한 신호로 판단하는 것이다. 음(-)에서 0선을 상향 돌파하여 양(+)으로 변하면 상승추세로의 전환이라고 매수시점으로 판단하고, 반대로 양(+)에서 0선을 돌파하여 음(-)으로 변하면 하락추세로 변한 것으로 생각하고 매도시점으로 판단하는 것이다. MACD오실레이터를 이용해 매수 시점을 포착할 때 중요한 것은 MACD오실레이터의 매수 신호 발생 시점에 주가가 20일선 아래에 있다면 20일선을 돌파하는 시점까지 기다리는 것이다.

주가가 하락할 때 오실레이터는 상승하는 디버전스(divergence)가 발생한 후 ①지점에서 오실레이터가 음(-)에서 양(+)으로 변하는 것이 포착된다. 하지만 주가가 20일선 밑에 있으므로 기다렸다가 20일선을 돌파하는 ②지점 이후에 매수하는 것이 올바르다.

● 볼린저밴드(Bollinger Bands)

볼린저밴드는 시간에 따른 가격변화의 정도를 반영한 지표이다. 일정 기간 동안의 이동평균을 계산하여 그 값으로부터 이동평균 편차의 적정 배수만큼 더한 값을 상한선으로, 빼준 값을 하한선으로 정한다.

주가는 상하한선을 경계로 등락을 거듭하는 경향이 있다는 것이 볼린저밴드의 기본적인 분석 방법이다. 상하한선 간의 폭이 좁아지면 가격의 변화가 일어나기 쉽다. 일정 기간 동안 주가의 움직임이 별다른 변화없이 지속되면 밴드(band)의 폭이 좁아지며, 그만큼 가격의 상승 혹은 하락이 임박했다는 신호로 해석할 수 있다. 주가가 밴드의 밖으로 움직이는 경우는 현 추세의 지속을 의미한다. 밴드 안에서 형성된 정점과 저점은 밴드 밖에서 형성된 정점과 저점으로 이어지는데 이는 곧 추세의 전환을 의미한다.

상한선이나 하한선 중 어느 한 쪽으로 주가가 움직인 이후에는 항상 다른 한 쪽을 향해 주가가 움직이려는 경향을 보인다. 밴드의 등락 폭이 좁아질수록 주가의 변화 가능성이 높아지며, 또한 좁은 등락 폭 안에서 장기간 머물수록 주가의 변화 가능성이 더욱 높아진다.

볼린저밴드를 이용한 매매에서 매수 시점은 주가가 중심선 밑에 있다가 상한선과 하한선이 모이는 지점에서 중심선을 양봉으로 돌파할 때이며 매도 시점은 중심선을 이탈하지 않고 상승하던 주가가 중심선을 이탈할 때 상한선과 하한선이 모이는 지점에서 중심선을 음봉으로 이탈할 때이다.

주가가 중심선 아래에 있다가 ①지점에서 상한선과 하한선이 모이기 시작하며 ②와 같이 중심선을 돌파하는 양봉이 나오고 있다. 이때 매수에 들어가는 것이다. 이후 중심선 위에 있던 주가가 ③지점에서 상한선과 하한선이 다시 한번 모이며 중심선을 하향 이탈하는 ④지점에서 매도에 임하는 것이다.

● VR(Volume Ratio)

VR은 OBV와 보완적 역할을 하는 거래량 지표로서 현재 시장의 상황이 과열인지, 아니면 침체인지 판단하는 데 유용하다. 거래량의 누적차이가 아닌 비율로 분석한 것이 VR이다. VR은 일정 기간(주로 20거래일) 동안 상승일의 거래량과 하락일의 거래량과의 비율을 백분율로 나타낸 것이다. 따라서 VR이 200%라면 대체로 주가 상승 시의 거래량이 주가하락 시의 거래량의 2배라는 것을 의미한다.

계산식

$$VR = \frac{\text{상승일의 거래량합계} + \text{변동이 없는 날의 거래량합계 } \frac{1}{2}}{\text{하락일의 거래량합계} + \text{변동이 없는 날의 거래량합계 } \frac{1}{2}} \times 100\ (\%)$$

일반적으로 VR은 150%가 보통수준이며 400%를 초과하면 단기적으로 주가의 경계신호가 되고, 70% 이하이면 단기 매입관점으로 본다. VR은 주가의 고점에서 일률적으로 적용하기 어렵지만 주가의 바닥을 판단하는 데 신뢰도가 높은 투자지표이다. 여기서 주의할 것은 VR이 100% 밑에 위치하고 있더라도 차트상 하락추세에 있으면 상승추세로 전환될 때까지 매수를 유보해야 한다는 점이다.

VR 신호를 이용해 매수할 때 20일 이동평균선과 같이 보는 것이 필요하다. VR의 수치가 100% 이하에서 100% 이상으로 변할 때 주가가 20일선을 돌파하는 움직임을 보인다거나 20일선 위에 있으면서 20일선과 이격이 작을 때 상승확률이 높다. 그리고 VR 450% 이상일 때 주가가 20일선을 이탈하는 움직임이 나오면 매도로 대응하는 것이다.

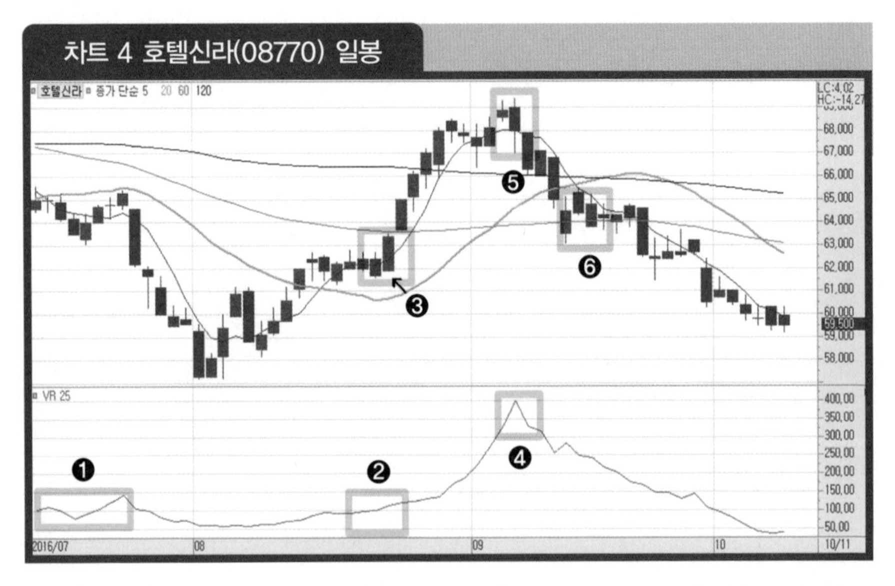

①지점에서 VR 수치가 100% 이하였다가 100% 이상으로 올라가는 모습을 보이지만 주가가 20일선 밑에 있기 때문에 매수시점이 아니다. 이후 다시 100% 이하였다가 100% 이상으로 올라오는 ②지점을 확인 후 ③지점에서 매수에 들어가는 것이다. 이후 400% 이상이 되는(④) 모습을 보이는 ⑤지점에서 50% 수익 실현 후 20일선을 이탈하는 ⑥지점에서 남은 잔량을 매도를 하면 된다.

● Stochastic(%K, %D)

스토캐스틱(Stochastic)은 주가가 움직이는 특성을 가장 잘 반영하는 지표 중 하나로서, 일정 기간 동안 주가 변동폭 중 금일 종가의 위치를 백분율로 나타낸 것이다. 상승중일 때에는 금일 종가가 주가 변동폭의 최고가 부근에, 하락중일 때에는 금일 종가가 주가 변동폭의 최저가 부근에서 형성된다.

스토캐스틱은 %K와 %D 두 지표로 나타낸다. 주요선은 %K이며, %K의 이평선을 %D라 부른다. 스토캐스틱을 이용하여 분석하는 방법은 스토캐스틱이 바닥권인 일정 수준(30%) 이하로 내려갔다가 다시 재상승하면 매수 신호로 보고, 스토캐스틱이 과열권인 일정 수준(70%) 이상으로 올라갔다가 다시 재하락하면 매도 신호로 보는 것이다. 또한 %K선이 %D선을 상향 돌파하여 상승하면 매수 신호이고, %K선이 %D선을 하향 돌파하여 하락하면 매도 신호로 판단하는 것이다.

디버전스(divergence)를 이용한 매매도 가능하다. 주가의 고점은 점점 높아지며 신고가를 경신하는데, 스토캐스틱의 고점은 직전 고점을 돌파하지 못하는 경우에 하락 디버전스가 발생한 것으로 판단하며 매도 신호로 판단한다. 매수 신호는 반대의 경우이다. 스토캐스틱은 항상 0~100% 사이에서 변동하는데 스토캐스틱이 0%이면 금일 종가가 일정 기간 동안의 주가 변동폭 중 최저가임을 나타내는 것이고, 스토캐스틱이 100%이면 금일 종가가 일정 기간 동안의 주가 변동폭 중 최고가에서 형성된 것을 뜻한다.

스토캐스틱을 이용한 매매 시 20일선 지지나 이탈의 확인이 중요하다. 스토캐스틱 매수 신호가 나온 후 주가가 20일선 밑에서 20일선 위로 올라온후 20일선 지지여부를 확인 후 매수에 들어가고 스토캐스틱 매도신호가 나온 후 20일선 이탈을 확인하고 매도 대응하면 된다.

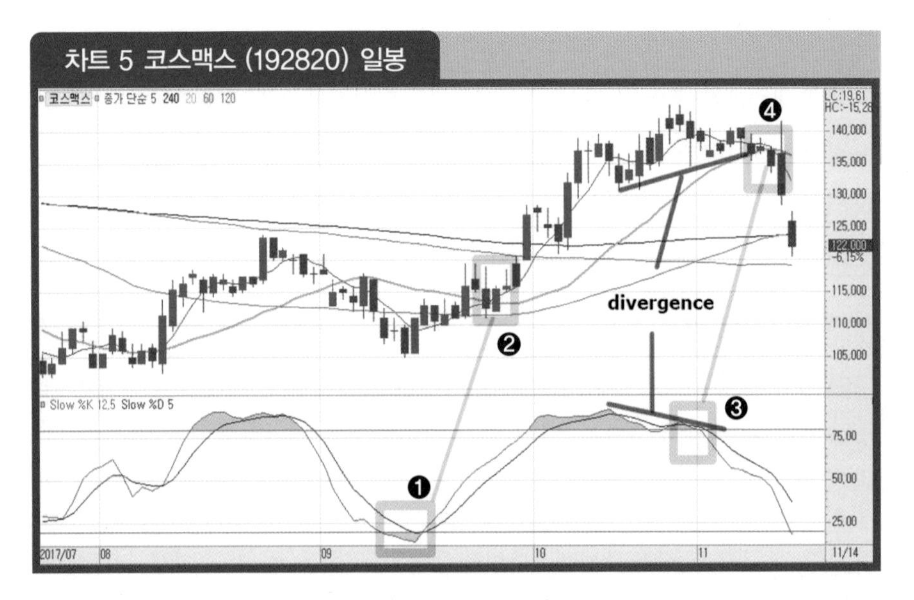

①지점에서 보면 스토캐스틱이 바닥권에서 30위로 올라가면서 %K가 %D를 상향 돌파하는 모습이 나타나는 것이 보인다. 이 신호를 확인 후 20일선을 돌파 후 지지하는 ②지점에서 매수에 들어가고 ③지점에서 스토캐스틱 과열권에 75% 아래로 내려가면서 %K가 %D를 하향 돌파하는 모습이 나타나는데 이때 하락반전신호로 판단하여 20일선 이탈 시 매도 관점으로 접근한다.

● ROC(Rate Of Change)

ROC는 금일 주가와 n일 전 주가 사이의 차이를 나타내는 지표이다. 이 차이는 수치(points) 또는 퍼센트(percentage)로 표시할 수 있지만 일반적으로 비율(ratio)로 표시한다. 추세가 상승추세일 경우에는 매도신호는 무시하고 매수신호만을 따라야 하고, 추세가 하락할 경우에는 매수신호는 무시하고 매도신호만을 따라야 한다.

계산식

$$ROC = \frac{\text{금일 종가} - \text{n일 전 종가}}{\text{n일 전 종가}} \times 100\ (\%)$$

주가는 상승과 하락의 과정을 반복한다. 이와 같이 주기적인 등락은 매수 주체와 매도 주체가 주가의 등락을 만들어가기 때문이다. ROC는 주어진 일정 기간 동안 변해온 주가의 양을 측정하여 선의 형태로 등락을 표시한다. 주가가 상승하면 ROC가 상승하고, 주가가 하락하면 ROC가 하락을 하는 것이다. ROC가 0선을 중심으로 위에 있으면 상승추세로 판단하고, 0선을 중심으로 아래에 있으면 하락추세로 판단한다. 또한 ROC가 0선에 근접할수록 주가의 변동폭은 작아지고, 반대로 0선에서 멀어질수록 주가의 변동폭은 커진다.

차트 6 삼성생명(032830) 일봉

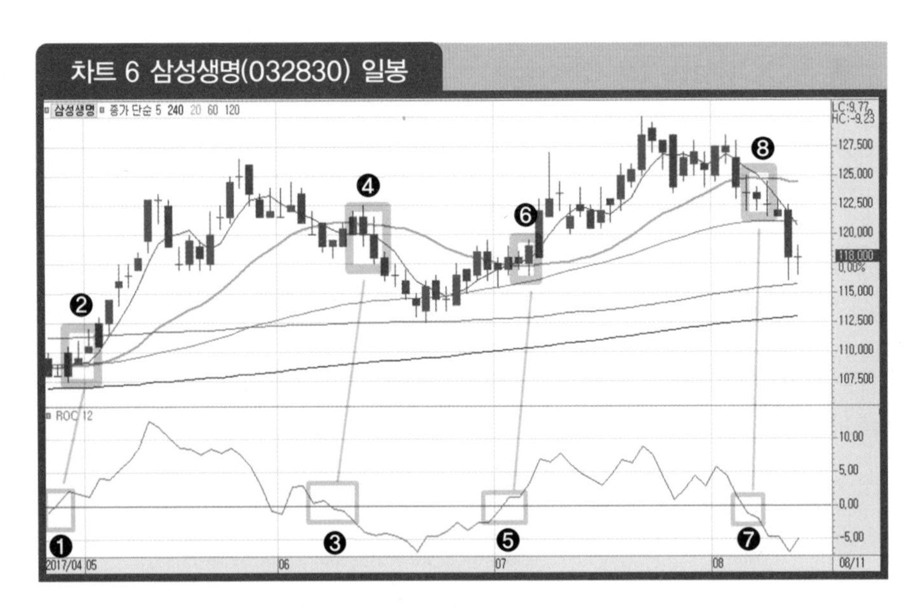

①지점과 ⑤지점에서 0을 상향 돌파를 확인하고 ②, ⑥지점과 같이 20일선을 돌파하는 지점에 매수 관점으로 접근하고 ⑤와 ⑦지점은 0을 하향 이탈 확인 후 ④와 ⑧지점과 같이 20일선을 이탈하는 지점에서 매도 관점으로 대응하는 것이다.

● RSI(Relative Strength Index)

RSI는 현재의 가격추세가 얼마나 강력한 상승추세인지, 혹은 하락추세라면 얼마나 강력한 하락추세인지를 백분율로 나타내는 지표이다.

계산식

$$RSI = \frac{\text{14일간 상승폭 합계}}{\text{14일간 상승폭 합계} + \text{14일간 하락폭 합계}}$$

RSI 지표 분석 대응방법은 RSI가 75%(70~80%) 수준이면 주가의 고점을 나타내는 신호로 상한선을 나타내며, 고가를 갱신하지 못하고 밀리면 매도관점으로 대응한다. RSI가 50%면 보통 관망시점이다. RSI가 25%(20~30%) 수준이면 주가의 바닥을 나타내는 신호로 저가가 지속되어 하향 이탈할 때는 매수관점으로 대응해야 한다. 또한 주가지수가 평행하거나 상승추세인데도 RSI가 하향추세이면 가까운 장래에 하락을 예고하는 신호이며 주가지수가 평행하거나 하향추세인데도 RSI가 상향추세이면 상승을 예고하는 신호이다.

보조지표는 보조지표일 뿐!

보조지표는 절대적인 신호가 아니기 때문에 단순히 보조지표만 보고 참고하기보다는 여타 차트와 뉴스, 시장상황 등을 고려하여 매매에 참고해야 한다는 것을 반드시 기억하자.

RSI가 25% 밑으로 이탈 후 다시 25% 위로 올라가는 모습이 나온 후 20일선 밑에있던 주가가 주가가 20일선 위로 올라가는 모습이 나온다면 매수 관점으로 접근하고 20일선 이탈 시 매도 관점으로 대응하면 된다.

차트 7 대상(001680) 일봉

①지점에서 RSI가 25% 밑으로 이탈 후 25% 위로 올라 오기 시작하자 이후 주가는 반등하기 시작하는데 주가가 20일선 위로 올라가는 ②지점에서 매수에 들어가는 것이다. 이후 지속적인 상승을 보이다가 RSI가 75%를 돌파한 과열권 이후 75%를 이탈한 후 주가는 고점 돌파를 시도하지만 돌파하지 못하는 모습을 보인다. 20일선을 이탈하는 ④지점에서 매도로 대응하면 된다.

● 투자심리선

투자심리선은 최근 2주간(10일) 동안 일별 종가를 전일 종가와 비교 상승 일수를 계산하여 전일 대비 상승일수를 합한 값을 백분율로 나타낸 것이다. 원래는 12일 기준이었으나 일주일의 거래일수가 5일이므로 최근 들어 2주간의 거래일수의 합인 10을 사용하는 것이 보편화되고 있다.

계산식

$$\text{투자심리선} = \frac{\text{10일간 상승한 일수의 합계}}{10} \times 100\ (\%)$$

투자심리선은 0보다 크고 100보다 작은 것이 특징이며 75% 이상이면 과열국면으로 판단하여 매도관점으로 접근하고, 25% 이하이면 침체국면으로 매수관점으로 접근하는 것이다.

투자심리선이 25% 이하일 때 20일선을 돌파하는 모습을 보일 때 매수에 들어가고 75% 이상일 때 20일선 이탈을 확인 후 매도에 들어가면 된다.

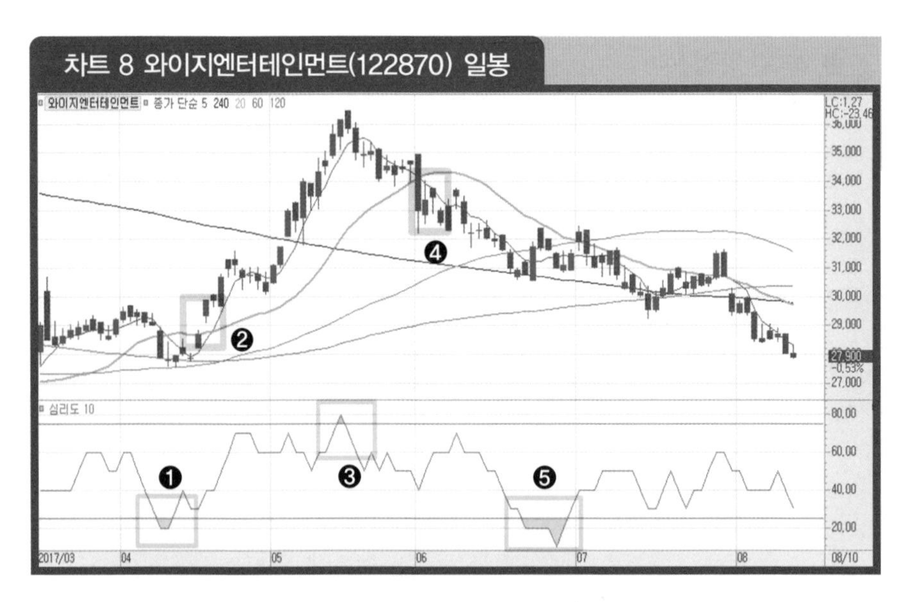

차트 8 와이지엔터테인먼트(122870) 일봉

①지점은 투자심리선 25% 이하의 침체권을 나타내는데 이때 매수하는 것이 아니고 20일선 아래에 있던 주가가 20일선 위로 올라서는 ②지점에서 매수에 들어간다. ⑤지점은 투자심리선 25% 이하의 모습이지만 20일선을 돌파하지 못하고 밀리고 있기 때문에 매수에 들어가지 못하는 것이다. ③지점과 같이 투자심리선은 75% 이상의 과열권을 나타낼 때 20일선을 이탈하는 ④지점에서 매도로 대응하면 되는 것이다.

차트 따라잡기

보조지표로 주가의 움직임을 판단하는 것이 어렵다면 상승했던 종목이나 횡보하는 종목, 하락을 보인 종목을 찾아서 보조지표를 설정해놓고 주가의 움직임에 따른 보조지표의 변화를 지속적으로 살펴본다면 많은 도움이 될 것이다.

눌림목과 손절선

08

눌림목과 손절선을 이용한 매매는 당일 종가와 다음날 시가에 하는 것을 원칙으로 한다. 그 이유는 장중의 등락이 심할 경우 고점에서 사서 저점에서 손절하는 악순환이 계속될 수 있기 때문이다.

● 눌림목과 손절선은 종이 한 장 차이

눌림목과 손절선은 종이 한 장 차이기 때문에 판단하는 데 많은 어려움이 있다. 그래서 기다려서 확인하는 것이 가장 중요하다. 눌림목과 손절선을 이용한 매매는 당일 종가와 다음날 시가에 하는 것을 원칙으로 한다. 그 이유는 장중의 등락이 심할 경우 고점에서 사서 저점에서 손절하는 악순환이 계속될 수 있기 때문이다.

눌림목으로 판단하기 위한 조건을 살펴보면 다음과 같다.

첫째, 눌림목 직전까지 하락 시 거래량이 적어야 한다. 상승중인 종목이 하락을 하지만 거래량이 적다면 고점에서 매수한 개인들의 물량을 저점에서 받으려는 세력의 의도적인 흔들기일 가능성이 높다.

둘째, 하락 후 중요 이평선에서 양봉이 발생해야 한다. 하락 후 양봉이 발생하기 전까지는 눌림목이 완성되지 않은 것으로 판단하고 매수를 유보해야 한다.

셋째, 주가가 상승추세일 때 눌림목이 발생할 가능성이 높다. 하락추세일 때는 주가 아래에 위치한 이평선이 지지선 역할을 하지 못하고 주가가 이평선 밑으로 하락할 때가 많이 있는 반면, 상승추세 시에는 단기 급등에 따른 매물 소화 과정에서 주가가 중요 지지선까지 하락하는 눌림목이 많이 발생한다.

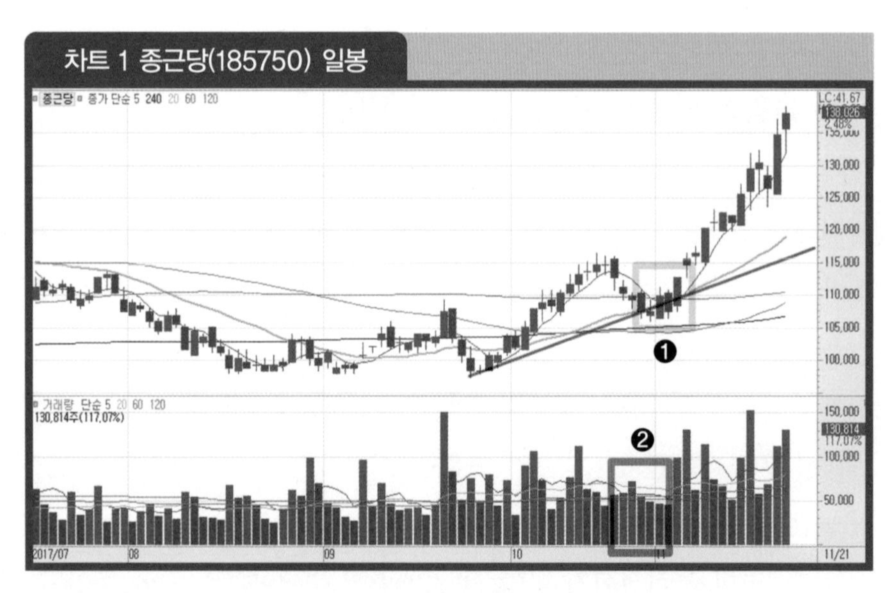

①지점의 눌림목이 발생할 때 상승추세에 있으면서 ② 에서 알 수 있듯이 주가가 하락함과 동시에 거래량도 함께 줄어드는 것을 알 수 있다.

손절선을 잡을 때는 '매수가 대비 %로 잡는 방법'과 '이평선과 저가 이탈할 때 손절하는 방법'이 있다. 매수가 대비 %법은 고점 매수 후 손절에 유효하며 이평선과 저가 이탈법은 하락하고 있는 종목에 대한 대응에서 유효하다. 또한 이는 매수가 대비 주가 하락 시 다른 종목을 통해 수익을 낼 수 있는 기회를 놓치지 않고 원금 손실을 제한하기 위한 방법이다. 필자는 매수가 대비 -8%를 손절선으로 설정하고 대응한다.

차트 2 현대미포조선(010620) 일봉

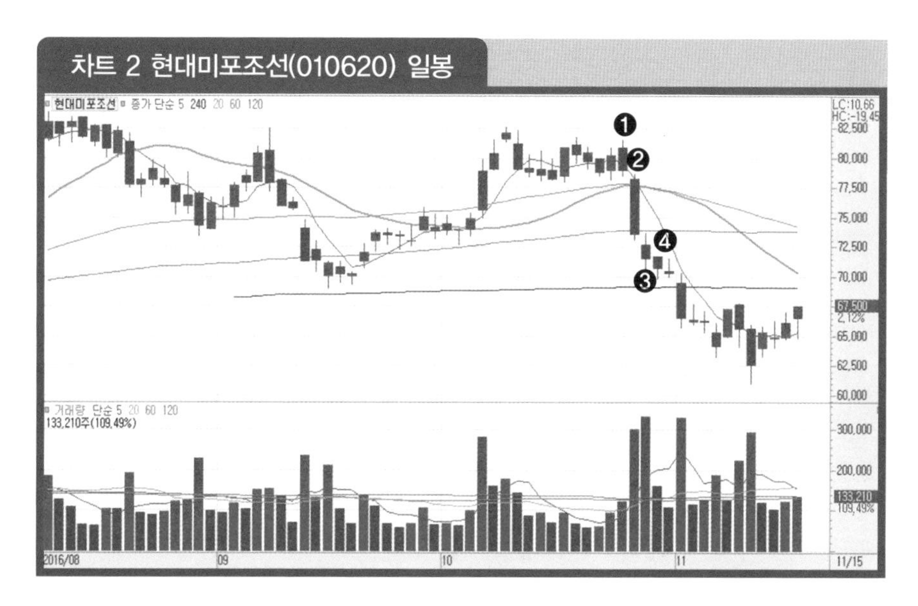

①지점의 120일선이 시초가 대비 -8%가 되는 근사치이다. 그러므로 ②지점에서 장대 음봉이 발생하며 -8%가 되어 손설로 대응해야 한다. ②지점 종가에서 손절하지 못했다면 ③지점의 종가에서 매도다. 만약 ③지점이 양봉이라면 120일선 이탈이 확인될 때까지 보유하고 120일선 이탈 시 매도한다. ④지점까지 기다리는 것은 ③지점이 양봉일 때만 가능하다는 것을 염두하자.

이평선과 저가 이탈 시 손절은 직관적이면서도 판단하기 어려운 부분이 있기 때문에 자신만의 절대적인 기준이 필요하다. 필자는 이평선을 손절선으로 설정할 중요 지지선인 이평선을 이탈하는 모습이 발생할 때 이탈한 봉의 다음 봉의 모습, 특히 이평선 이탈 이후의 모습을 중요하게 생각한다. 이평선 이탈 이후 전일저점 아래로 주가가 형성된다면 이후 이평선이 저항선으로 작용하며 추가적인 하락이나 횡보할 가능성이 높다. 그러므로 이탈 후 다음 봉의 모습을 확인하거나 다음 날 시초가에 매도로 대응하는 것이 중요하다. 또한 중요 지지가격이나 지지선을 이탈 시 갭하락을 동반한 후 다음 날도 갭하락을 메우지 못하는 경우가 있는데, 이때는 종가나 다음날 시초가에 매도하고 나오는 것이 이후의 급락을 피하는 방법이다.

하락 시 위험한 저항선

하락추세에서 가장 위험한 저항선은 5일선이다. 5일선도 회복하지 못하는 종목은 횡보나 상승추세로 반전하기 전까지는 관심 종목에서 제외하기 바란다. 또한 주가의 바닥은 바닥이 되어야 알 수 있으므로 손절하지 않고 물타기하는 우를 범하지 말도록 하자.

차트 3 쌍용차(003620) 일봉

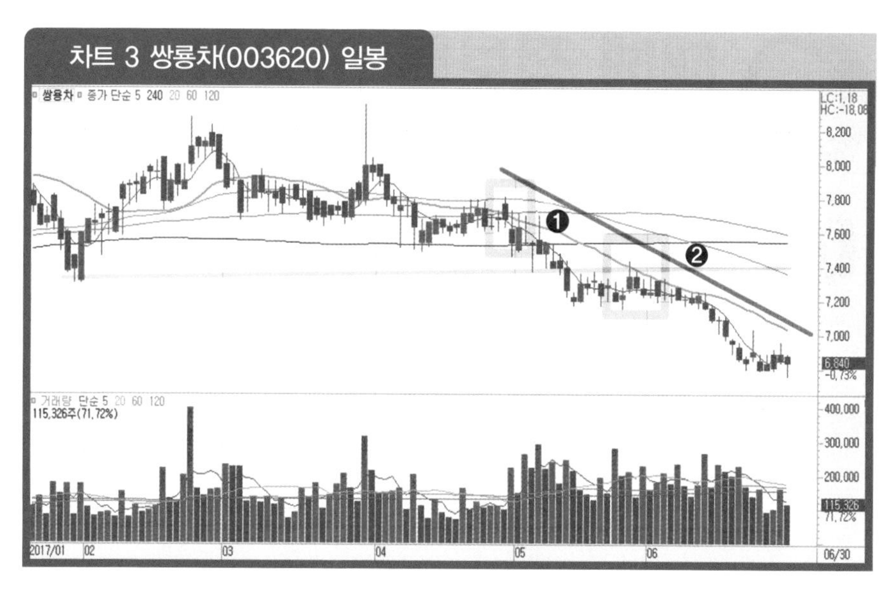

①지점에서 갭하락이 발생하며 저점 근처에서 음봉으로 마감했다. 다음날 갭을 메우지 못하는 음봉이 출현하며 하락 마감하는데 이때 5일선의 저항을 받으며 지속적으로 하락하는 모습을 확인할 수 있다. 갭 하락한 다음날 종가가 전날 시가보다 높다면 다음날까지 매도를 유보하고 종가에 전일의 갭을 메우지 못한다면 갭 하락한 다음날 종가나 갭 하락한 2일 후 시초가에 전량 매도로 대응하는 것이다. 또한 ②지점에서 하락에 따른 기술적 반등이 일어나지만 하락추세에 있으므로 20일선이 저항선으로 작용해 주가 하락이 나오는 것을 알 수 있다. ①지점에서 매도하지 못했다면 20일선을 돌파하지 못하고 저항을 받는 시점에서 매도로 대응해야 한다.

달공이의 필수 체크 문제 ⑫

눌림목 판단 조건에 관한 설명이다. 다음 괄호에 알맞은 말은?

눌림목을 이용한 매매는 (1)와 (2)에 하는 것이 원칙이다.

정답은 P. 171에

매매 정보를 이용한 매수·매도법

09

외국인과 기관 매매를 참고하는 이유는 수치로 매매단가 및 수량을 예상할 수 있기 때문이다. 이들의 평단가와 매수량을 계산해서 목표가는 물론 손절가를 설정할 수 있다.

기관과 외국인 매매를 이용한 매수법

기관과 외국인이 지속적으로 매입하는 종목의 차트를 분석하여 매수하는 방법에서 중요한 점은 외국인의 매수가 계속되면서 횡보하는 종목의 발굴이다. 즉, 급등하기보다는 횡보하는 종목을 1순위로 한다는 것이다. 지속적으로 하락하던 종목이 외국인의 매수와 함께 횡보 내지는 반등하는 주를 노리는 것이 중요하다.

외국인과 기관 매매를 참고하는 이유는 수치로 매매단가 및 수량을 예상할 수 있기 때문이다. 이들의 평단가와 매수량을 계산해서 목표가는 물론 손절가를 설정할 수 있다. 물론 기관과 외국인이 함께 매수하는 종목이 가장 좋은 종목이겠지만, 기관이나 외국인 중 한쪽이 매도 후 다른 한쪽이 매수로 돌아서거나 다른 한쪽이 매도가 아닌 관망으로 일관할 때 상승하는 예가 많이 있으니 참고하기 바란다.

차트 1 유진테크(084370) 일봉

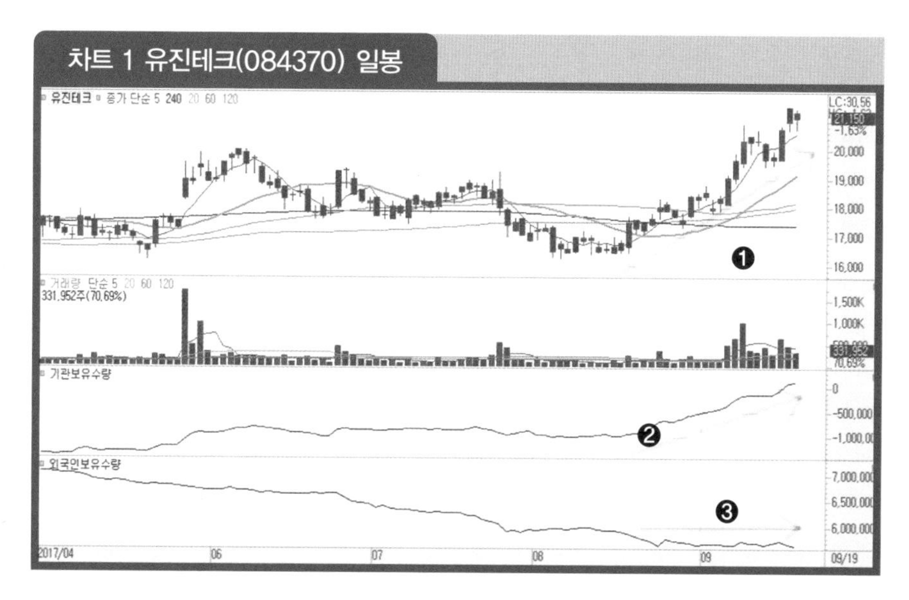

①지점을 봤을 때 지속적인 상승을 보이는 것을 알 수 있다. 또한 ②를 통해 기관이 지속적으로 매수하고 있는 것을 알 수 있으며, ③을 보면 외국인은 매수나 매도에 참여하지 않고 관망하고 있음을 알 수 있다. 이렇듯 상승을 위해서는 한쪽은 매수하고 다른 한쪽은 최소한 매도하지 않거나 매도하더라도 매수 물량에 비해 적어야 한다.

유진테크(084370) 매매 동향

084370 유진테크 누적기간 기간입력 2017/08/16 - 2017/09/19 차트 유의사항

구분	개인		기관		외국인	
추정평균가(매수/매도)	19,406	19,500	19,242	19,290	19,429	18,896

◉ 대비 ○ 등락

날짜	종가	대비	거래량	개인		기관		외국인		
				기간누적	일별순매매	기간누적	일별순매매	기간누적	일별순매매	한도소진율
17/09/19	21,150	▼ 350	331,952	-618,454	+6,257	A +1,070,875	+29,983	-299,866	-36,125	B 24.57%
17/09/18	21,500	▲ 750	469,618	-624,711	-69,019	+1,040,892	+123,207	-263,741	-52,260	24.73%
17/09/15	20,750	▲ 950	660,526	-555,692	-151,613	+917,685	+108,776	-211,481	+33,931	24.96%
17/09/14	19,800	▲ 100	301,812	-404,079	-38,317	+808,909	-8,799	-245,412	+34,782	24.81%
17/09/13	19,700	▼ 650	447,353	-365,762	+35,998	+817,708	-2,617	-280,194	-43,083	24.66%
17/09/12	20,350	▲ 50	336,131	-401,760	-19,607	+820,325	+7,554	-237,111	+13,418	24.85%
17/09/11	20,300	▼ 50	373,629	-382,153	+14,276	+812,771	+23,780	-250,529	-42,077	24.79%
17/09/08	20,350	▲ 700	1,008,716	-396,429	-160,327	+788,991	+71,732	-208,452	+80,039	24.97%
17/09/07	19,650	▲ 600	641,660	-236,102	-142,905	+717,259	+135,505	-288,491	-1,347	24.62%
17/09/06	19,050	▲ 700	502,689	-93,197	-47,522	+581,754	+70,946	-287,144	-15,239	24.63%
17/09/05	18,350	▲ 350	122,463	-45,675	-21,070	+510,808	+31,390	-271,905	-2,294	24.69%
17/09/04	18,000	▼ 550	183,103	-24,605	-16,368	+479,418	+28,074	-269,611	-11,843	24.70%
17/09/01	18,550	▲ 150	176,865	-8,237	-44,877	+451,344	+38,270	-257,768	+21,074	24.76%

▶ A에서 보이듯 기관의 누적 순매수량이 증가하고 있음을 알 수 있다. B에서 보이듯 외국인 지분율이 아주 약간 변동이 있거나 변화가 거의 없음을 확인하는 것이 필요하다.

차트 따라잡기

횡보하고 있는 종목이 외국인과 기관의 매수가 지속적으로 들어온다면 상승을 위한 매집일 가능성이 높으므로 횡보하는 봉의 위꼬리 부근은 피하고 아래꼬리 부근과 몸통 부분에 나누어 매수를 걸어두는 전략을 시도해보자.

기관과 외국인 매도를 이용한 매도법

공매도와 마찬가지로 외국인들이 매도하는 종목이 상승하는 것은 쉽지 않다. 그들이 매도를 할 때는 한번에 10만 주에서 1,000만 주 이상의 거대한 물량을 한꺼번에 쏟아내기 때문이다. 그러므로 매도 물량을 체크하면서 매매에 임하는 것이 중요하다.

지속적인 매도가 나오는 종목이라면 노출되지 않은 악재가 있을 수도 있기 때문에 꼼꼼히 한 번 더 살펴보는 것이 중요하다. 기관과 외국인이 함께 매도하는 종목이라면 급락을 피할 수 없을 것이며 한쪽이 매수하더라도 매도 물량이 매수 물량에 비해 많으면 하락으로 방향을 잡을 것이다.

검은머리 외국인을 주의하라

외국계 매수 창구를 이용하여 외국인인 것처럼 보이려는 국내의 검은머리 외국인이 있으므로 급등락 종목일 경우 주의가 필요하다.

차트 2 CJ대한통운(000120) 일봉

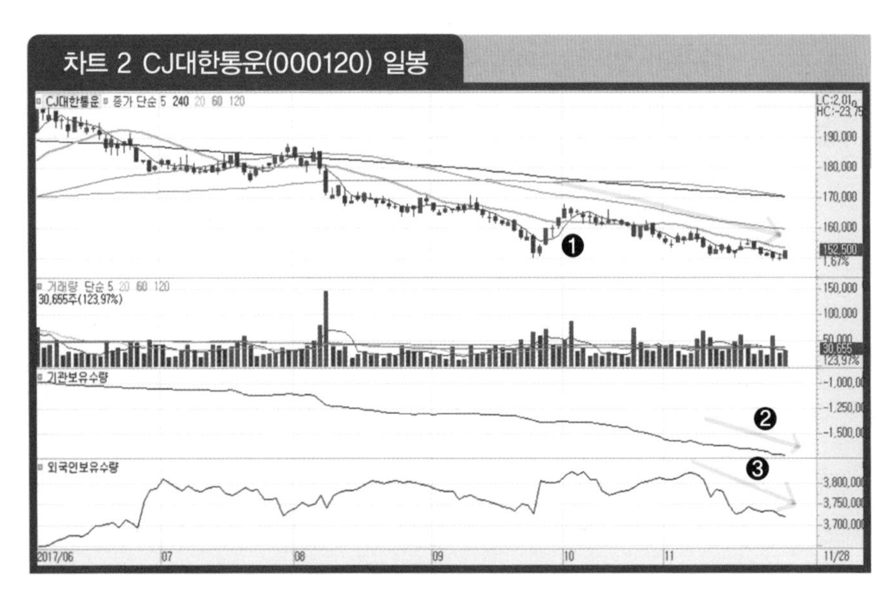

①지점에서 60일선을 돌파하지 못하고 하락하는 모습을 볼 수 있는데, ②기관의 지속적인 매도로 보유 비중이 줄어들고 있으며 ③의 외국인 보유비중 또한 줄어들고 있는 것을 알 수 있다.

CJ대한통운 (000120) 매매동향

구분	개인		기관		외국인	
추정평균가(매수/매도)	164,154	166,546	170,021	166,338	169,028	168,396

날짜	종가	대비	거래량	개인 기간누적	개인 일별순매매	기관 기간누적 (A)	기관 일별순매매	외국인 기간누적	외국인 일별순매매	한도소진율 (B)
17/11/28	152,500	▲ 2,500	30,655	+621,014	+6,494	-683,443	-7,011	+27,286	-2,643	16.31%
17/11/27	150,000	▼ 500	24,728	+614,520	+5,986	-676,432	-723	+29,929	-11,819	16.32%
17/11/24	150,500	▼ 500	58,236	+608,534	+29,164	-675,709	-29,547	+41,748	+936	16.37%
17/11/23	151,000	▼ 500	21,280	+579,370	+10,249	-646,162	-12,177	+40,812	+1,992	16.37%
17/11/22	151,500	▼ 2,000	29,680	+569,121	+17,209	-633,985	-14,320	+38,820	-4,966	16.36%
17/11/21	153,500	▼ 1,500	23,742	+551,912	+3,476	-619,665	-1,107	+43,786	-5,009	16.38%
17/11/20	155,000	▲ 1,000	41,450	+548,436	+1,842	-618,558	-6,505	+48,795	+13,162	16.40%
17/11/17	154,000	▲ 2,000	61,441	+546,594	+11,315	-612,053	-10,057	+35,633	+1,766	16.34%
17/11/16	152,000	0	46,952	+535,279	+19,768	-601,996	-14,735	+33,867	-19,195	16.34%
17/11/15	152,000	▼ 2,500	31,599	+515,511	+13,039	-587,261	-3,266	+53,062	-35,119	16.42%
17/11/14	154,500	▲ 1,500	28,711	+502,472	+3,164	-583,995	-550	+88,181	-3,646	16.57%
17/11/13	153,000	▲ 1,500	33,329	+499,308	+9,518	-583,445	-4,543	+91,827	+19,638	16.59%
17/11/10	151,500	▼ 2,500	55,222	+489,790	+26,527	-578,902	-5,784	+72,189	-42,413	16.50%

▶ 기관의 종목별 매매 동향은 HTS로 쉽게 알 수 있다. CJ대한통운의 하락 기간 동안 기관 매매 동향을 보면, A 기간별 총매도 물량과 B 외국인의 지분율 변화를 알 수 있다. 지속적인 매도가 나왔고 한도소진율도 하락했음을 알 수 있다.

외국인의 매매 동향 체크 포인트

외국인의 매매 동향은 누적해서 분석해야 한다. 하루하루 외국인 순매수 상위종목 중에도 기간을 늘려보면 전체적으로는 매도 우위에 있을 수 있기 때문이다. 1만 주를 매수하고 20만 주를 팔았다면 19만 주의 매도로 잡아야 함에도 불구하고 당일 순매수 상위종목에 올라 있을 수 있기 때문에 꼭 확인하는 것이 중요하다.

대림산업 (000210) 외국인 매매 동향

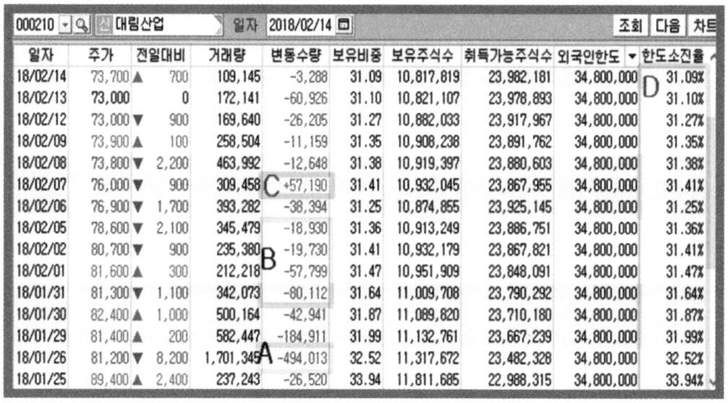

000210 대림산업 일자 2018/02/14 조회 다음 차트

일자	주가	전일대비	거래량	변동수량	보유비중	보유주식수	취득가능주식수	외국인한도	한도소진율
18/02/14	73,700	▲ 700	109,145	-3,288	31.09	10,817,819	23,982,181	34,800,000	31.09%
18/02/13	73,000	0	172,141	-60,926	31.10	10,821,107	23,978,893	34,800,000	31.10%
18/02/12	73,000	▼ 900	169,640	-26,205	31.27	10,882,033	23,917,967	34,800,000	31.27%
18/02/09	73,900	▲ 100	258,504	-11,159	31.35	10,908,238	23,891,762	34,800,000	31.35%
18/02/08	73,800	▼ 2,200	463,992	-12,648	31.38	10,919,397	23,880,603	34,800,000	31.38%
18/02/07	76,000	▼ 900	309,458	+57,190	31.41	10,932,045	23,867,955	34,800,000	31.41%
18/02/06	76,900	▼ 1,700	393,282	-38,394	31.25	10,874,855	23,925,145	34,800,000	31.25%
18/02/05	78,600	▼ 2,100	345,479	-18,930	31.36	10,913,249	23,886,751	34,800,000	31.36%
18/02/02	80,700	▼ 900	235,380	-19,730	31.41	10,932,179	23,867,821	34,800,000	31.41%
18/02/01	81,600	▲ 300	212,218	-57,799	31.47	10,951,909	23,848,091	34,800,000	31.47%
18/01/31	81,300	▼ 1,100	342,073	-80,112	31.64	11,009,708	23,790,292	34,800,000	31.64%
18/01/30	82,400	▲ 1,000	500,164	-42,941	31.87	11,089,820	23,710,180	34,800,000	31.87%
18/01/29	81,400	▲ 200	582,447	-184,911	31.99	11,132,761	23,667,239	34,800,000	31.99%
18/01/26	81,200	▼ 8,200	1,701,345	-494,013	32.52	11,317,672	23,482,328	34,800,000	32.52%
18/01/25	89,400	▲ 2,400	237,243	-26,520	33.94	11,811,685	22,988,315	34,800,000	33.94%

(표 안 표시: C – 18/02/07 변동수량, B – 18/02/05~18/01/31 변동수량, A – 18/01/29~18/01/26 변동수량, D – 한도소진율)

▶ A는 49만 주 이상의 매도, B는 지속적인 매도 물량, C는 5만 주 매수됐다는 것을 알 수 있다. 5만 주 매수된 당일 매수 우위에 올랐다고 판단하고 매수에 들어가면 안 된다. D를 보면 알 수 있듯이 비중이 지속적으로 줄어들고 있기 때문이다. 특히 외국인의 급격한 매도로 인한 손실을 피하기 위해서는 장중의 매수 창에서 확인할 수 있는 증권사별 매매 동향을 유심히 살펴보는 것이 좋다.

차트 따라잡기

저점 대비 많은 상승을 보이고 있는 종목 중 외국인의 보유 물량이 높은 종목이 쌍봉을 이룬다면 외국인이 매도로 전환할 수 있으므로 외국인의 매매 동향을 잘 살펴보아야 한다.

달공이의 필수 체크 문제 ⑬

매매 정보를 이용한 매매 방법이다. 다음 ○○에 알맞은 말은?

외국인의 매매 동향은 ○○ 해서 분석해야 한다.

정답은 P. 171에

공매도 정보를 이용한 매도법

금융위기를 초래한 여러 가지 이유 중 하나가 공매도 때문이라는 것은 뉴스를 통해 들어보았을 것이다. 우선 공매도란 주가가 하락할 것으로 예상되면 주식을 빌려서 파는 것을 말한다. 즉, 공매도는 매도한 가격보다 낮은 가격에 다시 주식을 사서 그 차익을 취하는 매도 방법이다. 예를 들어 현재 가격이 1만 원 하는 종목이 있다고 하자. 주가하락에 영향을 미칠 만한 정보를 미리 알고 있는 사람이 미리 주식을 빌려 1만 원에 1만 주를 매도한 후 하락 뉴스가 나와 하락을 거듭해 6,000원이 되었을 때 매수해서 빌린 1만 주를 돌려주면 4,000만 원(1주에 4,000원씩 1만 주)의 차익을 얻을 수 있게 되는 것이다.

그러면 여기서 "공매도로 수익을 올리라는 말인가?" 하며 의문을 제기할 수도 있겠지만 대답은 "No."이다. 개인은 조건이 충족되었을 때만 제한적으로 공매도가 가능하기 때문에 수익을 올리기가 쉽지 않다. 자신이 매수한 종목을 다른 누군가가 계속해서 매도하고 있다면, 그리고 매도 물량이 지속적으로 계속 나온다면 상승보다는 하락할 수밖에 없다. 자신이 매수한 종목의 공매도 물량에 대해 분석을 한다면 하락과 상승을 예상할 수 있게 된다.

증권사마다 저녁 6시 이후에 당일 공매도 정보를 제공하기 때문에 자신이 매수한 종목이나 관심권에 두고 있는 종목의 공매도 여부를 확인해서 지속적으로 공매도 물량이 체크된다면 매수를 다시 생각해보아야 한다.

차트 3 두산중공업(034020) 일봉

장기이평선인 240일선을 갭하락으로 이탈하며 모든 이평선을 이탈하는 모습을 보였다. 이런 모습이 나타날 때는 절대 매도 구간이라는 것을 다시 한 번 유념하기 바란다.

두산중공업(034020) 공매도 순위

○전체 ◉코스피 ○코스닥 | ◉공매도량 ○매매비중 ○평균가 | 기간입력 | 2017/02/27 ~ 2017/02/28 | ☑ETF제외 | 조회

순위	종목명	기간거래량	공매도량	매매비중	평균가	현재가	평균가대비	대비율(%)
1	LG전자	3,870,904	731,527	18.89%	59,671	100,500	40,829	+68.42%
2	두산인프라코어	9,437,414	666,215	7.05%	9,189	9,670	481	+5.23%
3	대경기계	1,885,439	497,272	26.37%	780	1,195	415	+53.20%
4	삼성중공업	3,913,108	423,909	10.83%	11,046	8,770	-2,276	-20.60%
5	LG디스플레이	4,011,582	395,597	9.86%	27,306	29,850	2,544	+9.31%
6	페이퍼코리아	3,260,742	388,534	11.91%	557	1,710	1,153	+207.01%
7	우리은행	2,578,169	374,031	14.50%	13,296	17,050	3,754	+28.23%
8	두산중공업	3,765,648	351,389	9.33%	25,280	15,300	-9,980	-39.47%
9	삼성엔지니어링	9,504,116	267,670	2.81%	12,142	16,150	4,008	+33.01%
10	대우건설	1,695,802	261,559	15.42%	6,079	5,420	-659	-10.84%
11	한온시스템	2,110,334	250,003	11.84%	9,209	12,700	3,491	+37.91%
12	팬오션	14,357,806	217,517	1.51%	5,008	6,150	1,142	+22.80%
13	흥아해운	8,956,449	208,902	2.33%	1,864	755	-1,109	-59.49%
14	미래산업	20,432,341	192,920	0.94%	305	240	-65	-21.31%
15	미래에셋대우	4,489,664	191,244	4.25%	9,012	9,480	468	+5.19%

A B

▶ 이 공매도 매매 동향은 앞의 두산중공업 ①지점의 공매도량을 나타내고 있다. B에서 알 수 있듯이 갭 하락한 A기간(2월 27일부터 다음날인 2월 28일) 동안 두산중공업의 공매도 물량은 공매도량이 전체 거래량의 9.33%를 차지하는 것을 알 수 있다. 이후 두산중공업은 지속적인 하락을 보였다.

공매도의 무서움은 공매도 물량 자체가 하락을 불러온다는 점에 있다. 개인들이 알지 못하는 호재를 알 때 미리 매수하여 수익을 올리는 세력이 있듯 반대 세력에 공매도 세력도 있다는 것을 기억해야 한다. 공매도 세력은 종목의 악재를 부각시키며 주가를 떨어뜨린다. 정보에 뒤처진 개인 투자자들은 공포에 휩싸이며 매도에 열을 올리게 되고 공매도 세력은 하락폭만큼 수익을 챙기게 되는 것이다.

공매도의 또 다른 무서움은 현금이 없어도 가능하다는 점이다. 주식만 빌려서 매도한 후 같은 수의 주식만을 돌려주면 되기 때문에 많이 하락할수록 더 많은 수익을 얻을 수 있다. 이런 종목은 지속적으로 저점을 갱신하며 하락하고 또한 저항선으로 작용하는 이평선을 돌파하지 못하고 밀리는 모습을 보인다. 매수한 종목이 이런 모습을 보인다면 공매도 물량을 체크해봐야 할 것이다. 공매도 정보를 잘 활용하면 매수한 종목의 급락을 피할 수 있다는 사실을 잊지 말도록 하자.

추세 돌파 후 매수시점

유상증자 종목의 경우 유상증자 물량 중 일부가 공매도 물량으로 출회되며 주가가 급락하기도 하기 때문에 유상증자 여부를 잘 파악해놓아야 한다.

차트 따라잡기

120이평선 등 아래에 지지선이 없는 장기이평선을 이탈할 때 공매도 물량이 한꺼번에 나오는 경우가 많이 있으므로 장기이평선을 이탈할 때는 매수보다는 매도관점으로 접근해야 한다.

종목 선정법을 통한 대박주 엿보기

10

만일 자신만의 종목선정 원칙과 방법이 없다면
조그만 소문에도 흔들릴 수밖에 없다.
험한 폭풍우에도 길을 알려주는 등대처럼
곧은 원칙과 방법을 가지고 매매에 임해야 한다.

종목의 매매에서 중요한 것은 종목의 현재 상황에 대한 정확한 분석과 매수한 종목에 대한 정보가 주가에 어떻게 영향을 미치는가에 대한 판단이다. 이때 험한 폭풍우에도 길을 알려주는 등대처럼 곧은 원칙을 가지고 매매에 임해야 한다. 물론 매수한 종목의 주가에 큰 영향을 미치는 악재도 못들은 척 흘려버리는 외골수가 되라는 말은 아니다. 다른 사람의 의견을 듣고 올바른 판단을 할 수 있도록 자신만의 종목 선정 방법을 가져야 한다.

이제부터 말하는 종목들은 상승 초기에 발굴하여 많은 상승을 보인 종목들이다. 이 종목들을 발굴할 수 있었던 이유는 이제부터 말하려는 종목 선정법이 있었기 때문이다.

차트 1 카카오(035720) 일봉

거래소에 국내 대표 인터넷 포털 사이트인 다음 운영, 국내 1위 메신저인 카카오톡, 국내 1위 SNS 서비스인 카카오스토리를 포함한 다양한 모바일 서비스를 제공하는 업체이다. 관심종목에 편입 시 삼각형 매수기법으로 발굴한 종목이다. 삼각형 매수기법이라는 이름을 붙인 이유는 이평선과 봉이 삼각형을 이루기 때문이다.

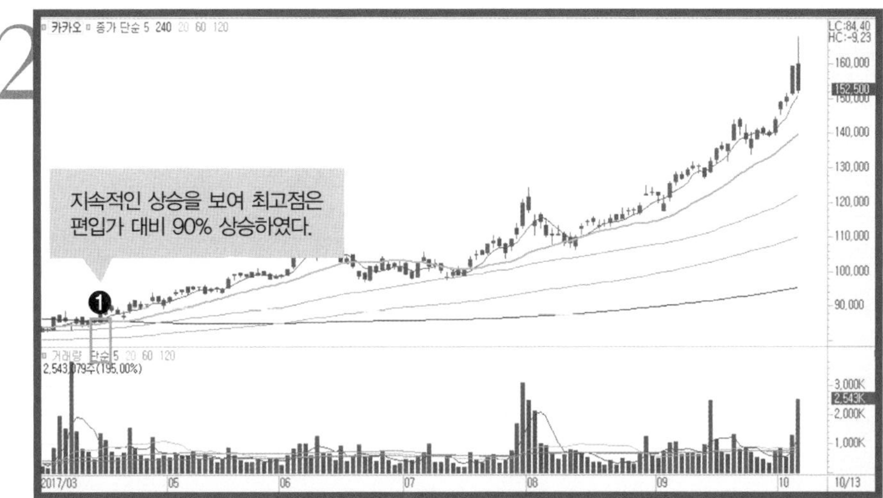

차트 2 제이콘텐트리(036420) 일봉

코스닥에 속한 드라마 및 영화 IP투자, 영화관 운영, 방송프로그램 제작 및 유통을 하는 종합 미디어기업인 제이콘텐트리이다. 새싹봉 매수기법으로 발굴한 종목이다. 새싹봉 매수기법은 봉이 상승으로 전환될 때 봉의 모습을 파악하여 매수하는 기법이다.

1

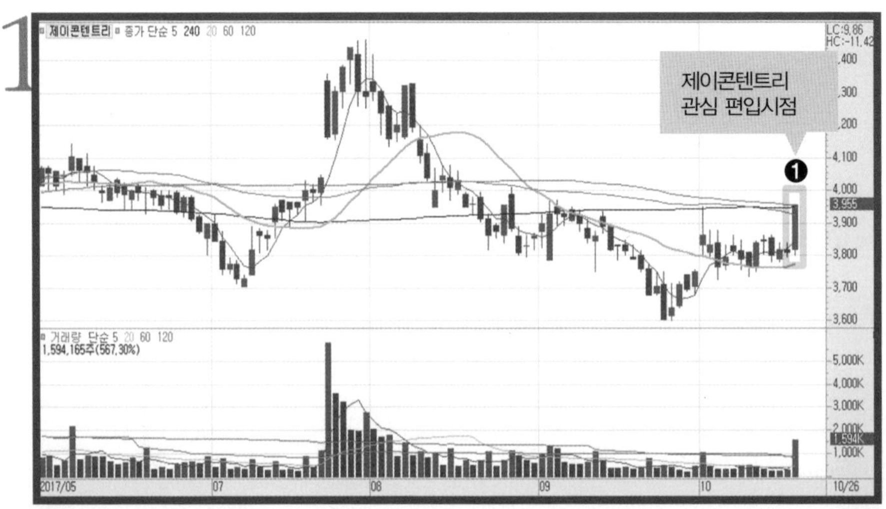

2

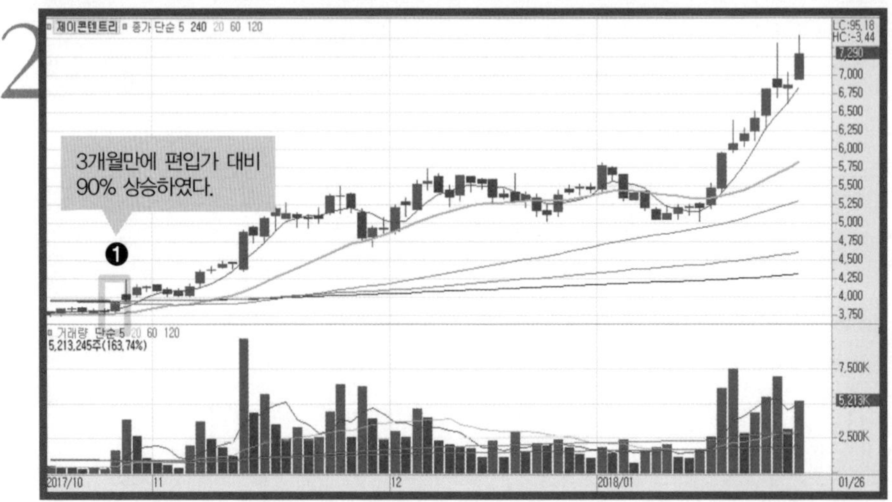

차트 3 서울반도체(046890) 일봉

코스닥에 속한 자동차 계기판, 일반조명, 디지털가전, 모바일, LED 제품 생산업체 서울반도체이다. 여러 개의 봉을 이용한 매수기법으로 발굴한 종목이다. 여러 개의 봉을 이용한 매수기법은 봉을 합친 모양을 분석하여 매수하는 기법이다.

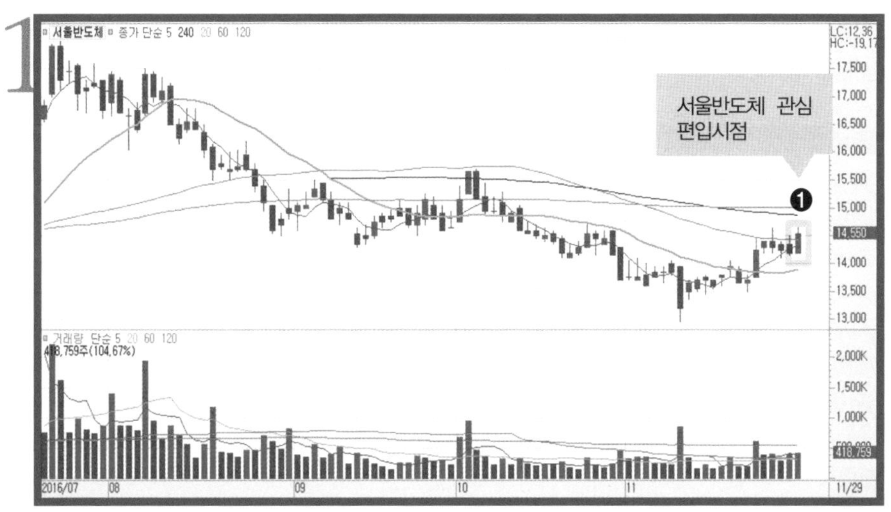

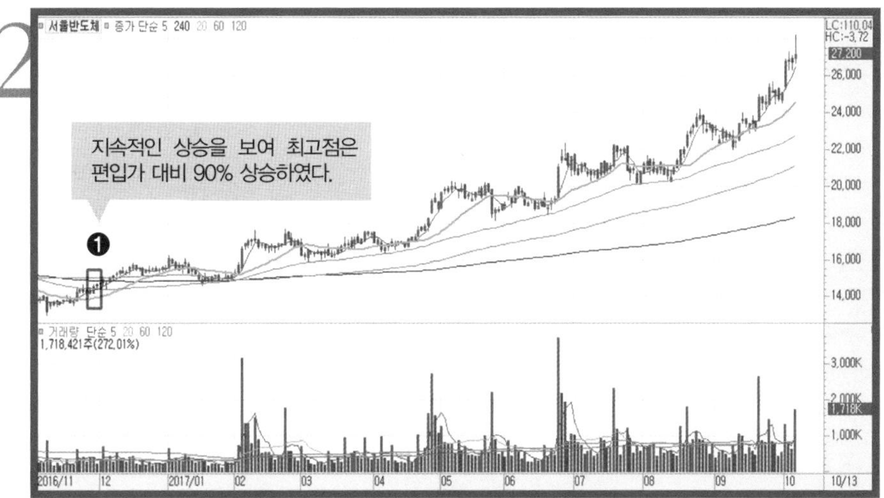

차트 4 영진약품(003520) 일봉

여러 개의 봉을 이용한 매수기법으로 발굴한 종목 중 큰 상승을 준 코스닥에 속한 드링크, 건강식품, 약효군별 의약품 등 의약품 제조, 공급회사인 영진약품이다.

1

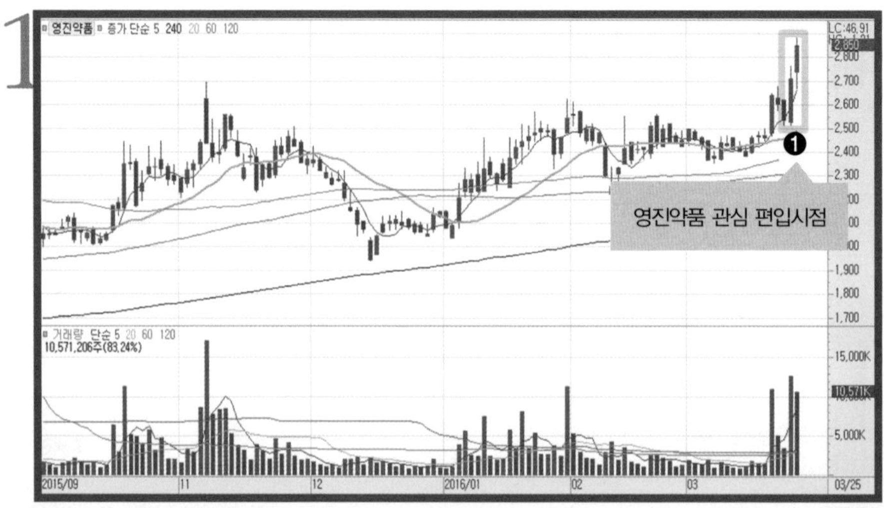

2

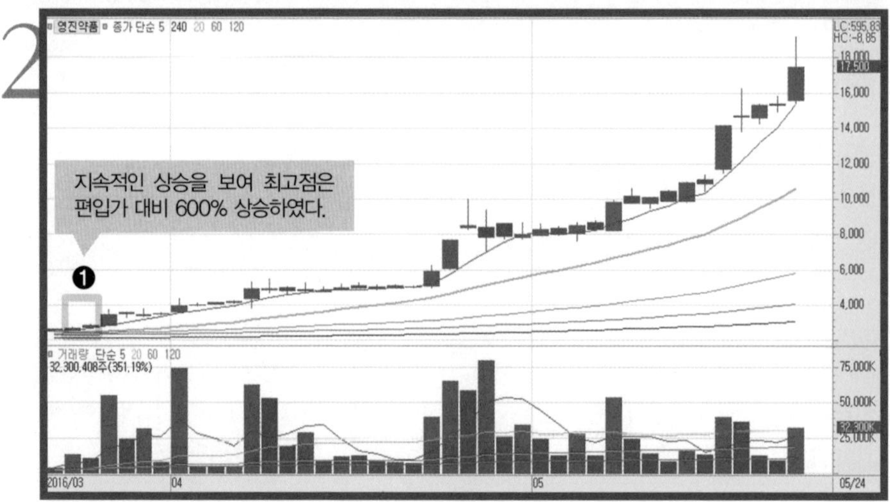

차트 5 SK하이닉스(000660) 일봉

거래소에 속한 DRAM과 NAND Flash 및 MCP(Multi-chip Package)와 같은 메모리 반도체 제품을 주력으로 생산하고 있는 글로벌 종합 반도체 업체인 SK하이닉스이다. 이평선 돌파기법으로 편입한 종목이다. 이평선 돌파기법은 중요 이평선을 돌파할 때 매수하는 기법이다.

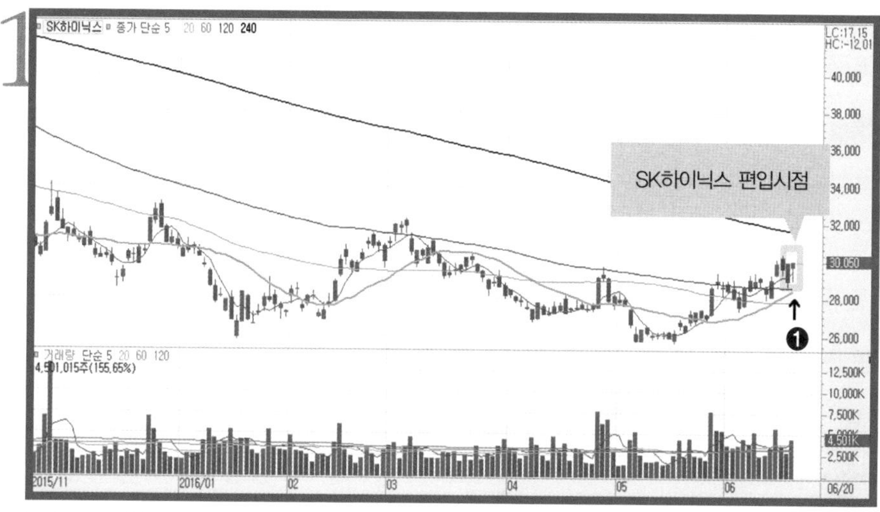

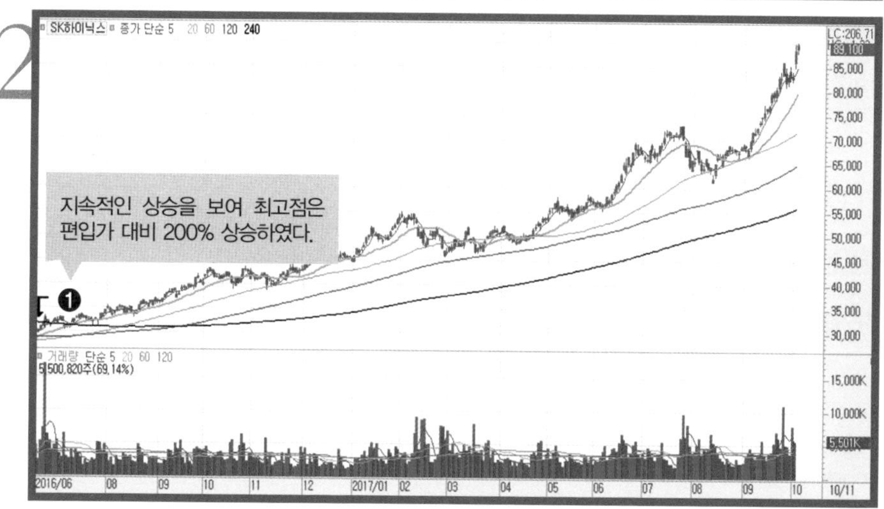

차트 6 웹젠(069080) 일봉

이평선 돌파기법으로 편입한 다음 종목은 코스닥에 속한 게임 전문 개발 및 서비스 업체인 웹젠이다.

1

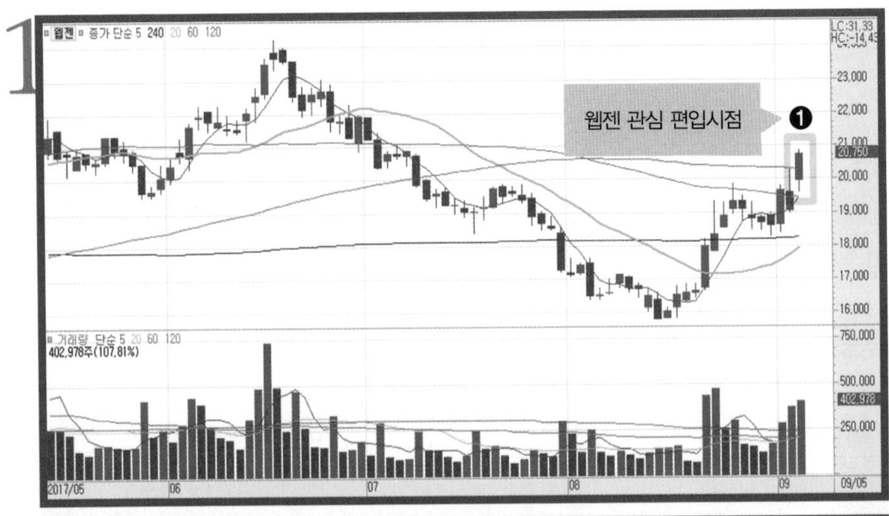

2

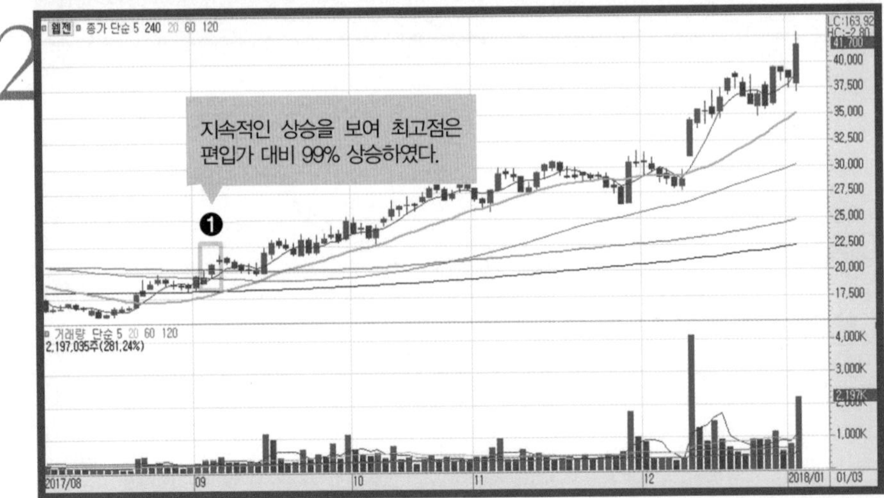

※달공이 필수 체크 문제 정답

문제 ❷ : 당일 시가
문제 ❸ : 1. 상승관통형　　2. 먹구름형
문제 ❹ : 장대 양봉
문제 ❺ : 당일 시가
문제 ❻ : 1. 종가직전까지 하락하다가 종가에서 가격을 살짝 상승시키며 마감하는 종목이다
2. 20일선 지지여부
3. 그 다음 봉
문제 ❼ : 1차 저항
문제 ❽ : 봉이 교차점 위　　2. 역삼각형
문제 ❾ : 교차
문제 ❿ : 1. 다음날　　2. 지지선
문제 ⓫ : 1. 매수　　2. 매도
문제 ⓬ : 1. 당일 종가　　2.다음날 시가
문제 ⓭ : 누적

주식시장에는 자기도 모르게 욕심에 지배되어 자아를 잃어버리는 사람들이 많다. 심리적으로 이미 지고 있는데 이길 수 없는 것은 당연하다. 주식시장이라는 경기장에서 이기기 위해서는 먼저 심리를 잘 이용할 줄 알아야 한다.

차트의 심리학

뉴스와 공시를 이용한 매수·매도법

01

뉴스에 의한 M&A주 매매는 사실무근!
공시 이후가 중요하다는 것과 급등 후 공개매수가
돌파 후 지지 여부에 있다는 것을 기억하기 바란다.

지속적인 상승을 보이던 바이오주가 임상실험 중단이라는 공시를 낸 후 하락을 보이고, 회사의 대표가 구속 되었다는 뉴스가 나오면 회사의 주가가 곤두박질치기도 한다.

뉴스는 종목 매매 시 매우 중요하다. 뉴스 발생 시 무조건 매도관점으로 접근해야 하는 뉴스가 있다. 횡령, M&A 실패, 대형 계약의 해지, 대주주의 매도, 노사분규, 감자 등으로 인한 자본금 감소는 뒤도 돌아보지 않고 무조건 매도 이후의 상황을 지켜보아야 한다. 반대로 매수관점으로 접근해야 하는 뉴스도 존재한다. 예를 들어 영업실적이 좋아졌다거나 신기술 개발 특허, 자원개발 참여, 무상증자 경영권 분쟁, 대주주의 주식 매수, 자사주 매입, 자사주 소각, 외자유치, 외국인의 대량매입 등이다. 매도 시에는 보유주의 100%를 한번에 매도해야 한다는 것을 기억하기 바란다. 하지만 매수 시에는 분할 매수로 대응하는 것이 중요하다. 매수하지 못해 수익을 얻지 못하는 것은 후회로 남지만, 매도하지 못해 손실을 입는 것은 아픔으로 남는다는 사실을 기억하기 바란다.

뉴스를 통한 매매에서 가장 중요한 것은 저점대비 현재 주가의 위치이다. 뉴스가 나온 시점에 주가가 저점대비 상승폭이 크지 않다면 추가 상승 가능성이 있지만 이미 저점대비 많은 상승을 보인 지점이라면 이후 주가가 하락할 가능성이 높기 때문이다.

미확정 공시 이후 주가가 어떻게 움직이는지 확인 후 매매하는 방법과 주식 양수도 계약에 따른 이후 매매 방법을 통해 자신만의 뉴스 분석법을 만들어 보도록 하자.

주식 시장은 풍문 또는 소문에 따른 주가의 등락이 많이 일어나는 곳이다. 조회 공시에 미확정이나 사실 무근이라는 답변을 한 종목들이 급등하거나 급락하는 경우가 종종 있다. 좋은 소문에 따른 조회 공시에 대한 답변이 미확정이나 사실 무근이라고 나올 경우 그 시점에 주가가 중요 이평선을 돌파하는 모습이나 저점 대비 큰 등락이 없는 횡보하는 모습을 보이고 있다면 주가는 이후 상승할 확률이 있다는 것을 기억하자.

카카오 (035720) 공시 1

2017/05/02	17:15:02	(주)카카오 풍문 또는 보도에 대한 해명(미확정)	카카오	코스닥공
2017/05/02	17:14:46	(주)카카오 주주총회소집결의	카카오	코스닥공
2017/05/02	17:12:23	(주)카카오 상장폐지승인을위한의안상정결정	카카오	코스닥공
2017/05/02	17:09:52	(주)카카오 주식명의개서정지(주주명부폐쇄)	카카오	코스닥공
2017/04/20	13:23:30	(주)카카오 조회공시요구(풍문또는보도)에대한답변(미확정)	카카오	코스닥공
2017/04/20	08:20:56	(주)카카오 조회공시요구(풍문또는보도)(유가증권시장 이전상장 추진 보	카카오	코스닥공
2017/04/19	15:43:33	(주)카카오 결산실적공시 예고	카카오	코스닥공

B

A

(주)카카오 조회공시요구(풍문또는보도)(유가증권시장 ☑뉴스창에 종목연동 □내용자동

*

조회공시 요구(풍문 또는 보도)

1. 제목	유가증권시장 이전상장 추진 보도	
2. 조회공시요구내용	유가증권시장 이 전상장 추진 보도의 사실여부 및 구체적인 내용	
3. 요구일시	2017-04-20	오전
4. 답변시한	2017-04-20	18:00까지

A에서 보면 아침 8시 20분에 카카오의 거래소 유가증권시장 이전 상장 관련 조회 공시 요구가 있었고 당일 13시 23분에 미확정이라는 B 답변을 했다.

카카오 (035720) 공시 2

조회공시요구(풍문또는보도)에대한 답변(미확정) ❶

1. 제목	유가증권시장 이전상장 추진 보도에 대한 조회공시 답변
2. 답변내용	당사는 유가증권시장 이전상장에 대해서 검토중이나 현재까지 구체적으로 확정된 사항은 없습니다. ❷ 상기 사항과 관련하여 추후 구체적인 내용이 확정되는 시점 또는 1개월 이내에 재공시 하겠습니다. (공시책임자) 최용석 이사 - 상기 내용은 한국거래소 코스닥시장본부의 조회공시요구 (2017년 4월 20일 오전) 에 대한 답변공시사항입니다
3. 조회공시요구일	2017-04-20
4. 조회공시답변일	2017-04-20

카카오의 조회 공시 요구에 대한 답변은 미확정 ①이었지만 검토중 ②라는 답변내용이 보인다. 이후 거래소로 이전할 수도 있다는 것을 생각해 볼 수도 있다.

미확정이라는 답변이 있었지만 확정만 된다면 호재이기 때문에 조회공시 답변 시점의 차트를 살펴보고 좋은 자리이면 매수에 들어가는 것이다.

차트 1 카카오(035720) 일봉

조회 공시와 답변이 있었던 4월 20일(①지점) 시점의 주가는 240선을 돌파해주는 좋은 모습을 보여 주고 있었고 이후 주가는 지속적으로 상승하였다.

차트 2 제일화재(000610) 일봉

제일화재의 경우도 마찬가지다. 국민은행의 M&A설이 있었지만 2008년 4월 16일(공시뉴스 참고) 사실무근이라고 밝혀졌다. 종가는 급락하지 않았을 뿐만 아니라 상한가로 마감했고, 다음날 메리츠종금에서 인수를 추진한다는 뉴스와 함께 급등하는 모습을 보였다.

①지점에서 관심 종목에 추가했는데 그때는 인수설이 나오기 전이었다. A지점에서 60일선의 저항을 받아 하락하며 강한 저항대 돌파 매수법으로 ①지점에서 저항선으로 작용하던 60일선을 돌파하는 시점에서 매수 가능한 모습이다. 이런 종목들을 잡을 수 있는 이유는 '사실무근'이다. 공시에도 불구하고 지지선을 지켜주거나 상승하는 모습을 보였기 때문이다.

제일화재(000610) 공시 뉴스

일자	시간	제목	구분	종목
2008/04/17	10:04:09	제일화재 3대주주 KB운용 '주주가치 더 좋을 곳 선택'	이데일리	제일화재
2008/04/17	09:35:38	(손보M&A)①제일화재 타깃 된 이유는	이데일리	제일화재
2008/04/16	19:47:08	16일 장마감후 주요 종목 뉴스	이데일리	제일화재
2008/04/16	19:38:31	메리츠금융 제일화재 지분 인수추진(상보) B	이데일리	제일화재
2008/04/16	13:41:17	(특징주)보험주 급등..'생보사 M&A 기대'	이데일리	제일화재
2008/04/15	16:41:31	제일화재, 국민은행 피인수설 공시요구	이데일리	제일화재
2008/02/01	16:13:28	제일화재 1~3분기 순익 54억 전년比 36.1% ↓	이데일리	제일화재

내용 | 현재가 | 차트 | 기업개요 | 주문 | 인쇄

(특징주)보험주 급등..'생보사 M&A 기대'	제공처	이데일리	제공일시	2008/04/16 13:41

[이데일리 김유정기자] 은행과 금융지주사들이 보험업 진출 가능성을 타진하고 있는 가운데 보험주가 강세를 보이고 있다.

16일 오후 1시37분 현재 보험업지수는 3.29% 오르며 사흘만에 반등했다. 개인과 기관은 순매도하는 반면 외국인이 순매수세를 나타냈다.

개별 종목 가운데 제일화재(000610)와 그린화재보험(000470)은 각각 가격제한폭까지 올라 1만350원과 1만2450원을 기록했다. 한화손해보험(000370)은 8.23% 상승한 1만7750원에 거래했고, LIG손해보험(002550)과 동부화재(005830), 코리안리(003690) 등도 일제히 2% 넘는 오름폭을 기록했다.

제일화재는 국민은행으로 피인수설에 대해 '사실무근'이라고 공시를 통해 밝혔지만 여전히 상한가를 기록중이다. SC제일은행도 조만간 보험사 인수를 추진할 것으로 알려졌다.

A

● 매도가격 설정 및 유의사항

종목의 공시, 주식양수도 계약 공시를 잘 살펴보면 주식 매매 시 매도시점을 알 수 있다. 이런 공시가 저점대비 주가가 많은 상승을 한 시점에 나온다면 주식양수도 계약 시 채결한 주당 가격보다 많은 상승을 보이지 못하고 공시 이후 작은 시세를 준 후 하락하는 경우가 많이 있기 때문이다.

우림기계(101170) 코스닥 공시 1

○전체 ◉ 101170 | 신 우림기계 | 검색 | 2018/02/26 | 그룹선택 | 조회 | 다음

2016/12/21	07:08:02	우림기계(주) (정정)최대주주 변경을 수반하는 주식양수도 계약 체결	우림기계	코스닥공
2016/12/14	15:40:43	우림기계(주) 주식명의개서정지(주주명부폐쇄)	우림기계	코스닥공
2016/12/14	07:10:52	우림기계(주) (정정)최대주주 변경을 수반하는 주식양수도 계약 체결	우림기계	코스닥공
2016/11/28	07:22:59	우림기계(주) (정정)최대주주 변경을 수반하는 주식양수도 계약 체결	우림기계	코스닥공
2016/11/22 (A)	07:12:36	우림기계(주) 최대주주 변경을 수반하는 주식양수도 계약 체결	우림기계	코스닥공
2016/11/01	13:27:40	우림기계(주) 단일판매 · 공급계약체결(자율공시)	우림기계	코스닥공
2016/10/07	10:01:43	우림기계(주) 기업설명회(IR) 개최	우림기계	코스닥공

우림기계는 11월 22일(A) 최대주주 변경을 수반한 주식 양수도 계약을 체결했다는 공시를 아침 일찍 했다. 주식 양수도 계약에서 중요한 것은 주당 가액 즉 1주당 얼마에 주식을 양수도하느냐 이다. 공시를 살펴보면 9,000원(B)에 주식을 양수도한다는 것을 알 수 있다.

우림기계(101170) 코스닥 공시 2

*

최대주주 변경을 수반하는 주식양수도 계약 체결

1. 계약 당사자	-양도인	한현석	회사와의 관계	최대주주
	-양수인	페이튼프 라이빗 에퀴티 주식회사 대표이사 김성준 외 3인	회사와의 관계	-
2. 계약 내역 B	양수도 주식수(주)	6,666,666		
	1 주당 가액(원)	9,000		
	양수도 대금(원)	60,000,000,000		

이 양수도 계약이 중요한 이유는 최대주주 변경을 수반하고 있다는 것이다. 이후 주가에 영향을 미칠 수 있는 회사의 최대 주주가 바뀌는 계약이기 때문이다. 여기서 차트를 살펴보아 만약 중요한 뉴스인 최대주주 변경을 수반한 양수도 계약이 발생한 시점의 주가가 저점대비 높지 않다면 매수로 대응하고, 저점대비 상승폭이 크다면 매도로 대응하는 것이다. 여기서 기억해야 할 것은 소형주일 때 이후 하락할 가능성이 높다는 것이다.

차트 3 우림기계(101170) 일봉

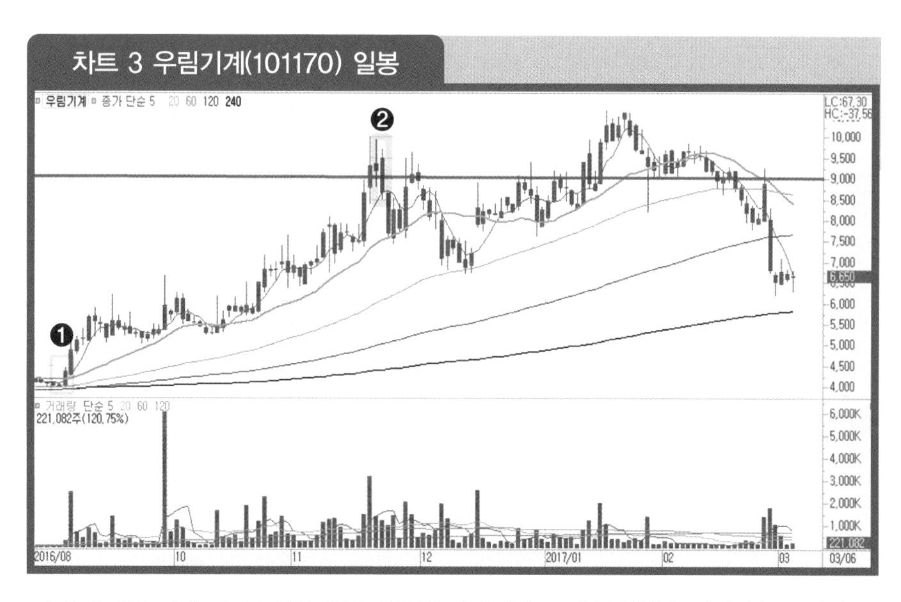

저점 대비(①지점) 120% 이상 오른 시점(②지점)에 뉴스가 발생했다. 빨간선은 공시에 나온 양수도 가액인 9,000원이다. 이미 큰 상승이 나온 시점에 뉴스가 나왔고 뉴스 이후 더 큰 상승을 보이지 못하고 9,000원 부근에서 등락을 보이다 하락하는 모습이다.

참고로 뉴스를 통한 매매 시 매매비중은 20%를 넘지 않도록 해야 한다. 뉴스 발생 시점의 주가의 위치를 통해 이후 주가가 어떻게 될 것인지 알 수 있다는 것을 기억하자.

내가 아는 정보면 누구나 다 안다!

뉴스에 대한 실적은 이미 주가에 반영되어 있다. 그러나 이것은 반은 맞고 반은 틀린 말이다. 그 이유는 뉴스로 인한 상승이 한 종목에 국한되어 있는 것이 아니라, 뉴스로 인한 수혜가 업종 전체에 영향을 미치는 것으로 장기적으로 볼 때 추세의 전환을 가져올 수 있기 때문이다. 이것이 뉴스의 파워이다. 100% 상승할 수 있는 파워를 가진 뉴스가 있고 당일 상승 후 바로 하락하는 정도의 뉴스가 있다.

예전에 정부의 녹색성장, 4대강 정비사업 뉴스를 들어본 적이 있을 것이다. 이로 인해 대부분 건설사들의 주가가 30% 이상 상승하였다. 물론 이 정보를 미리 알고 선취매한 세력이 있을 것이다.

그럼 뉴스를 미리 알지 못하는 일반인들은 어떻게 해야 할까? 뉴스가 주가에 미치는 영향을 '뉴스 파워'라고 생각해보자. 이 뉴스 파워를 분석해서 뉴스가 주가에 지속적인 영향을 미칠지, 아니면 하루의 상승으로 끝날지에 관해 분석하여 매매에 이용하는 것이다.

뉴스를 이용한 매수에서 선행되어야 하는 것은 뉴스가 발생되기 전 '차트의 움직임'이다. 뉴스 발생 전에 대량거래와 이평선을 돌파하는 움직임이 먼저 나왔거나 저점 대비 50% 이상의 상승을 보였다면, 뉴스에 대해 미리 알고 선취매하였던 매수 세력이 손을 털고 나갈 수 있다는 것을 염두에 두며 대응해야 한다.

달공이의 필수 체크 문제 ⑭

뉴스와 공시를 이용한 매도 매수법에 관한 설명이다. 다음 괄호에 알맞은 말은?

1. 신기술 개발 특허, 자사주 소각 등의 뉴스는 (   ) 관점으로 접근해야 한다.
2. 횡령, 대형 계약의 해지, 대주주의 매도 등의 뉴스는 (   ) 관점으로 접근해야 한다.

정답은 P. 207에

● 유상증자 뉴스 체크포인트 5

유상증자에 참여하는 것도 투자의 한 방법이란 것을 기억하자. 유상증자 뉴스 이후 주가와 공모가에 대해 비교하여 유상증자 참여 여부를 판단해야 한다.

❶ 감자 후의 증자인가?

자본 잠식을 해소하기 위해 감자를 단행한 후 증자하는 경우가 많이 있는데 이때의 증자에는 참여하지 않는 것이 좋다. 여기서 감자란 유상감자와 무상감자로 나뉘는데, 피해야 할 감자는 무상감자이다.

무상감자는 주식회사가 자본금을 줄이는 것으로, 회사가 낸 결손을 메우기 위해 일정의 자본금을 주주의 지분으로 함으로써 소멸시키는 것이다. 다시 말해 회사의 순자산가치가 자본금보다 낮을 경우 자본금을 순자산가치에 맞게 줄이기 위해 주식을 없애는 것이 감자이다. 일단 감자 발표를 했다는 것은 대부분의 회사 실적이 좋지 않아서 그간 손해를 많이 봤다는 것을 스스로 인정하는 것이다. 그것은 결국 회사의 장래가 불투명하다는 의미로 받아들여질 수 있기 때문에 감자를 한 종목에 대한 매매는 피해야 한다.

❷ 유상증자의 공모방식

유상증자에는 주식을 보유하고 있는 주주에게 먼저 주식 매수권을 주는 주주 우선 배정증자, 회사의 임원, 종업원, 거래선 등 특수 관계에 있는 자에게 주식 매수권을 주는 제3자 배정 주주가 아닌 일반인을 대상으로 주주를 모집하는 일반 공모가 있다.

❸ 유상증자의 공모가격

주주배정 유상증자 시 보유 종목의 유상증자에 참여할 것인가, 아닌가에 대한 판단을 위해 중요한 것이 유상증자의 공모가격이다. 공모가격이란 유상증자에 참여할 경우 한 주의 가격이다. 대부분 현재가에 비해 낮게 책정된다. 유상증자 뉴스 시에 폭락하는 예가 많이 있는데, 이후 유상증자 전까지는 대부분의 종목들이 상승하는 것을 볼 수 있다. 그 이유는 유상증자 공모가격보다 현재의 가격이 높아야 유증에 참여해도 손해가 아니라는 인식이 투자자들에게 심어져 있기 때문이다. 그래서 유상증자일까지는 공모가격 위에서 주가가 형성되는 예가 많이 있다.

❹ 유상증자의 비중

유상증자의 비중이 현재 상장되어 있는 총 주식수에 비해 지나치게 많은 물량을 유상증자한다는 것은 유상증자 후 장기적인 매물 부담으로 작용할 수 있다. 유상증자 시 증자의 비율은 총 주식수 대비 50% 이하의 비율이어야 한다는 것을 기억해야 한다.

❺ 유상증자 청약률

유상증자의 청약률을 체크해야 한다. 주식의 유상증자 이후 주가의 움직임은 청약률에 달려 있다고 해도 과언이 아니다. 많은 사람들이 상승할 것이라고 생각하는 종목이라면 청약률이 높을 것이 당연하기 때문이다.

삼성증권(016360) 공시 뉴스 1

2017/01/26	17:01:01	삼성증권(주) 주식선물시장조치안내(삼성증권(주) 권리락(유상증자)에	삼성증권	파생상품
2017/01/26	09:21:36	삼성증권(주) (정정)유상증자결정	삼성증권	거래소공
2017/01/26	08:21:47	삼성증권(주) 유상증자 신주발행가액(안내공시)	삼성증권	거래소공
2017/01/20	15:08:01	삼성증권(주) 주식선물투자유의안내(삼성증권(주) 유상증자에 따른 주식	삼성증권	파생상품
2016/12/29	16:10:25	삼성증권(주) (정정)유상증자결정	삼성증권	거래소공
2016/12/22	14:06:57	삼성증권(주) 주식선물투자유의안내(삼성증권(주) 유상증자에 따른 주식	삼성증권	파생상품
2016/12/20	16:16:55	삼성증권(주) 유상증자결정 A	삼성증권	거래소공

삼성증권(주) 유상증자결정 ☑뉴스창에 종목연동 ☐내용자동

1. 신주의 종류와 수	보통주식 (주)	C 12,864,835
	기타주식 (주)	-
2. 1주당 액면가액 (원)		5,000
3. 증자전 발행주식총수 (주)	보통주식 (주)	76,435,165
	기타주식 (주)	-
4. 자금조달의 목적	시설자금 (원)	-
	운영자금 (원)	354,426,204,250
	타법인 증권 취득자금 (원)	-
	기타자금 (원)	-
5. 증자방식		B 주주배정후 실권주 일반공모

6. 신주 발행가액	확정발행가	보통주식 (원)	-		
		기타주식 (원)	-		
	예정발행가	보통주식 (원)	D 27,550	확정예정일	2017년 03월 02일
		기타주식 (원)	-	확정예정일	-
7. 발행가 산정방법			23. 기타 투자판단에 참고할 사항 가. 신주 발행가액 산정방법 참조		
8. 신주배정기준일			2017년 02월 01일		
9. 1주당 신주배정주식수 (주)			0.13464833		
10. 우리사주조합원 우선배정비율 (%)			20		
11. 청약예정일	우리사주조합	시작일	2017년 03월 07일		
		종료일	2017년 03월 07일		
	구주주	시작일	2017년 03월 07일		
		종료일	2017년 03월 08일		
12. 납입일			2017년 03월 16일		

▶ 삼성증권의 유상증자 뉴스를 분석해 보면 A가 유상증자 결정, B가 공모 방법(주주배정 후 실권주 일반공모), C가 발행 주식수, D가 예정 발행가임을 알 수 있다.

삼성증권(016360) 공시 뉴스 2

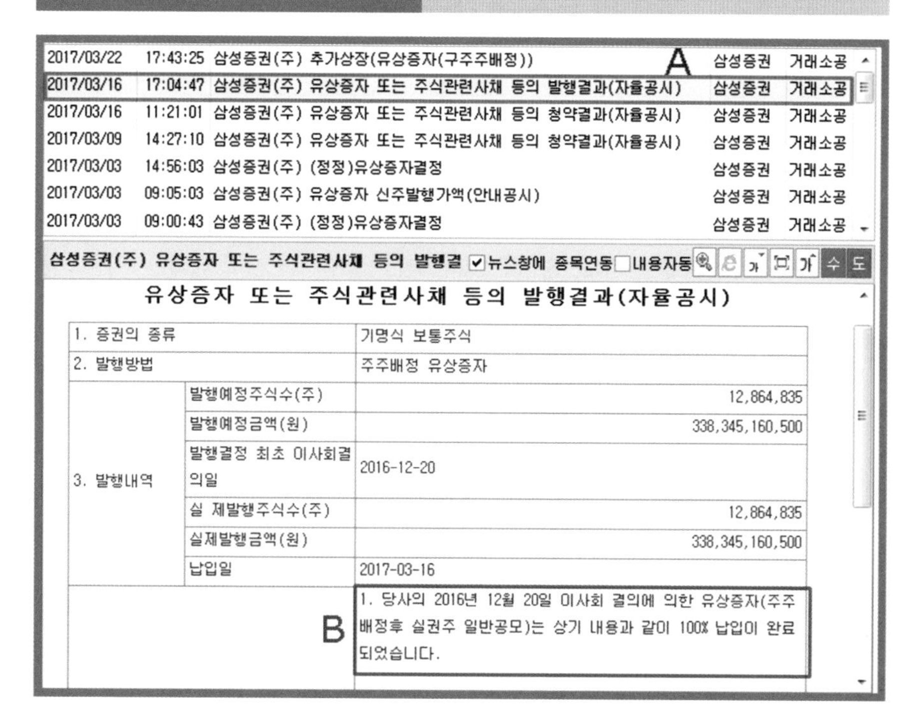

2017/03/22	17:43:25	삼성증권(주) 추가상장(유상증자(구주주배정))	삼성증권	거래소공
2017/03/16	17:04:47	삼성증권(주) 유상증자 또는 주식관련사채 등의 발행결과(자율공시)	삼성증권	거래소공
2017/03/16	11:21:01	삼성증권(주) 유상증자 또는 주식관련사채 등의 청약결과(자율공시)	삼성증권	거래소공
2017/03/09	14:27:10	삼성증권(주) 유상증자 또는 주식관련사채 등의 청약결과(자율공시)	삼성증권	거래소공
2017/03/03	14:56:03	삼성증권(주) (정정)유상증자결정	삼성증권	거래소공
2017/03/03	09:05:03	삼성증권(주) 유상증자 신주발행가액(안내공시)	삼성증권	거래소공
2017/03/03	09:00:43	삼성증권(주) (정정)유상증자결정	삼성증권	거래소공

유상증자 또는 주식관련사채 등의 발행결과(자율공시)

1. 증권의 종류		기명식 보통주식
2. 발행방법		주주배정 유상증자
3. 발행내역	발행예정주식수(주)	12,864,835
	발행예정금액(원)	338,345,160,500
	발행결정 최초 이사회결의일	2016-12-20
	실 제발행주식수(주)	12,864,835
	실제발행금액(원)	338,345,160,500
	납입일	2017-03-16
		1. 당사의 2016년 12월 20일 이사회 결의에 의한 유상증자(주주배정후 실권주 일반공모)는 상기 내용과 같이 100% 납입이 완료되었습니다.

▶ A와 B에서 삼성증권의 청약이 성공한 것을 알 수 있다. 이후에 상승한다는 예상이 없다면 청약이 이루어지지 않을 확률이 높다.

'묻지마 뉴스'에 대한 경고

어디서부터 흘러나온지도 모르는 뉴스를 따라 매매하다가 손해를 보았던 적이 한 번쯤은 있을 것이다. 필자 또한 그런 '묻지마 뉴스'를 접한 후 큰 수익에 대한 꿈에 부풀어 덜컥 매수한 적이 있었다. 그러나 수익은커녕 큰 손실을 보고 말았다. 뉴스를 말한 사람은 아무런 책임이 없으며, 그들을 탓할 수 있는 방법도 없다. 다만 그 뉴스를 듣고 매매한 본인에게 그 모든 책임이 있다는 것을 명심하자.

달공이의 필수 체크 문제 ⓯

다음 괄호에 알맞은 말은?

유상증자 뉴스 체크 포인트는 유상증자의 (1), 유상증자 종목의 (2) 가격, 유상증자의 (3) 이다.

정답은 P. 207에

매매자의 심리를 이용한 매수·매도법

02

심리를 움직이는 가장 큰 에너지는 돈을 벌기 위한 욕심이다.
이 심리를 잘 읽을 수 있다면 증시에서 우위를 선점할 수 있는데,
심리를 파악할 수 있는 유용한 도구가 바로 차트이다.

증시에서 가장 중요한 것 중에 하나가 바로 매매자들의 심리이다. 그 이유는 프로그램 매매도 주식에 많은 비중을 차지하기는 하지만, 주식을 매수하고 매도하는 가장 큰 주체는 개인과 외국인 기관으로 대변되는 사람들이기 때문이다.

심리를 움직이는 가장 큰 에너지는 돈을 벌기 위한 욕심이다. 이 심리를 잘 읽을 수 있다면 증시에서 우위를 선점할 수 있으며, 그 심리를 파악할 수 있는 가장 유용한 도구가 바로 차트이다. 차트에는 매매자의 심리가 녹아있기 때문에 차트를 분석하면 주가의 움직임을 파악할 수 있다.

"주식이 상승하면 욕심에 빠지고 주식이 하락하면 환상에 빠진다"라는 말을 생각해보자.

매수한 주식이 상승을 시작하면 두세 배 오를 것이라는 욕심에 빠져서 3~4%의 수익은 챙기려 하지도 않고, 하락하면 언젠가는 올라서 한 번에 하락폭을 만회할 것이라는 환상에 빠져 손실폭을 확대시키고 만다.

매수했던 종목이 하락하면 손절을 하는 사람과 기다리는 사람이 생긴다. 손절하지 못하고 계속 보유하는 이들을 다음 차트를 통해 분류해보자.

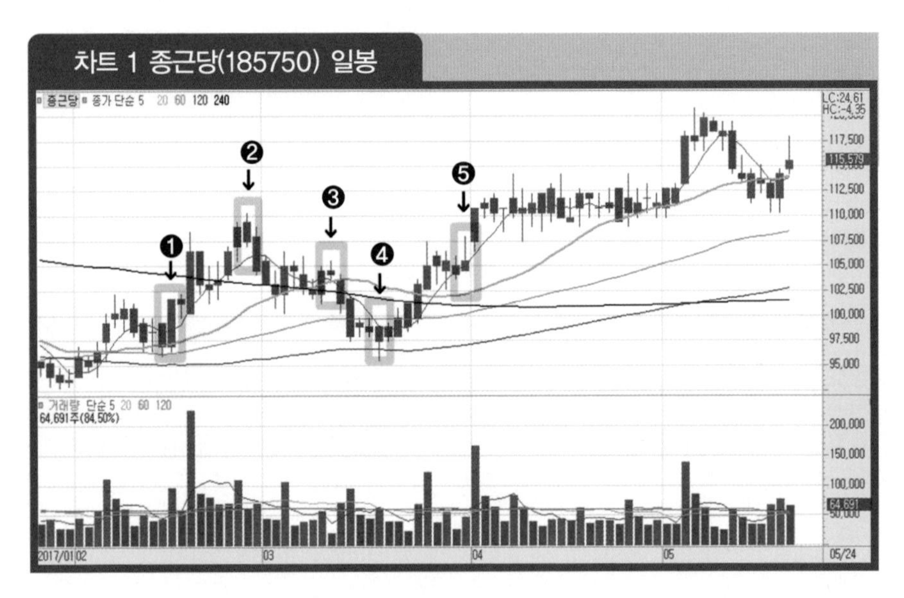

차트 1 종근당(185750) 일봉

첫 번째 부류는 저가에 매수했음에도 불구하고 더 오를 것이라는 기대감 때문에 수익을 실현시키지 못하고 하락 시에도 계속 보유하다가 매수가 근처에서 추가 하락할 것으로 예상하여 매도하는 이들이다. ①지점에서 매수했지만 ②지점에서 추가 상승할 것이라는 기대로 매도하지 않고 기다린다. 이때의 기다림은 나쁜 것이 아니다. 추가 상승도 가능하기 때문이다. 그후 ③지점에서 상승하지 못하고 하락하게 되면 ②지점에서 매도하지 못한 것을 후회하기 시작한다. 그러다 ④지점에서 60일 이평선이 깨질 것 같은 두려움에 휩싸이면서 매도하는 것이다.

두 번째 부류는 ②지점과 같은 단기고점에 매수해서 일정한 상승 후 거래가 발생하면서 하락할 때 고점에 매수한 사람들 중 손절하지 못하고 주가 하락폭만큼 손실을 입은 채 주식을 보유하게 되는 경우이다. ②지점에서 매수 후 ③지점에서 팔아야 함에도 팔지 못하고 하락을 견디다가 ④지점이나 ⑤지점에서 매도하게 되는데, ⑤지점이 위꼬리를 단 양봉이 되는 이유가 이들의 매도 때문이라고 생각할 수 있다. 고점에 물렸는데 기다림이 길어지면 본전만 되도 팔아야지 하는 심리가 커지기 때문에 이때 매도하는 것이다.

세력은 고점 매수자의 손절 심리를 이용해 고점의 대량거래가 발생한 후 단기적으로 이평선이나 중요 가격대까지 가격을 하락시키는 경우가 있다. 이때는 두 가지 경우가 생기는데 첫 번째는 이평선이나 중요 지지가격을 이탈하지 않고 반등하여 그대로 고점을 돌파해서 시세를 주는 경우이고, 두 번째는 이평선을 돌파하지 못하고 밀리면서 지속적인 하락을 하는 경우가 그것이다.

사례1-1 이평선이나 중요 지지가격을 이탈하지 않고 반등하여 그대로 고점을 돌파해서 시세를 주는 경우

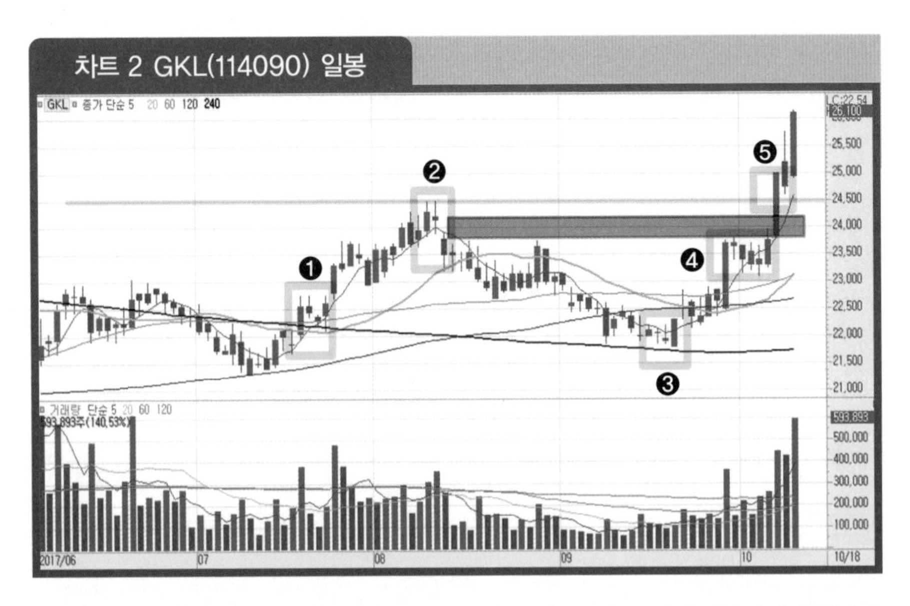

차트 2 GKL(114090) 일봉

①지점은 240일선을 강하게 돌파한 후 지지하는 모습을 보인다. 이때 매수하지 못했다면 급하게 매수하지 말고 240일선 지지를 확인한 후(③지점) 일부 매수에 들어간 후 상승 시 비중을 늘려가는 방법으로 매매에 임해야 한다. 이후 ④지점 매수 시에는 ②지점의 갭하락 부분(파란 사각형)이 아닌 그보다 낮은 가격에서 매수해야 하고 저점에서 매수하지 못하였다면 기다렸다가 ②의 고점가격 24,500원을 돌파 시 바로 매수에 들어가는 것이 아니라 종가에서 24,500원을 이탈하지 않는 양봉이 나온 다음날 24,500원을 지지 여부를 확인 후 24,500원 근처 가격에서 매수에 들어가면 된다.

사례 1-2 이평선이나 중요 지지가격을 이탈하지 않고 반등 시 두 번의 지지 후 고점을 돌파해서 시세를 주는 경우

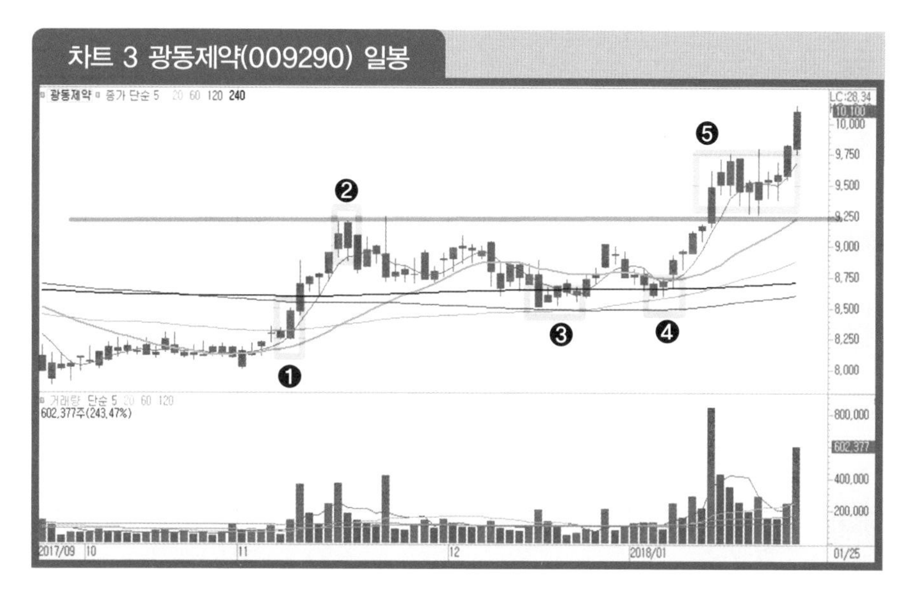

차트 3 광동제약(009290) 일봉

①지점은 60일선을 강하게 돌파하는 모습을 보인다. 이때 매수하지 못했다면 급하게 매수하지 말고 60일선 지지를 확인 한 후(③지점) 일부 매수에 들어간다. 이후 주가는 ②지점의 고점을 돌파하지 못하고 단기 상승 후 다시 한번 하락하게 되는데, 이때도 60일선을 이탈하지 않고 지지하는 모습(④)을 보인다. ④지점에서 추가 매수 여부는 60일선 지지 시 ①의 저가를 이탈하지 않는 모습을 보일 때이다. 이후 ②의 고점인 9,210원(빨간선)을 돌파하는 양봉이 나온 자리(⑤지점) 이후 9,210원 부근에서 매수에 들어가면 된다. 그리고 만약 ④지점에서 상승하지 못하고 60일선을 이탈 후 ①지점의 저가를 이탈하는 모습이 나온다면 손절하고 나오는 것이다.

사례1-3 이평선이나 중요 지지가격을 이탈하더라도 바로 다음 지지선에서 지지 후 고점을 돌파해서 시세를 주는 경우

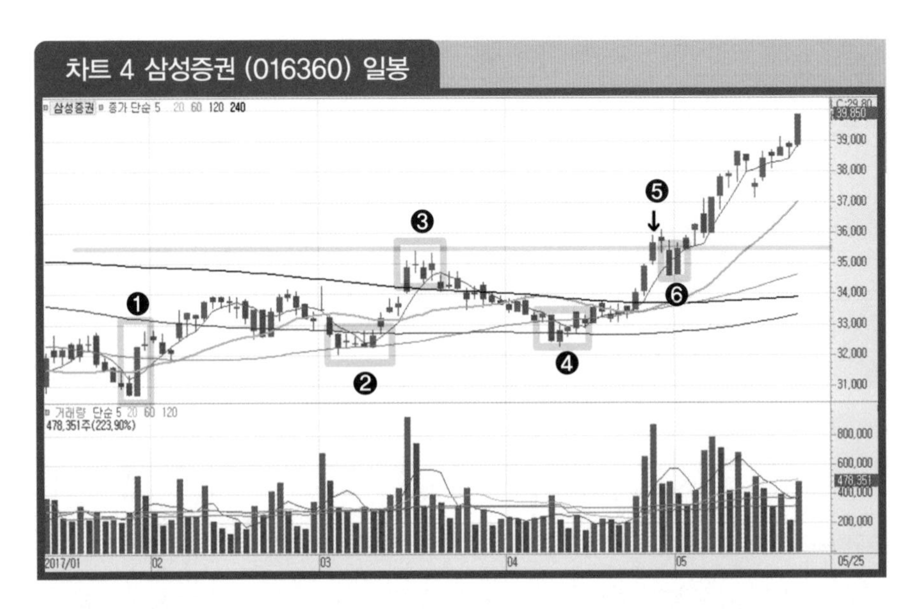

차트 4 삼성증권 (016360) 일봉

①지점은 60일선을 강하게 돌파하는 모습을 보인다. 이때 매수하지 못했다면 급하게 매수하지 말고 60일선 지지를 확인한 후(②지점) 일부 매수에 들어간다. 이후 주가는 ③지점의 고점을 돌파하지 못하고 단기 상승 후 다시 한번 하락하게 되는데 이때 60일선을 이탈하는 모습을 보이지만 바로 아래 120일선을 지지해주는 모습을 보인다. 최근 이런 모습이 많이 나오고 있는데 ②지점과 같이 1차 지지 후 다음 조정 시 1차 지지 시의 이평선을 이탈하는 모습(④지점)을 보이는 것이다. 하지만 급락하지 않고 바로 아래 지지선인 120일선의 지지를 받는 모습을 보이는데 이때 ①의 종가를 이탈하는 모습이 나온다면 추가 매수 하지 않고 회복 시까지 기다려야 한다. 이후 ③의 고점인 35,400원(빨간선)을 돌파하는 양봉(⑤)이 나오지만 고점을 이탈하는 모습(⑥지점)이 나온 후 상승하기 시작하는데 1차 지지선 이탈 후 2차 지지선에서 반등하는 종목이 이렇게 바로 가지 않고 고점에서 한번 조정을 준 후 상승하는 모습을 보일 때가 있다. ④지점에서 2차 지지선인 120일선을 이탈 후 ①지점의 저가를 이탈하는 모습이 나온다면 손절하고 나오는 것이다.

사례 2 이평선을 돌파하지 못하고 밀리면서 지속적인 하락을 하는 경우

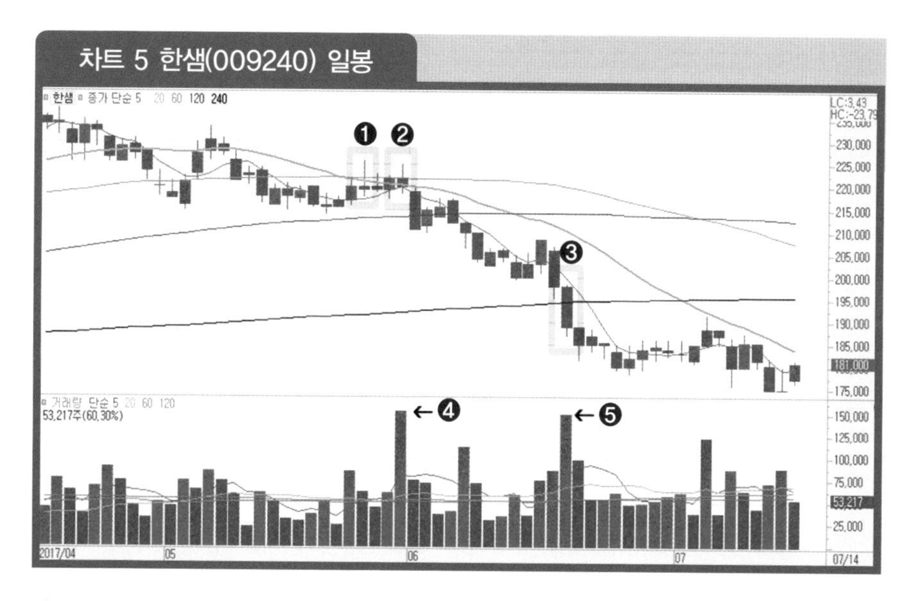

차트 5 한샘(009240) 일봉

①지점에서 60일선을 돌파하지 못하고 밀린 후 ②지점에서 대량거래가 발생하지만(④) 60일선을 돌파하지 못하자 다음날부터 5일선을 회복하지 못하고 하락하기 시작한다. 이후 ③지점에서 대량거래가 발생하지만(⑤) 5일선을 회복하지 못하고 240일선까지 이탈하며 하락하는 모습이 나온다.

"갈 자리에서 가지 못한다"는 말이 있다. 상승이 가능한 자리라고 많은 이들이 생각하고 있는 시점에서 상승하지 못하면 실망 매물과 함께 하락하게 된다.

심리를 이용한 매매에서 중요하게 사용하는 차트는 매물대 차트이다. 매

등락이 큰 주식은 장 종료 후에 판단

높은 상승을 보인 종목들도 매수 후 바로 상승하지 않을 때가 많다. 매수세력의 흔들기인지, 아니면 손 털기인지를 판단하는 것은 장중이 아닌 장 종료 후로 유보한 후 다음 날 매수 타이밍을 잡아서 매매하는 습관을 기르자.

물대 차트는 많은 비중을 차지하는 매수 가격대와 현재 가격대를 비교해 앞으로의 주가 방향을 예상해보는 것이다. 지금 가격보다 높은 곳에 매물대가 위치해 있다가 매물대 근처까지 주가가 상승했을 때를 가정해보자. 지금까지 보유한 사람들(매물대 가격에 매수한 사람들)은 주가가 계속 매수가 밑에서 형성되어 왔기 때문에 손해를 보고 있었을 것이다.

물타기를 통해 매수 단가를 낮추었다고 하더라도 매도가가 매물대 가격 근처가 될 수밖에 없는 이유는 본전 심리 때문이다. 그들은 마음고생이 심했던 만큼 본전만 돼도 팔겠다는 심리가 강해진다. 매물대를 한 번에 돌파해준다면 팔겠다고 돌아섰던 보유자들이 앞으로의 이익을 생각하며 보유하거나 추가 매수하게 된다. 바로 여기에 핵심이 있다. 매물벽을 대량거래를 동반해 장대양봉이나 갭으로 돌파할 때 추가 상승이 가능하다는 점이다. 또한 현재 가격과 매물벽 차이의 격차를 한 번에 역전시킬 때가 있다. 위쪽 매물벽의 거래량보다 현재 가격에서의 거래량이 급증하며 매물벽을 현재 가격까지 끌어내리는 때도 있다. 이것을 매물벽의 가격 변화라고 부르는데, 이때 추가 상승이 나올 확률이 높다.

차트 6 호텔신라(008770) 일봉

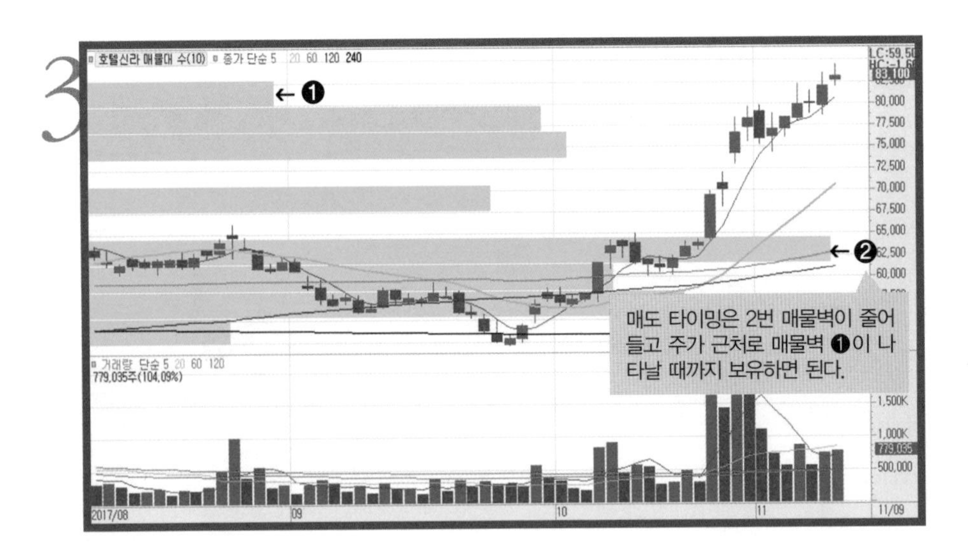

매물대 돌파 여부를 차트로 확인하기 위해서는 훈련이 필요하다. 하지만 검색식을 통해서도 찾아낼 수 있는데, 단기 매물대인 5일 매물대 돌파 여부를 확인할 수 있는 검색식은 다음과 같다.

매물대 설정 조건 검색식

일 | 100000 <= 거래량 <= 999999999

수 정 | 추 가

√	지표	내용	값	삭제	▲	▼	↑	↓
☑	A	5일 매물대 상향 돌파	□	X	▲	▼	↑	↓
☑	B	[일]거래량:100000이상 999999999이하	□	X	▲	▼	↑	↓

끝으로 매도 타이밍은 매물벽을 돌파하지 못하고 밀리는 경우가 되는 것이다.

"종목이 상장폐지됐습니다"

상장폐지가 무엇인지도 몰랐을 때 매수한 종목이 상장폐지가 된 적이 있다. 며칠간 다른 곳에 있다가 온 탓에, 급히 전화를 걸어 증권사 여직원에게 매수 종목이 이상하다며 물었다. 그런데 증권사 여직원은 어떻게 말을 해야 할지 몰라 우물쭈물하다, "종목이 상장폐지됐습니다"라고 말했다!

그 말을 들은 나는 인터넷을 통해 상장폐지가 무엇인지 알게 되었고 얼마간 정신이 없었다. 그때는 정리매매를 통해 원금의 몇 %라도 건질 수 있다는 것을 몰랐고 투자원금을 다 날리고 말았다. 주식 중에는 아주 위험한 종목도 있다는 것을 비싼 수업료를 내고 알게 된 셈이다. 주식투자에 있어서 원금을 한꺼번에 잃지 않기 위해서는 종목에 대한 공시와 뉴스를 꼼꼼히 살펴봐야 한다.

상장폐지에 대해 잠깐 살펴보자면, 우선 상장폐지란 매매거래 대상으로서 적격성을 잃게 됐을 때 일정한 기준에 따라 자격을 박탈하는 것을 말한다. 상장회사로부터의 상장폐지 신청에 의한 것과 상장폐지 기준에 해당해 증권거래소가 상장을 폐지시키는 경우가 있으며, 특별한 경우 재경부 장관이 공익 또는 투자자 보호를 위해 상장폐지를 행하는 수도 있다. 상장폐지가 되면 정리매매 기간 중에 원금의 1~5% 정도를 회수할 수 있다.

03 차트로 리스크 관리하기

리스크 관리를 하는 방법에는
주봉을 이용한 방법과 포트폴리오를 이용한 방법이 있다.

리스크 관리를 위해서는 먼저 자신이 영화감독이 되었다고 생각해보자. 자신이 가지고 있는 시나리오대로 미리 예상을 해보고 종목에 따라 배역을 결정하는 것이다. 주인공이라면 조금 더 많이 매수하고 조연이라면 적게 매수한다.

매수 이후 자신의 생각대로 움직이지 않는 배우가 있다면 좋은 영화를 만들기 위해 과감히 교체해야 하는 결단력도 필요하다. 예상이란 자신의 매수 종목이 상승할 것이라는 일차원적인 생각이 아니라, 상승 시 단기 목표가는 얼마이고 하락 시 지지선과 손절선에 대한 확실한 준비를 말한다.

여기서 말하고 싶은 것은 가이드 라인이다. 경험은 좋은 스승이라는 말이 있다. 선생은 학생들에게 수업시간에 많은 것을 가르쳐주지만 시험문제 자체를 가르쳐주지는 않는다. 문제를 보는 시각과 푸는 방법에 대해서 말할 뿐이다.

시가총액이 큰 대형주와 업종 대표주들은 차트를 통한 분석이 일반 소형주들에 비해 신뢰도가 높다. 상승 시에도 일반적인 상승추세와 장의 상황과 업종의 움직임에 따라가기 때문이다.

실전에서 사용하는 방법은 먼저 업종별 차트를 분석하여 상승할 확률이 있는 업종군을 선별한 후 그중 업종 대표주들을 중심으로 다시 한 번 세부적으로 분석한다. 업종군 차트가 신저가를 갱신하거나 20일선과 같은 중요 지지선을 이탈하는 움직임이 나왔을 때에는 신규 매수를 유보하고 업종군의 차트가 회복될 때까지 기다려야 한다. 또한 업종군 차트가 골든크로스에 임박하거나 지속적인 저항선으로 작용하던 이평선을 돌파하는 흐름이 나온다면 과감하게 업종 대표주를 매수한다. 시장을 이기는 장사는 없다. 업종 자체의 흐름이 좋지 못한데 독야청청하는 종목이란 커다란 호재가 아니면 불가능하다는 것을 기억하기 바란다.

차트 1 증권 업종 차트

하락 이후 상승 초기의 증권 업종 차트이다. ①과 ②지점에서 보듯 60일선을 돌파하지 못하고 밀리는 모습을 보이다 ③지점에서 60일선을 돌파하는 양봉 이후 상승으로 반전하는 모습이다. 업종 차트가 초기 상승 추세를 나타낼 때 가장 괜찮은 모습을 보이는 종목을 관심종목에 추가하는 것이다.

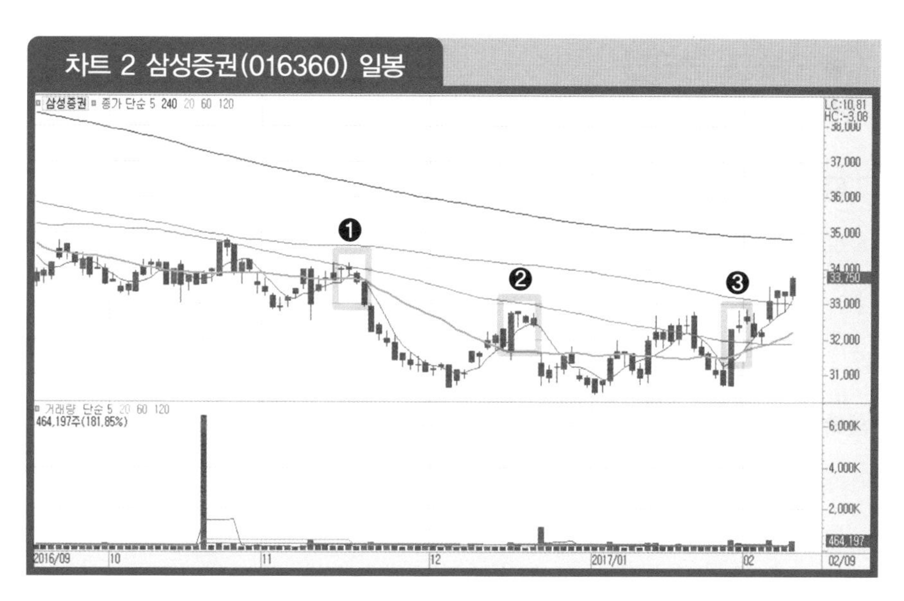

①, ②, ③지점을 보면 업종 차트와 비슷한 모습으로 움직이고 있다는 것을 알 수 있다. 여기서 중요한 것은 방향이 형성된 종목에 투자하는 것이다. 상승 후의 하락보다 횡보 시 하락이 더 위험하다는 것을 기억하기 바란다. 또한 가장 중요한 것은 저점의 확인이다. 주가가 5일선을 회복하지 못하고 지속적으로 밀리는 상황이라면 5일선 회복 후 5일선보다 더 긴 기간을 가진 10일선이나 20일선의 회복 여부를 지켜보면서 투자해야 한다. 지속적으로 하락하는 종목의 경우 추세 전환이 확인될 때까지는 매수를 유보해야 한다.

● 리스크 관리법

❶ 주봉을 이용한 리스크 관리

대형주와 업종 대표주의 경우 하루하루의 움직임보다는 주봉을 통한 매매가 유효하다. 그 이유는 대형주의 경우 이평선 등의 추세선을 타고 상승과 하락을 반복하면서 저점을 높이는 상승을 보이기 때문이다. 그래서 당일 일봉상 추세를 이탈하는 것처럼 보이더라도 주봉상 이평선의 지지를 받으며 상승하는 예가 많이 있다.

또한 장의 상황에 따라 하락할 때도 있기 때문에 주봉상의 지지선을 확인하면서 매매하는 것이 중요하다. 그리고 일봉상 양봉으로 생각해서 매수에 들어갔다가 종가상 음봉을 맞게 되었을 때 손절을 할 것인지에 대한 기준을 주봉을 보며 판단해보는 것이다. 단, 이 방법은 거래소 종목 대형주에 적합한 방법이다.

차트 3 태웅(044490) 일봉과 주봉

①지점 앞의 봉들이 아래꼬리를 다는 모습을 보이는 것을 보고 아래꼬리 근처에서 매수에 들어 갔는데 이후 하락하는 모습을 보인다고 가정했을 때 60일선이 깨진 시점에서 매도할지 아니면 조금 더 보유할지에 대한 판단을 할 때 주봉을 이용한다,

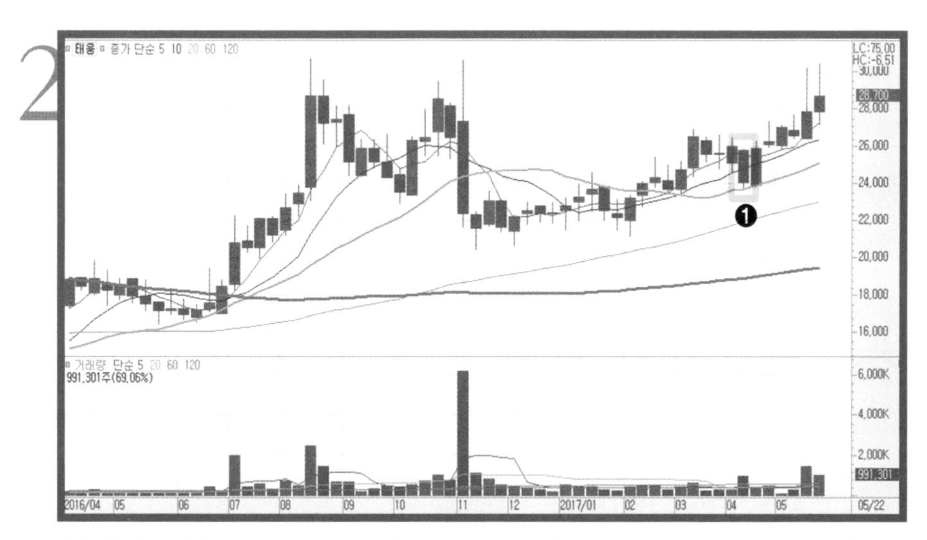

주봉상 20일선을 지지해주는 모습을 보이고 있다. 주봉상 20일선 이탈 시까지 보유하고 이탈한다면 매도로 대응하는 것이다.

❷ 포트폴리오를 이용한 리스크 관리

포트폴리오라고 하면 여러 종목에 분산투자하라는 말이라고 생각하는 사람도 있을 것이다. 이 방법은 포트폴리오 자체를 하나의 종목이라고 설정한 후 대응하는 한 차원 높은 방법이다. 많은 펀드매니저들이 포트폴리오에 따라 매매를 하고 종목의 비중을 조절한다. 그들과 우리가 다른 점은 매수하는 금액 정도이다. 수익 시점과 손실 시점에 따라 비중 조절 방법이 다르다. 총 매매금액의 수익이 종가상 3%를 넘으면 전체 포트폴리오의 종목 중 3%를 매도한다. 5%를 넘으면 다음 날 5%를 매도하는 것이다. 손실 발생시의 손절 기준은 총 매매금액의 손실률이 −5%를 초과하면 전 종목의 50%를 매도한다. 이후 −5%의 손실이 더 발생하면 전량 매도 후 2일간 매매를 쉬면서 이유를 분석한다. 자산운용사에서도 운용자금의 −15%가 손실이 나면 저절로 매매 시스템이 작동을 멈추도록 셋팅하는 곳이 있다고 한다. 이처럼 매매를 쉬는 이유는 손실폭이 확대되면 손실을 만회하기 위해 잘못된 결정을 내리는 경우가 발생하기 때문이다. 포트폴리오를 통해 자신을 돌아보는 계기로 삼기 바란다.

손실에 민감하자

매수 · 매도 시 이미 계좌에 들어 있는 자금과 주식으로 매매를 하기 때문에 손실에 대해 무감각해질 수가 있다. 10%의 손실을 만회하기 위해서는 약 12%의 수익이 필요하다는 것을 기억하자.

※달공이 필수 체크 문제 정답

문제 ⓮ : 1. 매수 2. 매도
문제 ⓯ : 1. 비중 2. 공모 3. 청약률

아무리 좋은 약도 먹지 않으면 병을 고칠 수 없다. 투자의 고수가 되는 것도 마찬가지이다. 자신이 가고자 하는 목적지에 도착하기 위해서는 길을 알려주는 지도도 필요하지만, 앞으로 나아가려는 첫걸음이 필요하다는 것을 기억하자.

고수가 되기 위한 매매 노하우

분할 매수 셋팅법

01

상승할 것이라고 예상하는 종목을 한 번에
매수에 들어가면 안 되냐고 묻는 사람들이 있다.
한 번에 매수하면 하락 시 손실을 한꺼번에 떠안을 수 있고
주가 하락 시 견디지 못하고 매도하는 일이 발생한다.

실전에서 분할 매수 시에 사용하는 방법은 매수 가격대를 먼저 잡는 것인데, 대부분 피봇포인트 1차 저항과 30분봉의 5일선 근처에서 매수가를 정한다. 실전에서 손절선은 −10%로 설정한다. 그런데 시장가로 10,000원인 종목을 매수한다면 −10%는 9,000원이 된다. 하지만 이 방법대로 주문을 셋팅한다면 매수단가를 2~4% 정도 더 낮출 수 있으므로 시장가 매수 대비 13% 정도의 손절선을 갖게 되는 효과가 있다. 이 방법의 궁극적인 목표는 매수 단가 낮추기에 있다. 그리고 총 매수금액의 배분이 중요한데, 여기서 말하는 총 매수금액이란 가지고 있는 모든 현금을 말하는 것이 아니라, 포트폴리오 구성 시 매수를 결정한 종목에 할당된 금액이다.

● 장 시작 전 매수 셋팅법

총 매수금액 중 전일 가격대에 10%, 그리고 그 아래로 한 호가당 10%씩 4호가에 걸쳐 매수 주문을 걸어둔다. 그러면 총 50%의 자금이 매수 준비가 된다. 그리고 시장가로 10% 정도 매수 주문을 한다. 모든 셋팅은 시초가 전인 9시 이전에 완료되어 있어야 한다. 전일 가격대 밑에서 시초가가 형성된다면 총 60%를 매수하게 된다. 추가 매수는 당일의 시초가를 돌파하는 흐름이 나왔을 때 10% 정도 추가 매수에 들어간다. 이렇게 셋팅하는 이유는 대부분의 종목이 시초가에서 분봉상 시초가 아래에 있는 이평선까지 하락했다가 이평선의 지지를 받으며 반등하여 당일 시초가를 돌파하며 상승을 줄 때가 많이 있기 때문이다.

차트 1 IHQ(003560) 5분봉

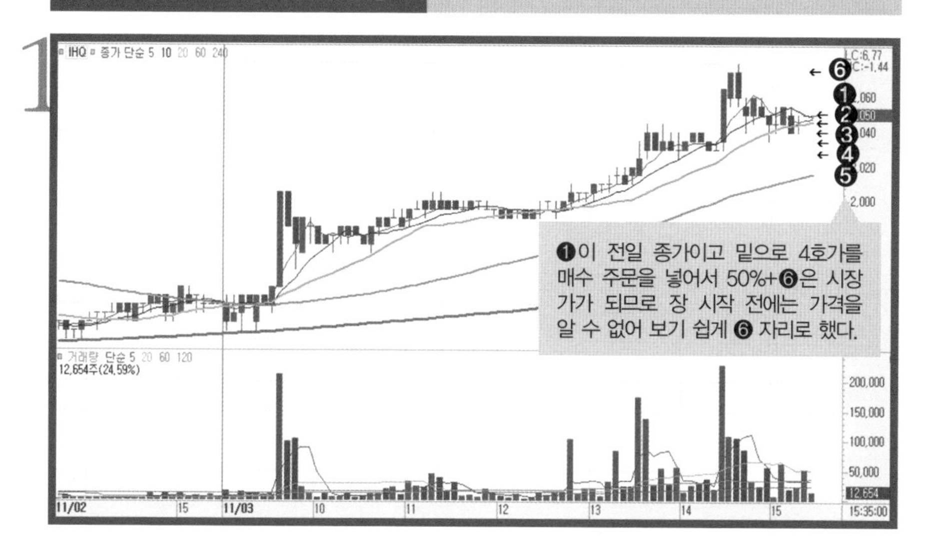

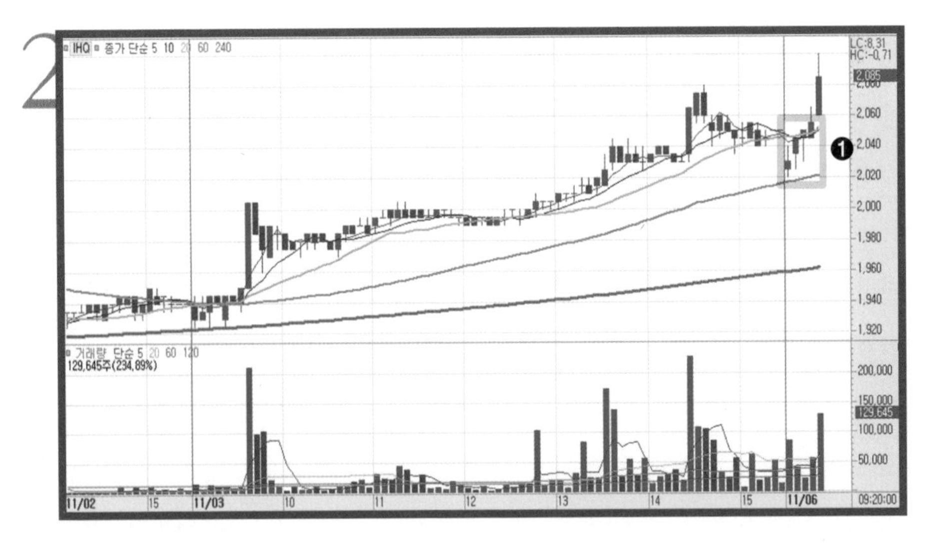

전일 종가보다 낮은 가격대에서 시작하였으므로 총 60%가 매수되는 것을 알 수 있으며, 60%의 평균단가는 시초가가 된다. 종목이 갭상승하며 시작한다면 총 매수금액의 10%인 시장가 매수만이 가능할 것이다. 9시 30분 이전인 장 초반 시가 아래로 하락하지 않고 상승폭이 확대되는 모습이 나온다면 5분봉상 60일선 근처에서 10% 정도 추가 매수를 넣어 놓는다. 그대로 상한가에 안착한다면 다른 매수 셋팅은 취소한다. 그 이유는 상한가 이후 하락을 하게 된 상황에서 매수가 체결되면 10% 이상 손실폭을 떠안게 되기 때문이다. 이것은 어디까지나 장전 매수 셋팅 시에만 유효한 방법이라는 것을 기억하기 바란다.

상승할 것이라고 예상하는 종목을 한 번에 매수에 들어가면 안 되냐고 묻는 사람들이 있다. 한 번에 매수하면 하락 시에 손실을 한꺼번에 떠안을 수 있고 주가 하락 시 견디지 못하고 매도하는 일이 발생한다. 하지만 이런 매수 셋팅 시 하락하더라도 저가에 매수를 하게 되므로 심리적으로도 조급함이 줄어들게 되어 매도하기 전에 한 번 더 기다리는 시간적·심리적 여유를 가질 수 있게 된다.

여기서 매수 후 주의할 점은 당일 하한가에 가는 경우이다. 당일 매수 후 하한가 시 다음날 갭하락이 많이 나오므로 하한가에 가게 되면 50% 이상 매도해야 한다.

달공이의 필수 체크 문제 ⑯

분봉 매도 세팅 방법에 대한 설명이다. 다음 괄호에 알맞은 말은?

분할 매수 시 매수가격대는 피봇포인트 (　1　)과 (　2　)봉의 5일선 근처이다.

정답은 P. 237에

● 장중 매매 셋팅법

지속적인 상승장일 때는 상관이 없지만 장의 상황이 좋지 못한 상황에서 장 시작 전 매수에 들어가는 것이 부담스러울 때가 있을 것이다. 그때 당일 주가의 움직임을 보고 장 시작 후 매수에 들어갈 때 실전에서 사용하는 매수시점은 전일 종가보다 낮은 가격에서 시가가 형성되었다가 전일 종가 회복시 돌파하는 흐름을 보여줄 때나, 갭상승으로 시작한 종목이 횡보하거나 하락하더라도 중요 지지선을 지켜주는 모습을 보여줄 때이다. 이때 돌파한 이평선과 갭상승한 시가 부근이나 이평선 부근에 매수를 걸어두는 것이다.

여기서 핵심은 전일 종가를 돌파하는 모습을 보여줄 때는 이평선 가격의 한 호가 위와 한 호가 아래에서 매수를 걸고, 갭상승 종목을 매수할 때에는 가격의 한 호가 위에 매수를 걸고 한 호가 아래에서 시작해 지지선까지 매수를 걸어두는 것이다. 그러면 장중 흔들기에 털릴 가능성이 낮아지며 평균 단가를 낮출 수 있다.

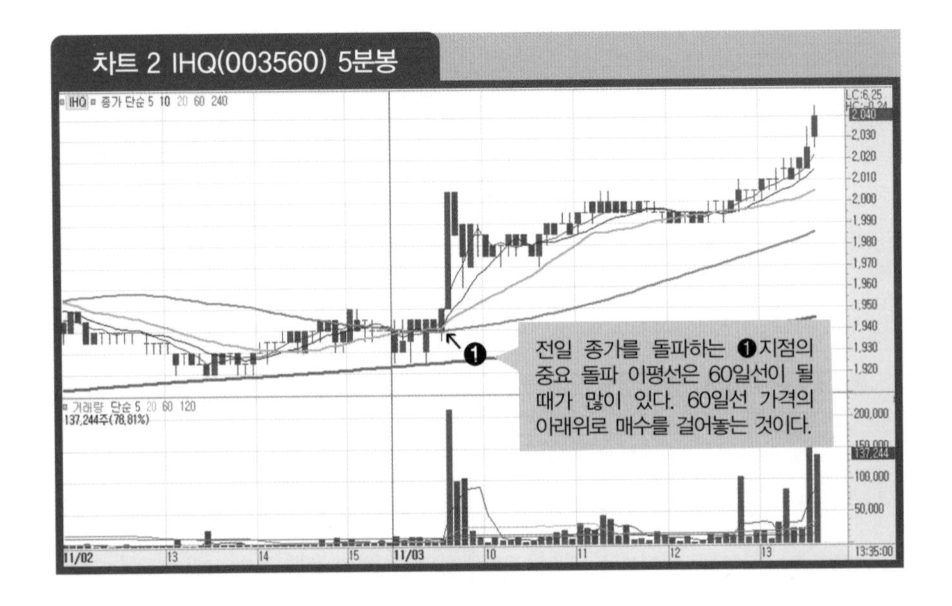

코스피 종목 매수

거래소 종목 매수 시 최소 매수 주식수를 5주 이상으로 하기 바란다. 1주만 사서 매도 이후 상승에 대한 확인이 불가하여 수익을 얻을 수 있는 기회를 놓칠 수도 있기 때문이다

분할 매도 셋팅법

02

자신이 보유한 종목이 두세 배가 되었어도
매도하지 않는 한 수익은 자신의 것이 아니다.
그렇기 때문에 매도하여 현금화하는 습관이 중요하다.

상승한 종목의 매도는 특히 중요하다. 매수한 시점 이후 종목이 상승하였다는 것은 매수한 자신 이외에도 수익을 내고 있는 사람들이 있다는 뜻이며, 이것은 언제든지 상대방의 이익실현을 통한 주가의 하락이 발생할 수 있다는 말이기 때문이다.

"수익은 챙기지 않으면 자신의 것이 아니다"라는 말을 들어보았을 것이다. 자신이 보유한 종목이 두세 배가 되었어도 매도하지 않는 한 수익은 자신의 것이 아니다. 그렇기 때문에 매도하여 현금화하는 습관이 중요하다.

상한가에 안착하는 종목을 매수했다면 10% 이상의 수익을 올린 것이다. 그러나 상한가 한 번에 만족하지 못하는 많은 사람들이 있다. 그들은 은행 이자로 그런 수익을 올리려면 2~3년의 시간이 걸린다는 것을 간과하고 한

번의 매매로 수십 퍼센트 이상의 수익을 올리기 바란다. 하지만 이것은 과한 욕심일 수 있고 이로 인해 자신에게 손해가 될 수도 있다. 이제부터 말하려고 하는 것은 주식투자를 하면서 매도하지 못해 후회했던 경험이 있는 모든 이들을 위한 방향 제시이다.

종목을 매수한 첫날에 수익을 본다면 수익의 보유주 총 주식수의 10%를 그날 종가에 매도한다. 그러면 보유 주식수는 90%가 된다. 그 다음날 시초가에 갭상승을 하여 시작한다면 시초가에 15% 더 매도한다. 이제 보유 주식수는 75%가 된다. 그리고 그날 시초가를 깨면 10%를 더 매도한다. 이제 남아 있는 것은 65%가 된다. 이 65%를 상승 시마다 3%씩 매도하여 50%까지 보유 비중을 줄인다. 여기서 중요한 것이 하나 더 있는데 '중요 지지선을 이탈하지 않는 한 보유'라는 점이다. 지지선 이탈 시 보유주 중에 50%를 매도하면 25%만 남게 되고 지지선 이탈이 확인되면 전량 매도함으로써 전액 현금화하는 것이다.

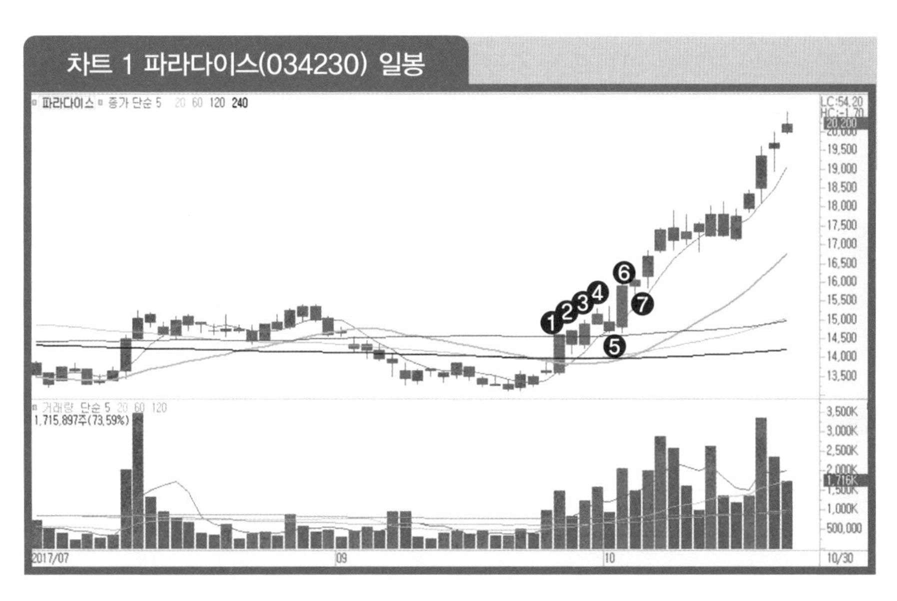

차트 1 파라다이스(034230) 일봉

①지점의 240일선 돌파 시 매수 후 종가에 10% 매도. ②지점 갭상승이 시작하였으므로 15% 매도, 시초가를 깼으므로 10% 추가 매도. ③지점 매수가보다 상승 3% 매도. ④지점 매수가보다 상승 3% 매도. ⑤지점 매수가보다 상승 3% 매도. ⑥지점 매수가보다 상승 3% 매도. ⑦지점 매수가보다 상승 3% 매도, 보유 비중은 매수 이후 50%로 줄어 있다. ⑤지점에서 종가상 120일선 이탈이 발생할 경우 ⑤지점에서 가지고 있는 보유 비중의 절반을 매도한다.

여기서 주의할 점은 그날 매수에서 상한가를 가는 경우이다. 그날 상한가에 들어간다면 20%를 매도한다. 그러면 보유 주식수는 80%가 된다. 그 다음날 시초가에 갭상승을 하여 시작한다면 시초가에 10% 매도한다. 이제 보유 주식수는 70%가 된다. 그리고 그날 시초가를 깨면 10%를 더 매도한다. 이제 남아 있는 것은 60%가 된다.

시초가를 깬 후 4일선까지 이탈한다면 30% 추가 매도로 대응하고 다음

날 회복하지 못하고 밀린다면 전량 매도한다. 매수시점은 앞에서 말했듯이 지속해서 저항선으로 작용하던 이평선이나 대각추세선과 이평선의 골든크로스 시점이 되므로 이후에 이 가격대를 이탈하지 않고 하락하더라도 돌파한 저항선의 부근에서 반등하는 때가 많이 있다. 이 방법으로 어느 정도 이익을 실현했기 때문에 심리적 압박을 덜 받으면서 상승을 기다릴 수 있다. 뿐만 아니라 현금 비중을 자연스럽게 조절할 수 있어 악재에 의한 시장의 급락 시 손실폭을 축소하거나, 시장 소외주를 잘못 매수했을 때에도 보유한 현금으로 상승 예상주를 편입할 수 있다는 장점이 있다.

다시 한 번 말하지만 수익중이던 종목을 매도하지 않고 기다리다가 손실을 보면 처음 매수하자마자 하락한 종목의 경우보다 2~3배 정도 심리적 충격이 크다는 점을 기억하기 바란다.

팔지 못하면 신기루

매수 후 점진적인 상승을 보이며 3% 상승한 A라는 종목의 매도가 쉬울까, 아니면 시초가에 점상한가로 직행하여 15%에서 바로 12% 하락하여 3% 상승을 보이는 B종목의 매도가 쉬울까? 똑같은 3%이지만 점진적 상승을 보인 A종목은 쉽게 수익을 실현할 수 있는 반면, B종목은 3%보다 하락 후 시초가 대비 마이너스가 되더라도 매도하지 못하는 경우가 종종 발생한다. 그 이유는 욕심 때문이다. 15% 올랐던 것을 보았기 때문에 욕심에 눈이 멀어 3%에는 만족을 못하는 것이다. 지금 가지고 있는 것만이 자신의 것이다. 15%가 올랐든 100%가 올랐든 그때 팔지 못했다면 그것은 신기루에 불과하다.

분봉 매도 셋팅법

03

분봉 매도 시 중요한 점은 분봉상 저점의 확인이다.
저점 근처에서 지속적인 매수세가 유입되며 저점을 깨지 않는다면
매도를 유보하고 그날 그 가격대가 깨지면 전량 매도로 대응한다.

분봉 매도 셋팅법의 핵심은 이평선 돌파 봉의 확인에 있다. 분봉의 매도 셋팅 시 사용하는 분봉은 5분봉인데 장 시작 후 한 시간 정도 이후에 셋팅에 들어간다. 분봉상 시가 돌파와 지지선이 확인되면 이평선 돌파 봉을 확인하여 그 봉의 지지선 이탈 시 매도로 대응하는 것이다.

분봉 매도 시 중요한 점은 분봉상 저점의 확인이다. 저점 근처에서 지속적인 매수세가 유입되며 저점을 깨지 않는다면 매도를 유보하고 그날 그 가격대가 깨지면 전량 매도로 대응하는 것이다.

상한가에 안착한 종목의 분봉 매도 셋팅은 상한가 안착 후에 상한가 이탈 시 매도 준비를 하는 것이다. 만약 상한가가 깨지더라도 다시 상한가에 들어가는 경우가 많이 있기 때문에 상한가에 들어가기 직전 가장 많은 거래가

발생한 봉의 절반되는 가격을 셋팅가격으로 설정하고 그 가격 이탈 시 하한가에 매도를 내는 것이다. 하한가에 주문을 넣는 이유는 상한가 이탈 후 추가 하락 시 매도하지 못하는 것을 방지하기 위한 것이다.

고수가 되는 길

분할 매도 시 아쉬움과 미련을 다스리자. 주식을 매수해서 수익을 본다는 것 자체에 감사하는 마음을 갖는 것이 진정한 고수가 되는 지름길이다.

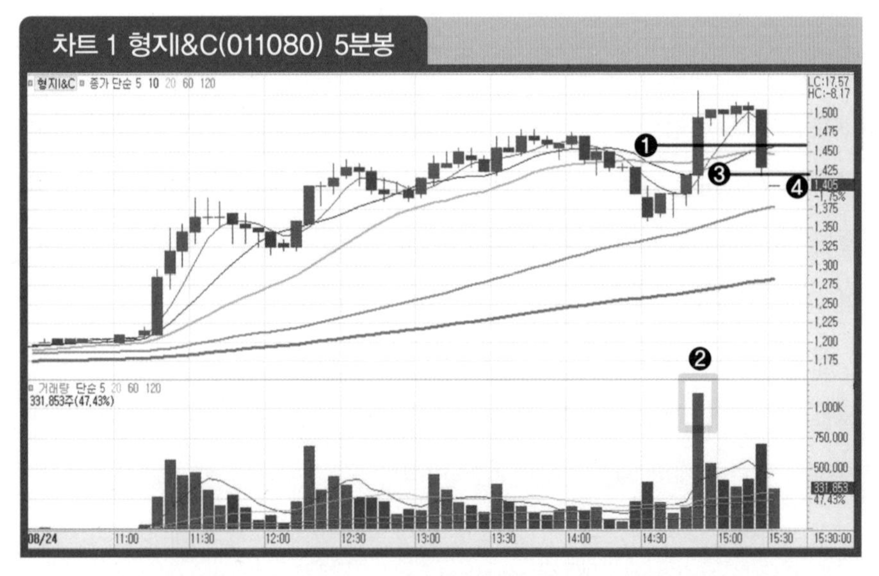

①지점이 상한가에 들어가기 전 거래가 가장 많이 발생한 ②를 보면 알 수 있다. ③에서 ①의 가격대를 이탈하므로 50% 매도 후 ③의 저점을 이탈하는 ④의 가격에서 전량 매도하는 것이다.

달공이의 필수 체크 문제 ⑰

분봉 매도 셋팅 방법에 대한 설명이다. 다음 괄호에 알맞은 말은?

1. 분봉 매도 셋팅 시 사용하는 분봉은 (   )이다.
2. 분봉 매도 시 중요한 점은 (   )의 확인이다.

정답은 P. 237에

배짱과 욕심은 다르다

'왜 이렇게 하지 못했을까, 왜 저렇게 하지 못했을까? 이렇게 했다면 수익을 보았을 텐데' 하며 아쉬워하고 후회한 적이 많이 있다. 전일 사서 수익을 내고 있다가 다음날 시초가에서부터 지속적으로 하락하여 손실이 나면 후회하고, 비슷한 상황이 되어도 수익이었던 종목을 본전에 파는 것이 억울해서 팔지 못하다가 결국 손해를 보고 팔기도 했다. 또 전날 사서 수익을 보며 매도했지만 매도 후 더 오르는 것을 보고 참지 못하고 고점에 매수했다가 수익을 다 반납하고 손실을 입은 채 손절하는 경우도 있었다.

그래서 그후 상황에 따른 대응 방법을 하나씩 만들어 가게 되었고, 그로 인해 주식 시장에서 최소한 지지 않는 매매를 할 수 있게 되었다.

여러분도 아시다시피 외국인과 기관에 비해 모든 면에서 열세에 있는 개인이 수익을 낸다는 것 자체가 기적 아닐까? 비록 그 수익이 미비하더라도 감사하는 마음을 가져야 한다. 그러나 욕심에 눈이 어두워 그 수익을 자신의 것으로 만들지 못하는 이들을 바라볼 때 안타까울 때가 한두 번이 아니다. 은행이자보다 조금 더 번다는 마음으로 탐욕을 다스리고 욕심을 이기는 매매를 하자. 주식 시장에서 배짱이 필요하다는 것에 대해서는 필자도 이견이 없다. 하지만 배짱과 욕심은 다르다는 것을 기억하고 기계적인 매매를 할 수 있도록 노력하자.

저점 대비 상승 % 매수법

04

저점 대비 현재가의 상승률이 10~20%일 때는 추가 상승이 가능할 확률이 높다. 이때 체크해야 할 것이 양봉 시 거래량의 증가이다.

저점 대비 상승 % 매수법은 종목 선정 시 사용하는 기법으로, 그 종목의 저점이 확인된 후 저점과 현재 가격의 상승 %를 이용한 방법이다. 종목의 저점은 세력이 만든다는 것을 기억하기 바란다. 저점이 확인되었다는 것은 종목이 상승할 준비를 하고 있다고 생각해도 무방하다.

이 기법은 저점 대비 상승률이 낮은 종목을 검색하여 선취매하기 위한 방법이다. 이때 기본적인 전제가 있는데 5일선 위에 있는 종목일 것, 전일 양봉일 것, 부채비율이 높지 않을 것, 하루 거래량이 10만 주 이상일 것, 1,000원 이상의 종목일 것, 관리 종목이 아닐 것 등이다.

위 조건들을 충족하는 종목들 중 저점이 확인된 후 이평선이 횡보 내지 상승으로 전환되고 단기 저점이 확인되어 가격대가 적은 등락을 보이거나 횡보하는 모습을 보이다가, 단기 반등하는 종목 가운데 거래량이 증가하면서 양봉으로 마감하는 종목을 1순위로 삼는다.

중요한 것은 저점 대비 현재 가격의 상승률이다. 저점 대비 현재가의 상승률이 10~20%일 때는 추가 상승이 가능할 확률이 높다. 이때 체크해야 할 점은 양봉 시 거래량의 증가이다. 양봉에서의 거래량에 비해 음봉에서의 거래량이 적으면서 깊은 조정을 보이지 않은 종목이라면 매집을 위한 흔들기라고 보는 것이 좋다. 이런 종목들은 양봉의 고점을 돌파할 때 추가 상승을 주는 때가 많이 있다.

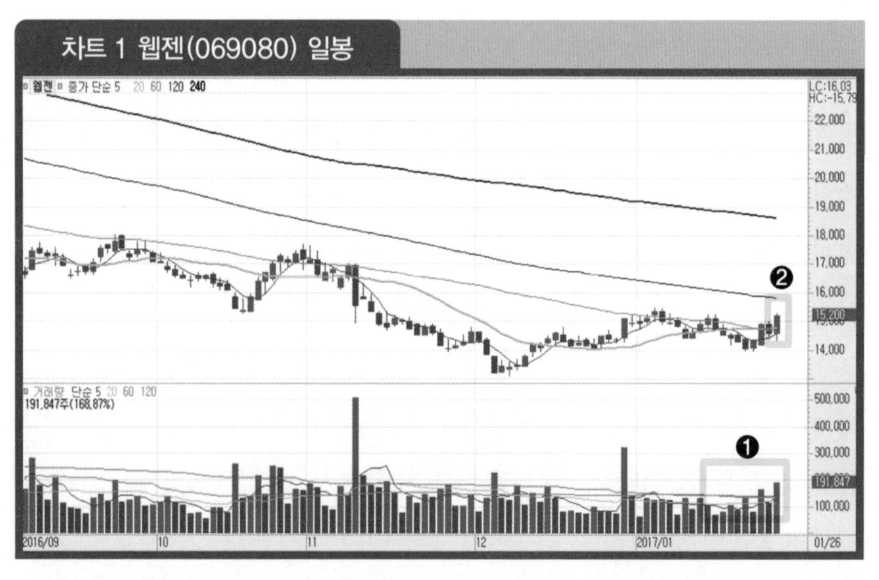

검색식으로 종목을 검색한 후 ①에서 보면 주가는 횡보하지만 음봉의 거래량 보다 양봉일 때 거래량이 더 큰 것을 알 수 있다. 이후 이평선을 돌파하여 양봉으로 마감하는 ②번 자리가 매수 포인트이다.

상승률 % 발굴 조건식

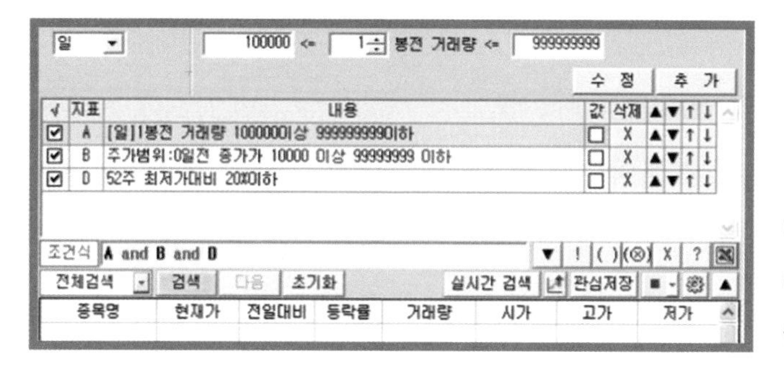

▶이 조건식은 저점 대비 상승률 20% 이하인 종목을 고를 때 사용된다.

싸다고 매수하지 마라!

고점대비 많이 하락한 종목을 가격이 싸다고 생각하고 덜컥 매수하지 말자. 저점이 확인되지 않은 종목의 추가 하락은 언제든지 일어날 수 있는 일이다.

달공이의 필수 체크 문제 ⑱

저점대비 상승 % 매수법에 대한 설명이다. 다음 괄호에 알맞은 말은?

상승 전환 이후 횡보하는 모습을 보이다 단기 반등하는 종목 가운데 거래량이 (　1　)하면서 (　2　)으로 마감하는 종목을 1순위로 삼는다.

정답은 P. 237에

● 저점 대비 상승 % 매도법

저점 대비 상승 % 매도법은 종목 매도 시 사용하는 기법으로 매수 후에 수익을 주고 있는 종목을 매도할 때 사용하는 방법이다.

주요 종목들이 저점 대비 상승하다가 주가가 이평선 근처에 다다랐을 때 이평선을 돌파하거나 이평선의 저항을 받아 하락하는 경우를 많이 보아왔을 것이다. 이 방법은 단기간의 급등(하루 포함)이라면 실전에서 유효한 방법이라고 하겠다. 여기서 중요한 것은 보유하고 있는 종목의 수익 여부와 저점 대비 상승 % 여부이다.

그리고 확인할 것은 현재 가격 위에 위치한 이평선까지 상승한다면 현재가 대비 몇 %의 상승이 나오는가에 대한 확인이 중요하다. 상한가를 한 번에 돌파가 가능한 위치라면 단기 목표가를 현재 가격 위에 위치한 이평선으로 설정하고 매매에 임하는 것이다.

차트 2 뉴트리바이오텍(222040) 일봉

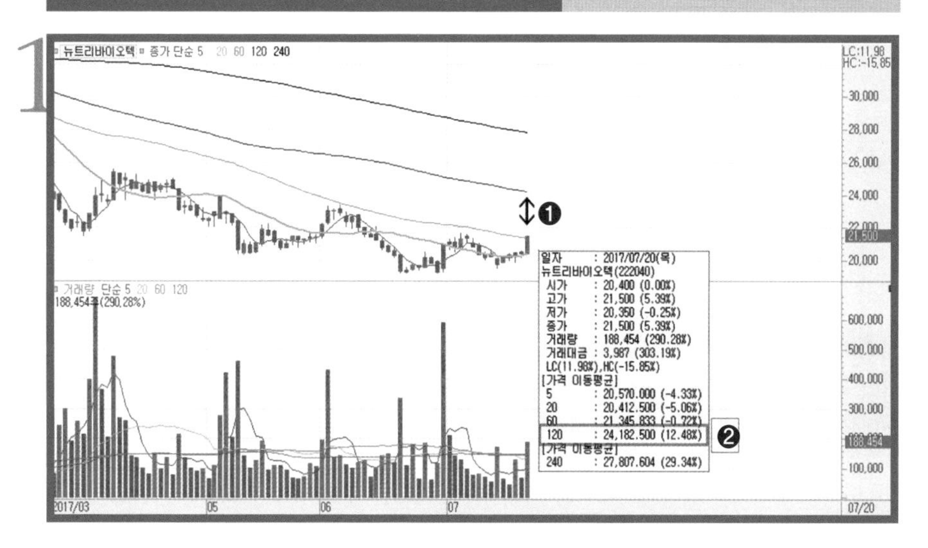

120일선까지 가격이 상승한다면 12% 정도(②)의 상승을 보일 수 있다. 여기서 120일선을 단기 목표가로 설정하고 돌파 여부에 따라 매도를 판단하는 것이다. 또한 가격 위의 이평선을 종가상 돌파한 이후의 움직임을 파악함으로써 추가 매도로 대응할 것인지에 대해 판단을 하는 것이다. 돌파 후 가격 위의 또 다른 이평선을 돌파하지 못하거나 단기간에 앞서 돌파한 이평선을 지지하지 못하고 밀린다면 아래 이평선에서 다시 매수하기 위해 일단 매도로 대응하면 된다. 이때의 대응이 중요한데 이평선을 돌파하지 못하고 밀리는 모습이 보이면 보유 비중을 50%로 낮춘다.

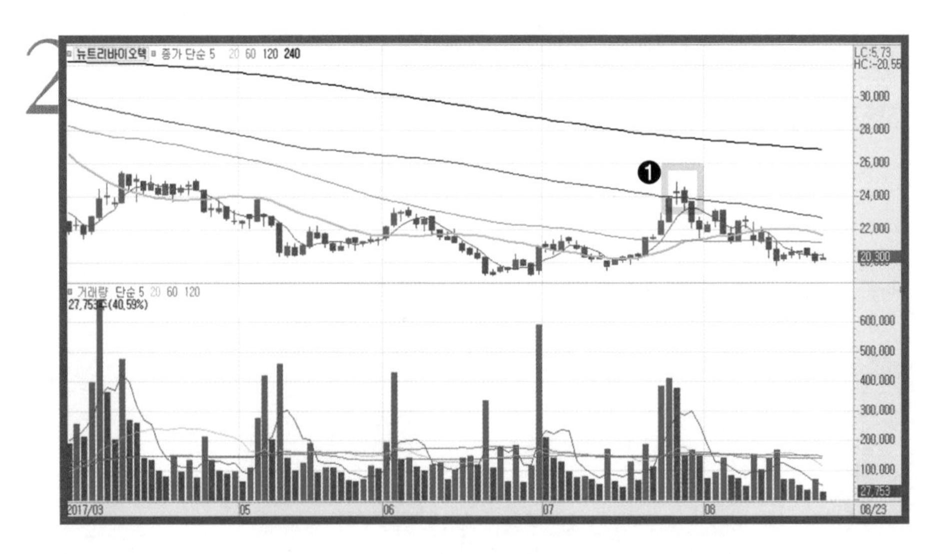

120일선을 돌파하는 흐름을 보인 후 다시 240일선으로 목표가를 수정해야 하지만, 주가가 240일선 근처까지 상승하지 못하고 밀리는 것을 알 수 있다.

예약매도의 중요성

수익 실현을 위해 HTS에 접속하는 동안 주가가 하락할 수 있고, 당일 매도주문을 내지 못해서 팔지 못했다면, 다음날 하락 출발은 큰 후회로 남을 것이다.

달공이의 필수 체크 문제 ⑲

1. 저점 대비 상승 % 매도법에 대한 설명이다. 다음 ○ ○ ○에 알맞은 말은?

현재 가격 위에 위치한 ○ ○ ○ 까지 상승 시 현재가 대비 몇 % 상승이 나오는 가에 대한 확인이 중요하다.

2. 반등시 매도법에 대한 설명이다. 다음 OO 에 알맞은 말은?

5일선 회복 후 ○ ○ 하는 모습이 나와야 신뢰도가 높다.

정답은 P. 237에

반등 시 매도법

05

5일선을 깨고 하락하였을 때 다시 되돌려주는 경우가 있다.
이때 타이밍을 잡아서 손실폭을 줄이며 매도하는 방법이다.

반등 시 매도법은 당일 매수종목에 대한 매도와 손절 타이밍을 놓쳤을 때 사용하는 방법이다. 이 방법은 고점에 매수하였을 때 유효한 방법이다.

5일선을 깨고 하락하였을 때 하락폭만큼은 아니지만 상당 부분 다시 반등하는 경우가 있다. 이때 타이밍을 잡아서 손실폭을 줄이며 매도하는 방법이다. 단, 여기서 5일선을 회복한 후 횡보하는 모습이 나타나야 신뢰도가 높다는 점을 기억하라. 또한 지속적인 저항선 역할을 하는 이평선이 있는 경우, 단시간에 돌파하지 못하고 밀리는 경우가 많으므로 손실폭을 줄이는 것에 감사하고 매도 대응에 임해야 한다는 것이다.

반등 시 매도법이 심리를 이용한 매수·매도법과 다른 점이 있다면 이때는 5일선을 제외한 모든 이평선을 이탈했을 때라는 점이다. 많은 이들이 이런 종목을 매수하는 때는 하락하던 종목이 단기 바닥 형성 후 상승할 것이라는 예상을 했을 때인데, 지지하는 이평선이 없다는 것을 제외하면 괜찮은 모습을 보여주기 때문에 매수에 들어가는 경우가 많이 생기는 것이다. 그리고 매매 타이밍이 좋았다고 생각하고 매수에 들어가게 되더라도 사람의 일이라는 것은 모르는 일이다. 1주일 정도 주식 매매를 할 수 없는 경우가 생길 수도 있고, 자신이 보유한 종목들이 모든 이평선을 깨는 모습을 보이지 않는다는 보장이 없기 때문이다.

아무 때나 물타기하지 마라

손실 만회를 위해 물타기를 해서 반등 시 매도하겠다고 생각한다면 물타기 대신 상승이 예상되는 종목을 고르는 것이 올바른 선택이라는 것을 기억하자.

차트 1 CJ대한통운(000120) 일봉

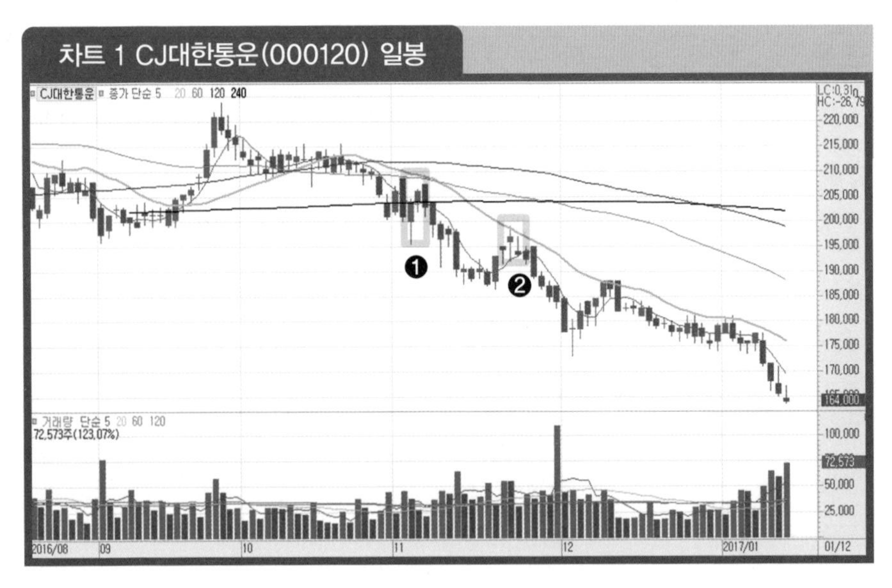

①지점은 60일선만 회복 후 지지해준다면 상승할 것 같은 모습을 보여주었다. 그러나 그 다음날 갭하락하며 이후로 급락하는 모습을 보였다. ②지점에서 신규 매수로 접근하는 이들도 있는데, 이는 ①지점의 가격을 회복할 때까지는 매수관점보다는 반등 시 매도관점으로 접근해야 한다는 점을 간과한 것이다.

잘못 매수했다고 후회만 하는 것은 잘못된 자세이다. 후회는 나중에도 얼마든지 할 수 있으니, 그 시간에 추가 하락을 예상하고 손절할 수 있는 능력을 기르기 위해 노력해야 한다. 저항선인 이평선을 돌파하는 것을 기다릴 수 있는 때는 저점에서 매수했을 때라는 사실을 기억하기 바란다.

● 분봉상 반등 시 매도법

빠른 매도 타이밍을 위해 분봉을 이용하는데, 이때 당일 종가를 확인할 수 없으므로 매도 후 반등 시에도 장 종료 10분 전까지 추가 매수로 대응하지 않겠다는 결심이 필요하다. 한 번 매도를 결정했으면 당일은 종가 매수만을 전제로 대응해야 한다. 또한 반등 후 하락이 확인될 때 매도하는 것이 중요하다. 분봉상 60일선이 하락추세에 있으면서 주가가 60일선 밑에서 형성되었다가 60일선을 돌파한 후 추가 상승을 하지 못하고 밀리는 것을 확인할 때 다음 봉에서 매도 주문을 내는 것이다.

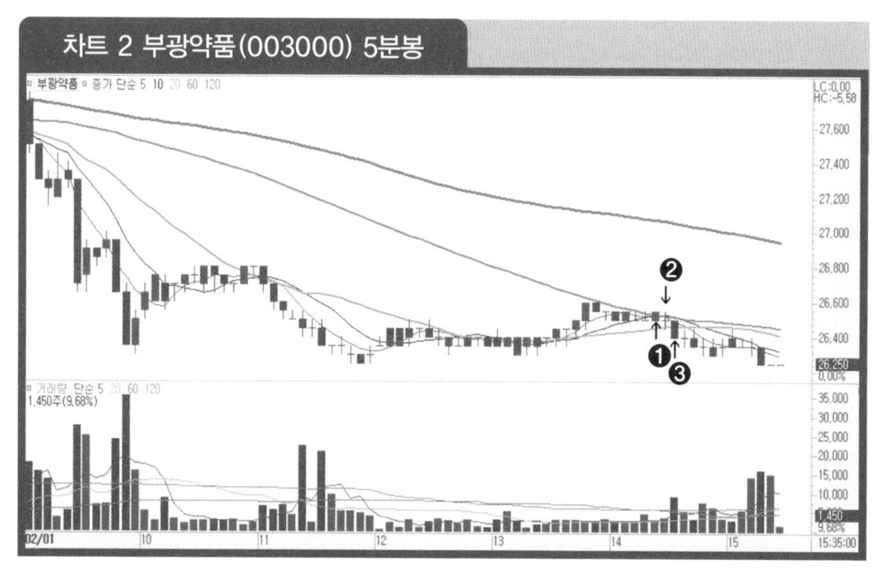

시초가에서부터 밀리기 시작하여 60일선의 저항을 받으며 지속적인 하락을 보이는 모습이다. ①지점에서 60일선을 돌파하는 듯하지만, 바로 ②지점에서 음봉으로 마감하는 모습이다. 이때는 다음 봉에 바로 매도한다.

주식투자로 부자되는 9가지 방법

❶ 공부하고 또 공부하라

노력해도 안 된다고 말하지 마라. 자신을 이길 정도로 노력해야 한다. 자신의 욕심을 이길 수 있을 때까지 노력해라. 힘을 주어 모래를 움켜쥐면 손안에 남는 것이 하나도 없다는 것을 기억하자. 욕심을 부려 움켜쥐면 움켜쥘수록 많은 것을 잃어버리게 될 것이다. 시간은 무한정 있는 것이 아니다. 한 사람에게 주어진 하루는 똑같지만 그 사람에게 주어진 수명은 다르다는 것을 잊지 마라. 공부하고 또 공부하라. 후회 없는 하루를 살기는 어렵겠지만 낭비하는 하루는 살지 말아야 할 것 아닌가!

❷ 매매일지를 써라

쓰지 않고 생각만으로 대응하는 데는 분명 한계가 있다. 예전에 보았던 종목이 며칠이 지난 후 크게 상승한 것을 많이 보았을 것이다. 그러면서 '그때 매수하는 건데' 하며 후회도 했을 것이다. 이렇게 인간이 가질 수 있는 관심의 범위는 한정되어 있다. 새로운 데에 관심을 가지려면 다른 것을 버려야 한다. 그러나 매매일지와 관심종목을 쓰면서 주의 깊게 보면 관심의 끈을 놓치지 않을 수 있다. 또한 움직임을 연구하여 이후에 비슷한 움직임을 나타내는 종목이 나타나면 과거의 경험들이 큰 도움이 될 것이다.

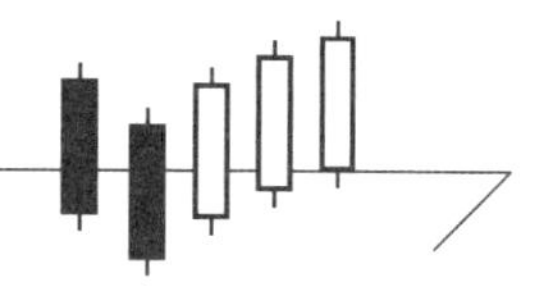

❸ 주식을 사랑하지 말고 주식과 결혼하라

사랑할 때는 상대방의 단점이 보이지 않는다. 그러나 결혼은 다르다. 현실이다. 주식 또한 어느 날 갑자기 일확천금을 벌게 해주는 황금거위가 아니다. 단점이 보이기 시작할 때 그것을 이해하고 장점을 파악하여 상황에 따라 대처할 수 있는 능력을 길러야 한다.

❹ 기본으로 돌아가라

기본기가 탄탄한 사람은 슬럼프에서 빨리 빠져나올 수 있다. 꾸준하게 수익을 내고 있다가도 갑자기 손실이 발생하면 그 손실로 인해 자신감을 잃고 두려움이 엄습해올 수도 있을 것이다. 10만 원으로 100만 원을 벌었던 기본 경험이 있다면 매수와 매도에 대한 기초가 탄탄하기 때문에 쉽게 넘어지지 않을 것이고, 그것을 바탕으로 위기를 극복하여 새로 시작할 수 있는 힘이 생긴다는 것을 잊지 마라.

❺ 책을 통해 실력을 갖춰라

실력을 갖춘 사람만이 기회가 왔을 때 기회라는 것을 알고 잡을 수 있다. 책을 많이 읽는다고 주식투자에 성공하는 것은 아니다. 하지만 책은 반드시 읽어야 한다. 읽되 똑똑하게 읽어야 한다. 책에는 투자자들의 많은 경험이 집약되어 있다. 필자는 주식에 관한 책을 100권 이상 읽었다. 물론 책 한 권으로 투자의 대가가 될 수는 없다. 하지만 책을 읽으면서 좋은 점은 흡수하고 부족한 점은 다른 책을 통해서 보완할 수 있고, 그러는 사이에 좋은 책과 좋지 못한 책을 구분하는 능력을 기를 수 있다. 어느 정도의 수준에 이르기 위해서는 책을 통해 실력을 쌓아야 한다는 것을 기억하자.

❻ 직접투자를 해보라

모의투자는 매매 이전에 매수 · 매도에 대한 지식과 HTS 이용에 대한 노하우, 그리고 매매에 익숙해지기 위해서 반드시 필요하다. 그러나 모의투자만으로 얻지 못하는 중요한 것이 있다. 직접투자 시에는 정신과 육체에 스트레스를 받게 된다. 매수 종목의 하락 시에만 스트레스가 찾아오는 것이 아니다. 상승 종목에 대한 수익실현 시점에서도 똑같은 스트레스를 받게 된다. 그 이유는 매도 후 추가 상승에 대한 욕심 때문이다. 또한 손절선 이후의 손해금액에 대해 주식투자를 안 했으면 그 돈으로 친구들과 가족들에게 좋은 옷이나 맛있는 음식을 사줄 수 있었을 텐데라는 아쉬움이 생긴다. 이런 것을 다 이겨낼 수 있게 만드는 것이 직접투자이다.

직접투자를 하라고 해서 1,000만 원, 1억 원을 투자하라는 것이 아니다. 월급의 10%만 직접투자를 해보자. 만약 10%를 다 잃게 된다면 다음 달까지 기다려 10%만 다시 투자하는 것이다. 그 달에 1%의 수익이 났다면 다음 달에는 9%를 추가로 넣고 1%는 따로 수익계좌를 만들어 넣어두는 것이다. 이렇게 하다가 보면 한 달이 끝나는 시점에 수익금이 생기는 달이 있을 것이다. 수익금의 반은 지인들에게 선심을 써라. 물론 주식투자로 돈을 벌었다는 말은 하고 싶어도 참자. 이제 실력이 조금씩 늘고 있는 자신에게 지인들의 과도한 칭찬은 약보다 독이 될 수 있기 때문이다. 평정심을 유지하는 것이 무엇보다 중요하다.

❼ 손절가에 대한 기준을 명확히 하라

매수 후 바로 상승하지 못하면 안절부절 못하는 이들이 있다. 이후 하락하면 공포를 이기지 못하고 매도하는 경우가 있다. 손절선은 암벽등반을 할 때 암석과 자신을 이어주는 생명선이다. 생명선이 끊어지지 않는 한 발을 헛디디거나 손이 미끄러져도 안전할 수 있다. 이것은 자신이 설정한 손절선을 깨지 않는 한 보유하라는 뜻이다. 손절선을 이탈한다면 생명선이 끊어진 것이라고 생각하고 다른 생명선을 암벽에 연결하면 된다. 이것이 손절이다. 한두 번의 손절로 잃어버리게 되는 것은 원금 중에 일부분이지만 손절하지 못하면 원금의 대부분을 잃게 될 수도 있다는 사실을 꼭 기억하자.

❽ 불필요한 동작을 최소화하라

지속적으로 반복하는 것이 중요하다. 운동선수들은 하나같이 자신이 생각하는 것보다 몸이 먼저 반응한다는 말을 한다. 그들은 수천 수만 번 같은 동작을 반복하면서 자신을 단련한다. 자신이 정한 목표에 다다를 때까지 꾸준히 반복해야 한다. 이렇게 단순한 반복이 어려운 이유는 지겨움과 자신을 믿지 못하는 마음 때문이다. 지겨움을 이길 수 있어야 고수가 될 수 있다는 사실을 잊지 말자. 눈으로 매매시점을 포착하고 뇌로 판단하여 칼같이 매수해서 수익이 발생하면 미련 없이 기계적으로 실현할 수 있도록 연습해서 최소한의 움직임으로 최고의 효과를 얻을 수 있도록 노력하자.

❾ 현실에 안주하지 마라

사람들은 주식투자를 하면서 자신의 생각과 다른 결과가 나올 때마다 핑계거리 찾기에 바쁘다. 가진 돈이 없고 좋은 스승을 만나지 못해서, 환경이나 상황의 어려움에 사로잡혀 제자리걸음을 하는 것이다. 필자 또한 현실에 안주하려고 했지만, 지금 생각해보면 그것은 변명에 불과했다. 아직 기회는 있다. 하루하루 최선을 다해보자. 그러면 그리 멀지 않은 미래에 웃는 날이 올 것이다.

※달공이 필수 체크 문제 정답
문제 ⓰ : 1. 1차 저항　2. 30분
문제 ⓱ : 1. 5분봉　2. 저점
문제 ⓲ : 1. 증가　2. 양봉
문제 ⓳ : 이평선,　횡보

차트가 괜찮은 종목 중 필자가 관심을 가지고 있는 종목에 대해 말해보려 한다. 참고하여 독자 모두가 좋은 결과가 있길 바란다.

집중해야 할 유망주와 관심주

한국가스공사(036460)

1983년 8월 한국가스공사법에 의거 천연가스의 개발, 제조 및 공급과 그 부산물의 정제, 판매 등을 목적으로 설립, 1999년 12월 유가증권시장에 상장한 시장형 공기업이다. 해외의 천연가스 생산지로부터 LNG를 도입하여 국내의 발전사(한전발전 자회사 및 민자발전사) 및 도시가스사에 전국 배관망과 탱크로리 등을 통해 공급하고 있다. 2015년 국내 천연가스 소비량 중 자가소비 목적으로 천연가스를 직접 수입하는 물량을 제외하고는 한국가스공사에서 판매하는 천연가스 물량이 시장점유율 100%를 차지하고 있으며 제12차 장기천연가스 수급계획에 의하면 도시가스용 수요는 2014~2029년간 연평균 2.06% 증가하여 2029년에는 25,171천 톤 수준에 이를 것으로 전망된다.

매출구성은 가스도입 및 판매사업 95%, 기타 6.71%, 내부거래 -1.72% 등으로 구성되어 있다. 현재 천연가스 도매사업을 독점으로 영위하고 있으나, 정부가 2025년부터 단계적으로 가스 도매시장의 민간개방을 추진하기로 밝힌 바 점진적 시장경쟁체제로 전환될 예정이다. 원자력 발전 감소분의 일부 대체 등으로 발전용 수요가 증가한 가운데 도시가스용 수요 확대, 연료비연동제에 따른 판매단가 상승 등으로 전년동기대비 매출규모가 확대되었다. 원전 안정기준 강화에 따른 발전 부족분의 대체 지속, 도시가스에 부과되었던 원료비 미수금 정산 완료에 따른 도시가스부문 경쟁력 강화 및 수요 증가 등으로 매출 성장이 기대된다.

한국가스공사(036460) 주봉

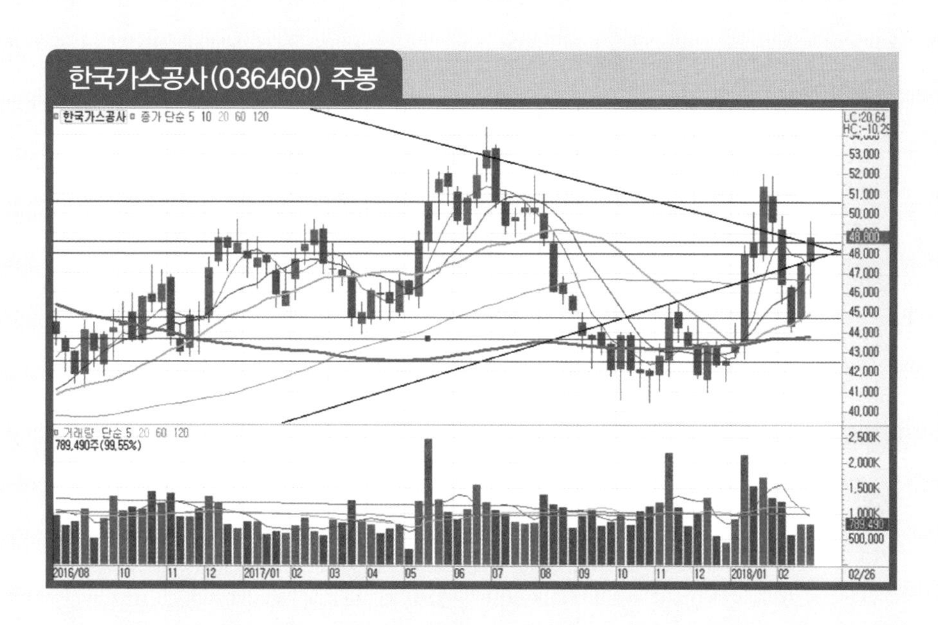

43,400원 지지가 중요하며 51,300원을 돌파 후 지지여부가 중요한 시점이다. 55,000원을 돌파해준다면 추가 상승도 가능할 것으로 보인다.

유진기업(023410)

1984년 6월에 설립되어 레미콘의 제조, 판매와 건설업을 주요사업으로 한다. 구축물 등에 사용되는 레미콘을 생산, 판매하고 있으며 시멘트 및 골재 등을 이용하여 건자재를 생산, 판매하고 있다. 레미콘 제조업체인 동양을 인수하여 경상도, 강원도 지역에 대한 시장점유율 확대를 통한 전국 네트워크를 보완, 강화하며 국내 시장점유율 1위를 유지할 것으로 예상된다.

국내 건설투자 확대 지속으로 주력 시멘트 및 레미콘 판매 증가, 종속기업의 물류 부문 성장, 골프장 운영 등 기타 부문도 성장하며 전년동기대비 매출이 성장하였다. 매출구성은 레미콘 75.88%, 건자재 유통 20.55%, 기타 3.47%, 건설 0.09% 등으로 구성되어 있다. 최근 건설경기가 주춤하여 레미콘 시장 규모가 감소추세를 이루고 있지만, 꾸준한 주택 수요 증가와 경기진작 효과를 가져올 대규모 토목공사가 이루어 질 것으로 예상되어 완만한 성장세를 이룰 수 있을 것으로 전망된다.

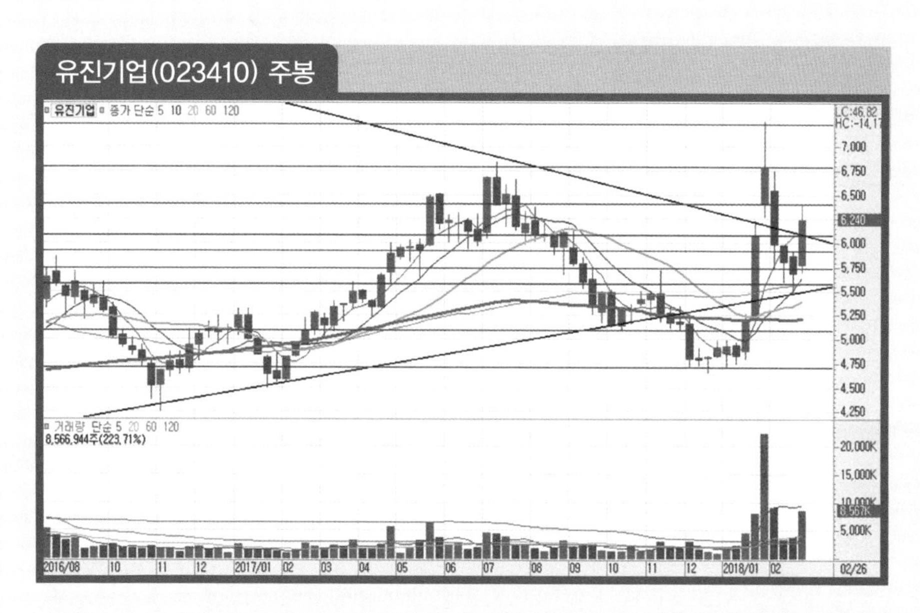

5,500원 지지가 중요하며 6,800원을 돌파 후 지지여부가 중요한 시점이다. 7,300원을 돌파해준다면 추가 상승도 가능할 것으로 보인다.

와이솔(122990)

2008년 6월 20일 설립되어 휴대폰에 채용되는 SAW Filter, Duplexer, SAW Filter와 Duplexer를 활용한 모듈 제품 등 SAW 제품과 스마트 TV 등에 채용되는 블루투스 모듈 등 RF 모듈제품을 생산 및 판매하고 있다. 휴대폰용 SAW Filter 제품을 국내에서는 유일하게 생산 판매하고 있기 때문에 경쟁관계가 없으며, 세계적으로도 Murata, TDK-EPC, 태양유전 등 몇몇 일본계 업체와만 경쟁 중이다. 휴대폰에서 사용되는 RF(Radio Frequency: 무선 주파수) 솔루션 제품을 축으로 첨단부품의 선행기술과 신제품을 개발하고 있으며 매출구성은 SAW제품군 77.02%, RF Module군 21.75%, 로열티 1.23% 등으로 구성되어 있다.

원가율 상승에도 판관비 부담 완화로 영업이익률 전년동기대비 소폭 상승, 법인세 증가에도 기타수지 개선으로 순이익률도 상승하였으며 국내 주요 고객사와 중화권 고객사의 신제품 출시 영향, 스마트폰의 고사양화에 따른 SAW필터 및 모듈 수요 증가로 매출 성장이 전망된다.

와이솔(122990) 주봉

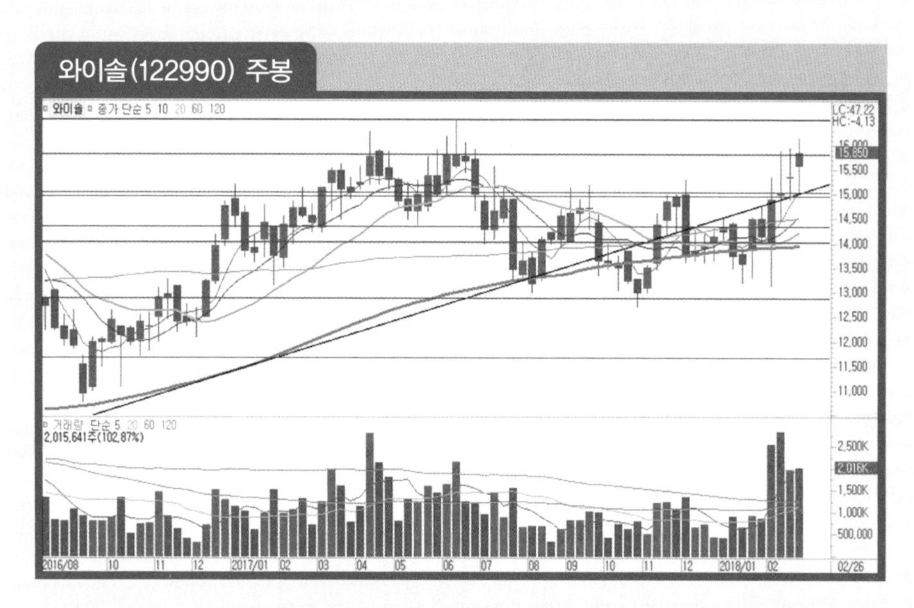

13,900원 지지가 중요하며 16,600원을 돌파 후 지지여부가 중요한 시점이다. 17,700원을 돌파해준다면 추가 상승도 가능할 것으로 보인다.

바이오스마트(038460)

1985년 12월 30일 설립되어 신용카드 및 화장품의 제조 및 판매를 주력사업으로 영위하며, 국내 신용카드 및 전자화폐 시스템 발행, 신용카드 제조, 카드 발급기, 카드발급용역, Mailing System 등 다양한 서비스를 제공하고 있다. 신용카드 부문은 카드 제조 및 판매, 신용카드 관련 기자재(발급기 등) 판매, 카드발급용역업을 수행하며, 최근 스마트 카드와 IC카드로 시장 확대 추세이며 자회사인 한생화장품은 연구 개발 역량을 강화하고 다품종 소량 생산체계를 갖추어 시장 트렌드 및 고객 Needs에 발 빠르게 대응하고 있으며, 온오프라인 마케팅을 통하여 브랜드 인지도 향상에 전력을 기울이고 있다.

매출구성은 신용카드 제조 69.95%, 의약품 14.92%, 화장품(라미) 14.04%, 화장품(한생) 3.73%, 프린팅장비 1.06%, 내부거래 -3.7% 등으로 구성되어 있으며 주력 신용카드 부문의 견고한 성장세와 종속기업의 화장품 판매 증가, 의약품 부문의 신규 매출 기여로 전년동기대비 양호한 매출 성장을 보이고 있다. 매출 성장에 따른 원가 및 판관비 부담 완화로 영업이익률 전년동기대비 상승, 금융수지 저하에도 기타수지 개선과 지분법이익 증가로 순이익률도 상승하였다. 내수경기 둔화로 화장품 판매 둔화가 예상되나, 스마트 카드 수요 확대 및 IC카드로의 전환 추세, 제약 부문의 성장세 등으로 매출 성장이 전망된다.

바이오스마트(038460) 주봉

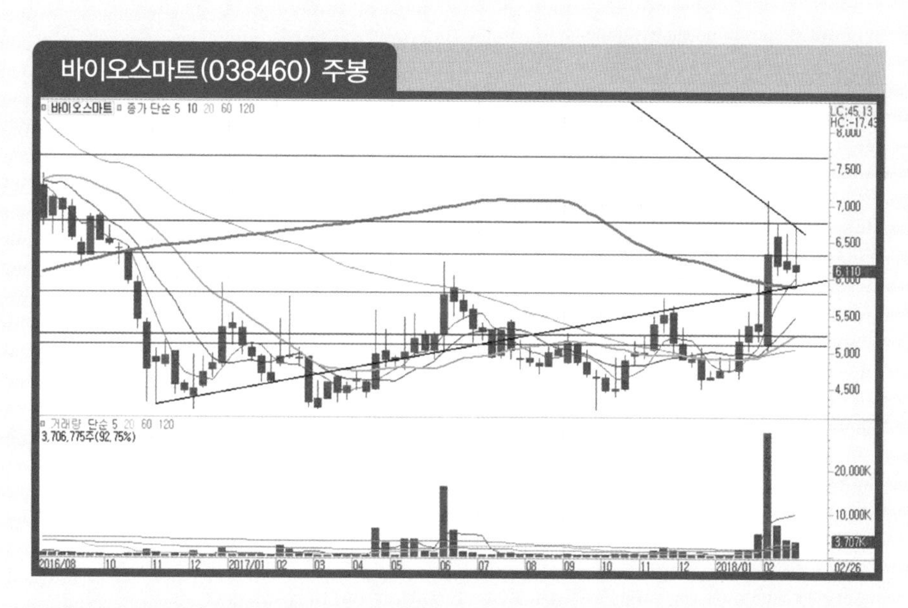

5,300원 지지가 중요하며 6,700원을 돌파 후 지지여부가 중요한 시점이다. 7,100원을 돌파해준다면 추가 상승도 가능할 것으로 보인다.

캠시스(050110)

휴대폰용 카메라 모듈 제조 및 관련 원재료 및 상품 도소매 판매사업과 블랙박스 제조 및 판매사업을 하고 있으며 2016년 1월 전기차 관련 기업인 코니자동차의 지분을 인수하면서 전기차 사업 분야에 진출, 중국 합자회사를 통해 전기차의 EV 파워팩을 공급할 예정이다. 경쟁력 없는 저화소급에서 고화소인 8M급 이상 13M급, 16M급으로 모듈생산으로 전환하고 있으며 이에 따른 고화소 트렌드에 따른 기술개발에 힘쓰고 있으며 최근에는 국내 전국 소방본부, 경기도 시내버스 등 B2G 시장으로도 사업영역을 확대하였다.

중국 위해에 2개, 베트남에 1개의 현지 생산법인을 종속기업 형태로 운영하고 있으며, 보안솔루션 업체인 베프스(한국) 등을 종속기업으로 두고 있으며 매출구성은 휴대폰 카메라 모듈 97.53%, 상품 등 1.47%, 차량용 블랙박스 1% 등으로 구성되어 있다. 베트남 공장의 증설 영향 및 주요 고객사의 신제품 개발 등으로 매출 성장이 전망되며 전기차 시장 진출로 중장기적 성장동력 확보가 기대된다.

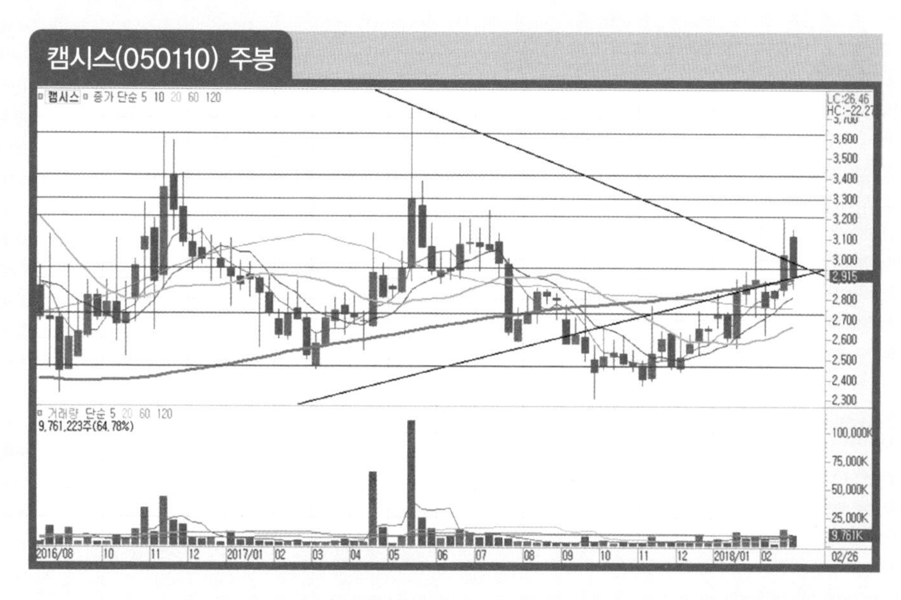

2,600원 지지가 중요하며 3,200원을 돌파 후 지지여부가 중요한 시점이다. 3,600원을 돌파해준다면 추가 상승도 가능할 것으로 보인다.

BNK금융지주(138930)

부산은행을 기반으로 2011년 부산은행, BNK투자증권, BNK신용정보, BNK캐피탈이 공동으로 설립한 지방은행 최초의 금융지주회사로 자회사인 BNK투자증권, BNK캐피탈, BNK자산운용, BNK저축은행, BNK신용정보 등을 통해 점진적으로 비은행부문의 역량을 강화하고 있다.

매출구성은 이자수익 82.54%, 수수료수익 8.02%, 기타영업수익 4.44%, 유가증권평가 및 처분이익 1.88%, 외환거래이익 1.23%, 대출채권평가 및 처분이익 0.99%, 배당금수익 0.9% 등으로 구성 되어 있으며 경남은행 인수 후 규모의 경제 효과 등을 바탕으로 양호한 사업을 영위 중이다. 2015년 12월에는 경남은행의 계열사 편입에 따라 부산 · 경남은행 투뱅크 체제 하에서의 새로운 그룹 발전 방향성 정립을 위해 'Vision 2020 그룹 중장기 경영계획' 을 수립하여 앞으로 성장동력을 확보할 것으로 보인다.

BNK금융지주(138930) 주봉

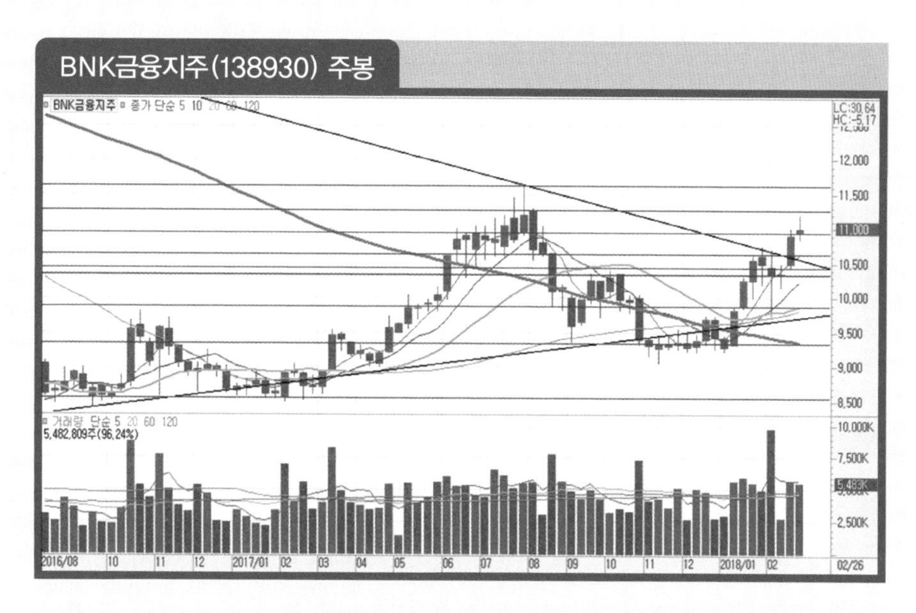

9,800원 지지가 중요하며 12,300원을 돌파 후 지지여부가 중요한 시점이다. 13,300원을 돌파해준다면 추가 상승도 가능할 것으로 보인다.

뉴트리바이오텍(222040)

2002년에 설립되어 기능성 원료 및 성분을 연구하는 연구개발 사업, 건강기능식품 및 건강지향식품을 생산하는 제조업, 건강기능식품을 판매하는 유통사업을 주요사업으로 하는 건강기능식품 전문 기업이다. 노년층 섭취가 용이한 츄어블 연질캅셀, 쿠키앤크림 맛의 맛있는 다이어트식 분말 제품 등의 제형을 개발하는 등 업체 최고 수준의 제형 개발 능력을 보유하고 있으며, 카라멜 타입의 정제, 동결건조를 기반으로 한 스무디타입의 분말제품, 소프트 캔디타입의 정제, 휴대가 용이한 Enhancer, 레토르트 식품과 유사한 체중조절식 다이어트식품 등 소비자 니즈에 맞는 제형을 연구 개발하여 동종업계 최초로 미국 위생협회의 NSF 인증을 받았다. 또한 의약품 제조공장에서 도입하는 HEPA필터 시스템을 도입하여 0.3㎛ 이하로 미세먼지를 관리하는 등 글로벌 기준에 맞는 품질 관리 시스템을 보유하고 있다.

글로벌 건강기능식품 브랜드들이 중국 등 아시아 시장으로의 진출을 본격적으로 확대하고 있는 바, ODM 수요 증가가 기대되고 미국법인의 거래처 확대 및 2공장 액상라인 생산 본격화, 호주법인의 신규 수주 증가로 매출 성장이 전망되며, 가동률 상승으로 수익성 개선이 가능할 것으로 보인다.

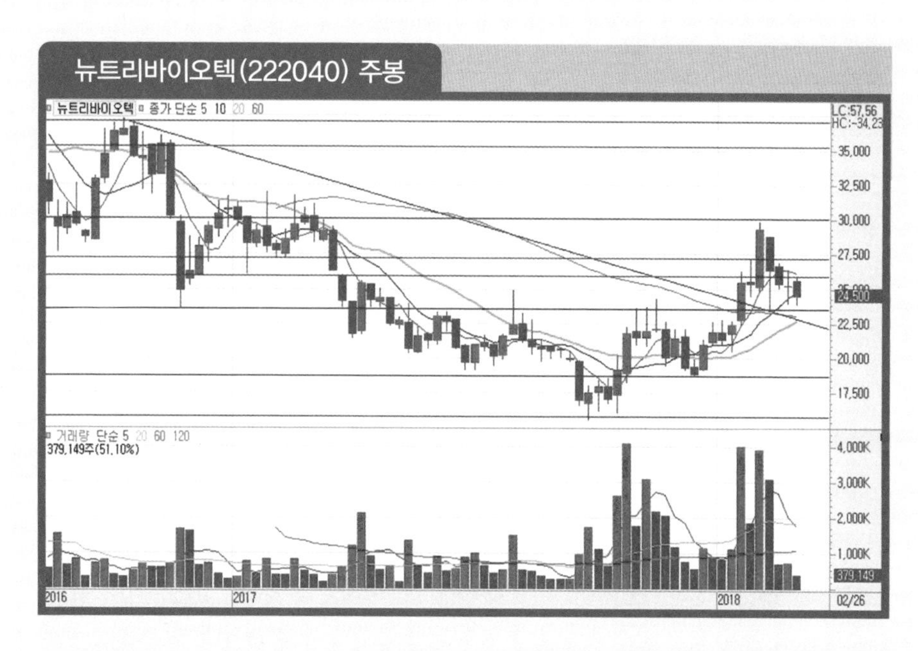

21,500원 지지가 중요하며 27,000원을 돌파 후 지지여부가 중요한 시점이다. 28,000원을 돌파해준다면 추가 상승도 가능할 것으로 보인다.

에스엠(041510)

1995년 설립되었으며 음반기획 및 제작/배급/유통, Licensing, Publishing, 가수/연기자 매니지먼트, 에이전시, 스타마케팅, 인터넷/모바일 콘텐츠 사업, 아카데미 사업 등을 영위하고 있으며 국내뿐 아니라 일본과 중국 및 태국, USA 등 전 세계를 대상으로 활동하는 글로벌 엔터테인먼트 기업이다. 종속기업인 에스엠컬처앤콘텐츠의 사업부문은 영상콘텐츠제작과 매니지먼트 등이며 S.M.ENTERTAINMENT JAPAN INC.는 일본매니지먼트를 담당하고 있다.

2015년 홀로그램 공연, MD샵, 아티스트 체험 등 SM 아티스트와 관련된 다양한 콘텐츠를 한 번에 접할 수 있는 복합문화 공간인 SMTOWN@Coexartium을 코엑스에 개장하였다. 2016년 국내 음반(가요) 판매량은 3,084,461장이며 상위 100위 기준 시장점유율은 33%이며 우수한 콘텐츠개발력 보유 및 저작권 등을 다수 보유하고 있어 향후 추가 성장 가능성이 있다.

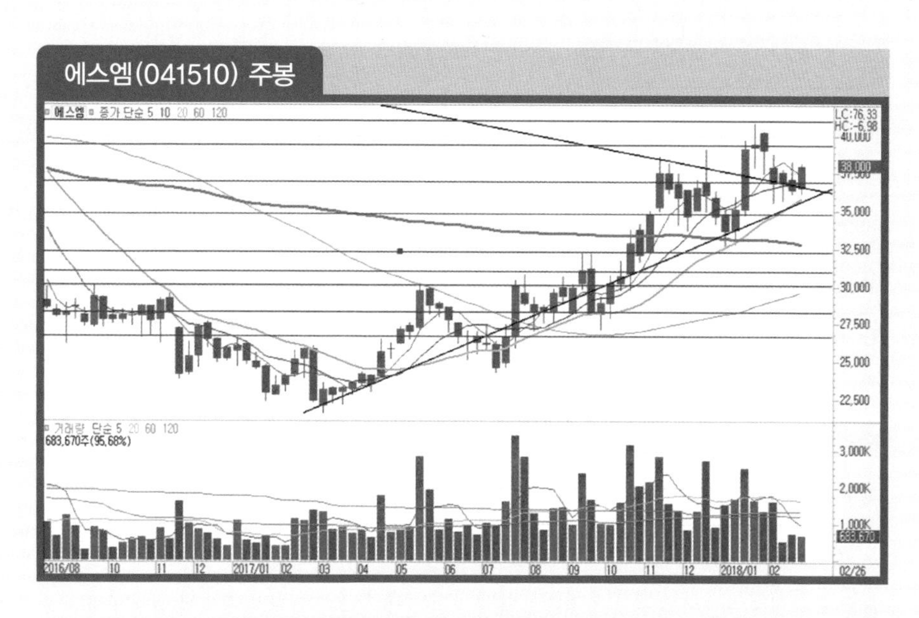

33,000원 지지가 중요하며 41,000원을 돌파 후 지지여부가 중요한 시점이다. 43,000원을 돌파해준다면 추가 상승도 가능할 것으로 보인다.

광동제약(009290)

1963년 10월 한방과학화를 창업이념으로 의약품개발 기업으로 설립되어, 한방감기약 쌍화탕류 및 우황청심원 등의 제품은 OTC사업부가, 항암제 등은 전문의약품 사업부에서 생산하고 있는 기업이다. 2012년 제주개발공사로부터 삼다수 판매권을 획득, 생수 사업도 영위하고 있으며 주요 제품으로는 비타500, 옥수수수염차, 광동쌍화탕, 우황청심원, 전문의약품인 코포랑(항암제), 독시플루리딘(항암제)이 있다. 주요 사업부문은 약국영업, 병원영업, 유통영업으로 구성되며 매출구성이 가장 높은 약국영업부문은 매년 생산실적이 증가하고 있다.

매출구성은 생수영업 29.14%, 유통영업 28.1%, 기타 23.49%, 약국영업 10%, 병원영업 9.27% 등으로 구성되어 있다. 신촌세브란스병원, 강남성모병원 등 다양한 종합병원과 개발과제를 수행하고 있으며 의약품 부문 견고한 매출 성장과 식품 부문 호조, MRO 부문의 신장과 식품첨가물 제조 및 도매 부문 매출 확대로 외형은 전년동기대비 성장하였다. 복지 정책 확대에 따른 의약품 부문의 성장 지속 및 MRO 부문의 매출 확대, 식품 부문의 성장으로 외형 성장이 기대되며 이에 따라 수익성 또한 상승세로 전환될 것으로 보인다.

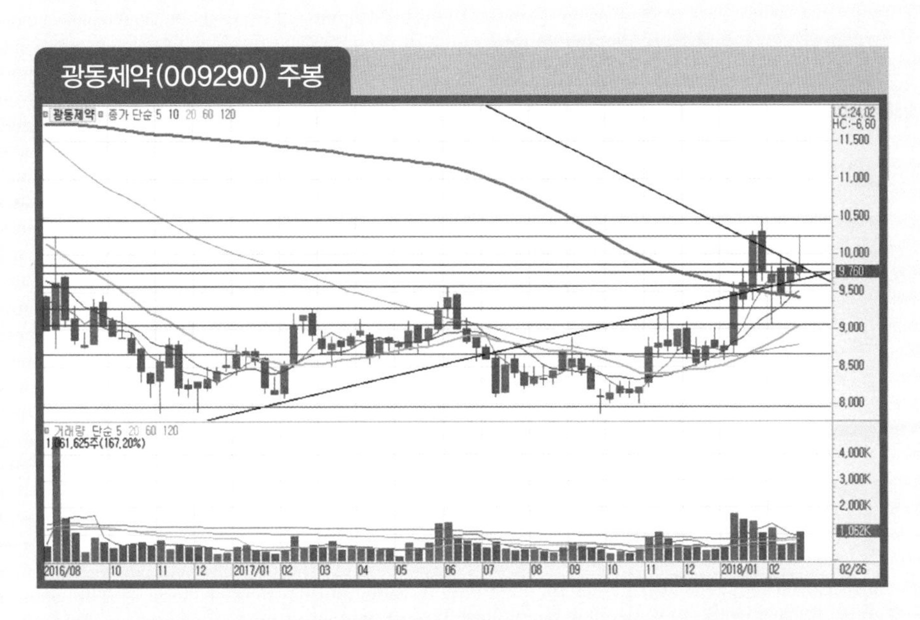

광동제약(009290) 주봉

8,700원 지지가 중요하며 10,500원을 돌파 후 지지여부가 중요한 시점이다. 11,800원을 돌파해준다면 추가 상승도 가능할 것으로 보인다.

현대엘리베이터(017800)

1984년 설립된 현대그룹 계열의 엘리베이터, 에스컬레이터, 무빙워크 등의 운반기계류와 물류자동화설비, 승강장 스크린도어, 주차설비 등의 최첨단 설비 및 관련분야 제품의 생산, 설치, 유지보수사업을 영위하는 업체로 중국, 브라질, 인도네시아 등에 연결 종속회사를 두고 있다. 승강기 업체 국내 시장점유율 40% 이상으로 1위를 유지하고 있다.

매출구성은 일반목적용 기계제조업 70.9%, 서비스 20.09%, 건설, 관광업 5.03%, 호텔업 3.08%, 기타 0.86%, 임대 0.04% 등으로 구성되어 있다. 국내 최초로 휴대폰으로 엘리베이터를 호출할 수 있는 모바일 콜 엘리베이터 시스템을 개발하였으며, 향후 스마트폰 등과 결합한 다양한 형태의 IT서비스를 선보일 예정으로 주택준공 물량 감소에도 2017~2018년분 입주물량에 따른 충분한 수주잔고 확보와 노후승강기 교체수요 증가 등으로 외형 성장을 이어갈 것으로 보인다.

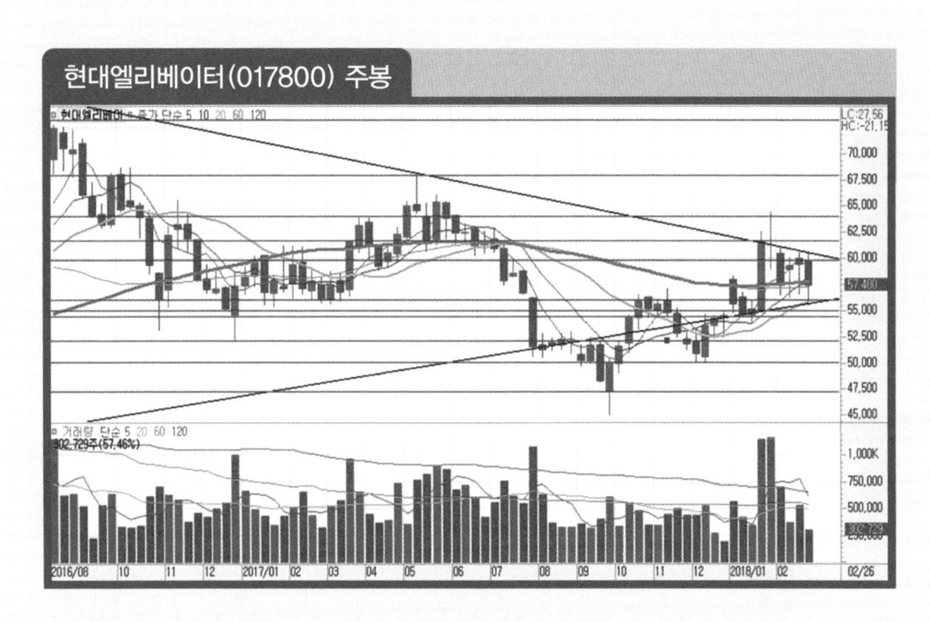

51,000원 지지가 중요하며 64,000원을 돌파 후 지지여부가 중요한 시점이다. 68,500원을 돌파해준다면 추가 상승도 가능할 것으로 보인다.

북오션 부동산 재테크 도서 목록

부동산/재테크/창업

나창근 지음 | 15,000원
302쪽 | 152×224mm

나의 꿈,
꼬마빌딩 건물주 되기

'조물주 위에 건물주'라는 유행어가 있듯이 건물주는 누구나 한 번은 품어보는 달콤한 꿈이다. 자금이 없으면 건물주는 영원한 꿈일까? 저자는 현재와 미래의 부동산 흐름을 읽을 줄 아는 안목과 자기 자금력에 맞춤한 전략, 꼬마빌딩을 관리할 줄 아는 노하우만 있으면 부족한 자금을 충분히 상쇄할 수 있다고 주장한다. 또한 액수별 투자전략과 빌딩 관리 노하우 그리고 건물주가 알아야 할 부동산지식을 알기 쉽게 설명한다.

박갑현 지음 | 14,500원
264쪽 | 152×224mm

월급쟁이들은 경매가 답이다
1,000만 원으로 시작해서 연금처럼 월급받는 투자 노하우

경매에 처음 도전하는 직장인의 눈높이에서 부동산 경매의 모든 것을 알기 쉽게 풀어낸다. 일상생활에서 부동산에 대한 감각을 기를 수 있는 방법에서부터 경매용어와 절차를 이해하기 쉽게 설명하며 각 과정에서 꼭 알아야 할 중요사항들을 살펴본다. 경매 종목 또한 주택, 업무용 부동산, 상가로 분류하여 각 종목별 장단점, '주택임대차보호법' 등 경매와 관련되어 파악하고 있어야 할 사항들도 꼼꼼하게 짚어준다.

나창근 지음 | 15,000원
296쪽 | 152×224mm

꼬박꼬박 월세 나오는
수익형부동산 50가지 투자비법

현재 (주)리치디엔씨 이사, (주)머니부동산연구소 대표이사로 재직하면서 [부동산TV], [MBN], [한국경제TV], [KBS] 등 방송에서 알기 쉬운 눈높이 설명으로 호평을 받은 저자는 부동산 트렌드의 변화와 흐름을 짚어주며 수익형 부동산의 종류별 특성과 투자노하우를 소개한다. 여유자금이 부족한 투자자도, 수익형 부동산이 처음인 초보 투자자도 확실한 목표를 설정하고 전략적으로 투자할 수 있는 혜안을 얻을 수 있을 것이다.

이형석 지음 | 18,500원
416쪽 | 152×224mm

빅테이터가 알려주는 성공 창업의 비밀
창업자 열에 아홉은 감으로 시작한다

국내 1호 창업컨설턴트이자 빅데이터 해석 전문가인 저자가 빅데이터를 통해 대한민국 창업의 현재를 낱낱이 꿰뚫어 보고, 이에 따라 창업자들이 미래를 대비할 수 있는 전략을 수립하게 한다. 창업자는 자신의 창업 아이템을 어떤 지역에 뿌리를 두고, 어떤 고객층을 타깃화해서 어떤 비즈니스 모델을 정할 것인지 등 일목요연하게 과학적으로 정리해 볼 수 있을 것이다.

김태희 지음 | 18,500원
412쪽 | 152×224mm

불확실성 시대에 자산을 지키는
부동산 투자학

부동산에 영향을 주는 핵심요인인 부동산 정책의 방향성, 실물경제의 움직임과 갈수록 영향력이 커지고 있는 금리의 동향에 대해 경제원론과의 접목을 시도했다. 따라서 독자들은 이 책을 읽으면서 부동산 투자에 대한 원론적인, 즉 어떤 경제여건과 부동산을 둘러싼 환경이 바뀌더라도 변치 않는 가치를 발견하게 될 것이다.

이재익 지음 | 15,000원
319쪽 | 170×224mm

바닥을 치고 오르는
부동산 투자의 비밀

이 책은 부동산 규제 완화와 함께 뉴타운사업, 균형발전촉진지구사업, 신도시 등 새롭게 재편되는 부동산시장의 모습을 하나하나 설명하고 있다. 명쾌한 논리와 예리한 진단을 통해 앞으로의 부동산시장을 전망하고 있으며 다양한 실례를 제시함으로써 이해를 높이고 있다. 이 책은 부동산 전반에 걸친 흐름에 대한 안목과 테마별 투자의 실전 노하우를 접할 수 있게 한다.

김태희, 동은주 지음
17,000원
368쪽 | 153×224mm

그래도 땅이다
불황을 꿰뚫는 답, 땅에서 찾아라

올바른 부동산투자법, 개발호재지역 투자 요령, 땅의 시세를 정확히 파악하는 법, 개발계획을 보고 읽는 방법, 국토계획 흐름을 잡고 관련 법규를 따라잡는 법, 꼭 알고 있어야 할 20가지 땅 투자 실무지식 등을 담은 책이다. 이 책의 안내를 따라 합리적인 투자를 한다면 어느새 당신도 부동산 고수로 거듭날 수 있을 것이다.

최종인 지음 | 14,500원
368쪽 | 153×224mm

춤추는 땅투자의 맥을 짚어라

이 책은 땅투자에 대한 모든 것을 담고 있다. 땅투자를 하기 전 기초를 다지는 것부터 실질적인 땅투자 노하우와 매수·매도할 타이밍에 대한 방법까지 고수가 아니라면 제안할 수 없는 정보들을 알차게 담아두었다. 준비된 확실한 정보가 있는데 땅투자에 적극적으로 덤비지 않을 수가 없다. 이 책에서 실질적 노하우를 얻었다면 이제 뛰어들기만 하면 될 것이다.

주식/금융투자

북오션의 주식/금융 투자부문의 도서에서 독자들은 주식투자 입문부터 실전 전문투자, 암호화폐 등 최신의 투자흐름까지 폭넓게 선택할 수 있습니다.

박대호 지음 | 20,000원
200쪽 | 170×224mm

고양이도 쉽게 할 수 있는 가상화폐 실전매매 차트기술

이 책은 저자의 전작인 《암호화폐 실전투자 바이블》을 더욱 심화시킨, 중급 이상의 투자자들을 위한 본격적인 차트분석서이다. 가상화폐의 차트의 특성을 면밀히 분석하고 독창적으로 체계화해서 투자자에게 높은 수익률을 제공했던 이론들이 고스란히 수록되어 있다. 이 책으로 가상화폐 투자자들은 '코인판에 맞는' 진정한 차트분석의 실제를 만나 볼 수 있다.

박대호 지음 | 20,000원
200쪽 | 170×224mm

개념부터 챠트분석까지 암호화폐 실전투자 바이블

고수익을 올리기 위한 정보취합 및 분석, 차트분석과 거래전략을 체계적으로 설명해준다. 투자자 사이에서 족집게 과외·강연으로 유명한 저자의 독창적인 차트분석과 다양한 실전사례가 성공투자의 길을 안내한다. 단타투자자는 물론 중·장기투자자에게도 나침반과 같은 책이다. 실전투자 기법에 목말라 하던 독자들에게 유용할 것이다.

조한준 지음 | 20,000원
192쪽 | 170×224mm

ICO부터 장기투자까지
가상화폐 가치투자의 정석

이 책은 가상화폐가 기반하고 있는 블록체인 기술에 대한 이해를 기본으로 하여 가상화폐를 둘러싼 여러 질문들과 가상화폐의 역사와 전망을 일목요연하게 다뤄준다. 예제를 통해서 가치투자는 어떻게 해야 하는지를 알려주고, 대형주, 소형주 위주의 투자와 ICO투자의 유형으로 나누어 집중적으로 분석해준다. 부록의 체크리스트도 가치투자에 활용해 볼 수 있다.

최기운 지음 | 18,000원
424쪽 | 172×245mm

10만원으로 시작하는 주식투자

4차산업혁명 시대를 선도하는 기업의 주식은 어떤 것들이 있을까? 이제 이 책을 통해 초보투자자들은 기본적이고 다양한 기술적 분석을 익히고 그것을 바탕으로 향후 성장 유망한 기업에 투자할 수 있는 밝은 눈을 가진 성공한 가치투자자가 될 수 있다. 조금 더 지름길로 가고 싶다면 저자가 친절하게 가이드 해준 몇몇 기업을 눈여겨보아도 좋다.

최기운 지음 | 15,000원
272쪽 | 172×245mm

케.바.케로 배우는 주식
실전투자노하우

이 책은 전편 『10만원 들고 시작하는 주식투자』의 실전편으로 주식투자 때 알아야 할 일목균형표, 주가차트와 같은 그래프 분석, 가치투자를 위해 기업을 방문할 때 다리품을 파는 게 정상이라고 조언하는 흔히 '실전'이란 이름을 붙인 주식투자서와는 다르다. 주식투자자들이 가장 알고 싶어 하는 사례 67가지를 제시하여 실전투자를 가능하게 해주는 최적의 분석서이다.

정광옥 지음 | 17,000원
312쪽 | 171×225mm

600원으로 시작하는 주식투자 첫걸음
신문에서 배우는 왕초보 주식투자

신문 기사 분석을 통해 초보 투자자들이 흔히 범하기 쉬운 실수를 소개하고, 실패를 최소화하는 방법을 알려준다. 저자는 성급하게 뛰어들기보다는 장기적으로 가치 투자와 분산투자를 기본으로 생각하라고 일러준다. 또한 기업 분석법, 매매 기법 등을 설명하면서 각 시례에 해당되는 신문 기사를 보여준다. 다만 투자자의 눈으로 읽으라는 충고를 잊지 않는다.